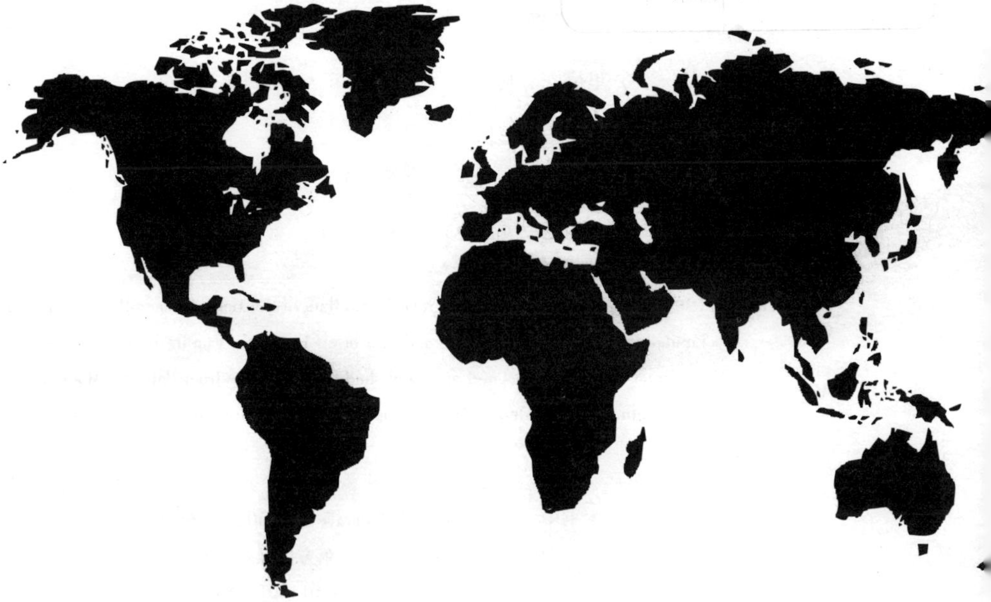

帝国的兴衰

谁 是 下 一 轮 经 济 版 图 的 赢 家

[美] 科林·里德（Colin Read）◎著　何华◎译

東 方 出 版 社

图书在版编目（CIP）数据

帝国的兴衰/（美）里德 著；何华 译. —北京：东方出版社，2012. 7
ISBN 978-7-5060-5144-6

Ⅰ. ①帝… Ⅱ. ①里… ②何… Ⅲ. ①世界经济—研究 Ⅳ. ①F11

中国版本图书馆 CIP 数据核字（2012）第 181397 号

帝国的兴衰
（DIGUO DE XINGSHUAI）

作　　者：［美］科林·里德
译　　者：何　华
责任编辑：陈　涛　贾　佳
出　　版：东方出版社
发　　行：人民东方出版传媒有限公司
地　　址：北京市东城区朝阳门内大街 166 号
邮政编码：100706
印　　刷：北京市文林印务有限公司
版　　次：2012 年 9 月第 1 版
印　　次：2012 年 9 月第 1 次印刷
印　　数：1—8000 册
开　　本：710 毫米 × 1000 毫米　1/16
印　　张：21. 25
字　　数：281 千字
书　　号：ISBN 978-7-5060-5144-6
定　　价：50. 00 元
发行电话：（010）65210059　65210060　65210062　65210063

目录

前言

公元1776年是人类历史上具有深刻创新意义的一年。在这一年，亚当·斯密(Adam Smith)出版了《国富论》(The Wealth of Nations)，该书对市场的运作进行了详细论述。在这一年，美国基于对生活、自由和追求幸福的确定性经济前提而宣布从英国的殖民地中独立出来。也是在这一年，英国作家爱德华·吉本(Edward Gibbon)出版了《罗马帝国衰亡史》(The Decline and Fall of the Roman Empire)的第一卷。这三件事情分别向世人揭示了一个新经济体制的优势之处、一个基于经济前提而创建的国家和为什么一个威武和强大的体制会走向终结。这一年同时也是一个帝国的诞生之年，直到现在，我们发现这个帝国还在竭力维持其曾经辉煌的全球主导性经济地位。

大约一个世纪后，一束来自科学领域的光芒投射在复杂体制动力学之上。正如亚当·斯密的著作导致了我们对于市场运作理解的范式转变一样，查尔斯·达尔文(Charles Darwin)发表于1859年的《物种起源》(On the Origin of Species)一书让我们了解到物种是如何进化以便更好地适应它们所生存的环境。适者生存本来是被用来描述一个生物有机体是如何适应其生存环境，但也可以被用来描述从军事帝国到政治帝国的任何一个复杂体制。当这个理论被应用于经济制度上时，其产生的深刻影响力一点也不亚于其对生物学产生的影响。

收益递减(diminishing returns)的经济法则确保了没有哪一个组织可以生长得过于庞大。在某种程度上，较大的规模不可避免会导致效率低下。一个时期内某些势力的增长和统治往往是由于另一个组织的衰弱。世界历史已经一次又一次地论证了这一原理。从恐龙的消亡到罗马帝国的衰亡，再到大英帝国的作为一个政治实体的解散，最强大和最有实力的军事帝国的衰亡看起来是不可避免的。

经济帝国则不同。依照达尔文的生物进化理论，经济制度也正如恐龙一样在不断进化。本书就揭示了经济帝国的创生和进化以及它们的最终灭亡。

当然，经济和政治有着错综复杂的联系。经济力量的增长将导致政治影响力的增长。尽管我们不能在未对政治层面进行考量的情况下就推断一个国家的经济实力在全球范围内的兴衰，但本书并不强调当一个国家拥有支配性的经济地位就必然导致其政治力量的增长。我也不认为这种支配性地位来源于军事实力。绝大多数关于帝国兴衰的著作都将其重心放在军事实力上而不是经济实力上。相反，本书将揭示一个国家怎样才能建立和发展自己的经济体制，进而迈向巅峰。我还认为导致一个经济帝国最终衰亡的原因是由于它被另一个登上了自身发展巅峰的国家所代替。

本书中所运用的最主要的事例主要来源于美国经济体制。这并不仅仅是因为在我们生活的这个时代，美国经济的支配性地位已经受到了根本性挑战。更是因为美国是现代第一个肇始于经济理想的国家，其经济模式作为一种象征已经被全世界各国所复制，并逐步导致了一个有竞争力的政治经济体制的消解，正是由于美国的经济实力导致其成为全球金融危机的根源。

我们将探索一个占支配地位的经济体制在随后的一个世纪里是否能

够通过自我再造来避免衰亡，或者当前熟悉的经济循环是否将在其他地方重演。与此同时，一些雄心勃勃的国家正以一股几乎是爱国的热情沿着经济层面进行自我再造，以图取代美国的经济实力巅峰地位。

我并没有把本书看做是对一个历经了两个世纪才成长起来的国家的经济体制的批判。我的目标是对各种复杂的经济观点进行讨论，这样读者们就可以理解这些理论并最终推断出最后的结果。当经济运行的宿命展现在我们面前时，我们过往的经济经历将裁定哪些因素会决定我们的经济前途。

第一编

从公元前 1 万年到 1776 年

——规模经济的探索

我们将以描述市场的重要性和规模经济的创立作为开端。与那种被国王们经常利用的依赖于一种多层次经济模式的命令与控制系统相比，那些早期的市场能够有效地刺激生产和消费渠道。我们还要探讨市场如何能够支撑更大规模的生产，这种大规模的生产将导致成本降低和盈余增多。我们将会了解，到第一次工业革命末期，市场和大规模生产经济已经成为了主导性的经济模式。

第一章
经济帝国的史前经济分析

“(农业)……是一个复杂过程，并且按照达尔文的进化论，它能够被看做是进化过程的典范。我们知道这其中涉及了从基因到农民再到气候的诸多相互影响的因素——我们面临的挑战是如何将这些因素整合成为一个单独的故事。”(罗宾·阿拉贝，他发现了世界上已知最早的关于农业经济的证据，2008 年)

发生在农业领域的简单变革导致全世界发生了一系列变革，这些变革至今还在影响着我们。这其中最主要的变革就是创造了经济体制，这种体制允许我们对剩余的农业产品进行管理，以便满足人们的需求。

所有的经济体制都具有一个相同的主要特征。它们提供各种诱因来激发生产或者不生产，并且在各个参与者中进行生产产品的分配。除了上述这些简单的假定之外，每一种经济体制将会按照自己的想法来赋予商品和服务的生产与分配的最终公平性。虽然每一种经济体制都不可避免地具有自己的强制性一面，但市场形成之前的原始命令与控制型经济体制无疑具有最大的强制性。

事实证明，指令性经济的优势在于它能够控制生产活动的各个方面，这导致人们渴望通过地下市场来寻求某些经济自主权。

农业社会和历史的黎明时刻

经济制度伴随着人类社会的成长而逐步发展。事实上，所有的生物都在进行着经济行为。希腊语里的“oikos”（住所）从词源上来讲更多地指涉我们的客观环境，而英语里的“nomics”（组织学）的词源则是指涉管理的意思。人类从起源之初就已经开始研究和学习如何对我们的客观环境进行管理以便满足我们的需求。正是为了满足我们的需求和自身利益这最本质的一面，使得我们人类区别于其他物种。

事实上，在人类开展最基本的经济活动之前，其他生物就已经为了能够更长久地延续和繁荣下去创建了控制活动和经济系统。蚂蚁和蜜蜂被认为是社会性动物，因为它们为了群体和蚁后或者蜂后的更广大利益而保持了强大而系统的等级制度。在市场缺位的情况下，群体的每一位成员都相互交换服务，存在着一个依赖于遗传机制和强制性力量的高度专业化系统，群体的每一部分都高度同心协力。

蚂蚁和蜜蜂还具有一个优于早期人类的特点。它们的相互合作得益于它们的高度稳定性。它们的最高统治者居住在蚁巢或者蜂巢的中心地带。而蚁巢或者蜂巢的外围部分则为蚁群或者蜂群提供食物以维持整个群体的延续。

数百万年的进化使得这些社会性动物的命令与控制型经济体制趋于完美。这样一个中心／外围模式（在这一模式中，蚁后或者蜂后以及上层集团占据统治地位，而工蚁或工蜂则在自然界中日夜辛劳。）的优势在于它能够保证蚁群或者蜂群这些经济体维持惊人的稳定性。只有在农业领域的各种发明出现之后，人类才可以像蚁群或者蜂群那样保有长期性住所和可持续性食物资源。

农业被认为起源于23000年前的叙利亚。这一看似不起眼的萌芽创造了一系列经济变革，这些变革在随后的岁月中将导致令人惊叹的经济发展。人类从依靠游牧狩猎和采集生活的社会(这个社会中的人们为了寻找食物资源而不得不从一个地方迁徙到另外一个地方。)演进到以农业和畜牧业为基础的社会。人们也不再为了追逐不断迁移的动物而持续地改变生活方式。由于从游牧工作中解脱出来，人们可以在自己的住所周围种植玉米。人类社会从此发生了巨大变化，因为农业的着眼点彻底改变了人类，并且创造了现代经济帝国的前身。

在这次农业革命之前，人类只能够以家庭为单位，并聚集成一些相对较小的部落。这些游牧部落的机动性不利于其规模的扩大。由于游牧部落对机动性的重视，它们便不能在建造长期性住所和大量存储食物方面花费精力。它们还不得不耗费大量精力来进行迁徙和运输，而不是进行生产。

农业革命也导致人类长期性定居下来。人们的住所可以在一个固定的地方延续多年。一旦房屋被修建，居民们就可以将更多的时间投入到其他活动上。

同样，农业也使得原本人丁单薄的部落能够供养较多的人口。在同样面积的地域之内，游牧部落中的一对夫妇只能够养活得起自己，但在农业社会中，他们可以供养更多的人。

农业革命同时导致了劳动力的过剩。在一些农作物种植者和收获者可以供养较多人的同时，一些建筑师可以为其他人修建较多的房屋，部落中的其他人还可以从事其他事务。这些事务包括创造更精细的工具，发明可以书写的文字和较为复杂的语言，这样人类就第一次有机会来记载自身的历史。

史前人类和古代人类与经济发展的各个阶段不谋而合。第一次有一个物种学会了统治和控制自己所处的环境，而不仅仅是在这个环境中生活。人类学会了利用环境来发展经济，并且转而用各种方法控制环境以使其满足人类的需求。

命令与控制

尽管用来服务和适应人类需求的市场创新对现代经济的发展有着明显的影响，但很明显这并不会导致市场立刻就变得自由和分散。史前社会的严酷现实就在于那些掌握最稀缺和最有价值资源的人同时也掌握了该社会中主要的经济力量，也即稀缺导致势力。

在最早期的经济体中，最强有力的猎人可以获得最大的社会和经济势力。人类组织的政治活动和财富的经济属性由此就发生了紧密的联系。对那些能够掌控满足人们需求的稀缺资源的人来说，权力和财富的结合是恒久不变的真理。

有一个例子能够对控制重要而稀缺的资源所导致的政治权力进行很好的解释，这就是经济独裁者的产生。那些掌控了重要资源的经济独裁者们往往赋予自己支配其他人行为的权力，这样他们就能够占有大量的经济财富。早期人类社会中的财富和特权可以通过各种方式来购买权力和影响力。

这种掌控资源和他人行为的能力在新经济财富的创造和随后的分配过程中具有令人难以置信的意义。毫无疑问，大量资源不得不被投入到对这种权力的维持中去。随着帝国的壮大，漫长的军事补给线必须要得到大力加强，帝国的历任领导人不得不在这方面投入大量的经济力量。当然这些军队也可以扩展帝国的势力范围，并且可以扩展那些能够用于服务中心地带的外围地区。

一个由占统治地位的精英们创建并为这些精英们服务的体制（农民在其中扮演着生产者的角色）是一个不稳定的体制，它常常受害于外部某支更强大的军队或者内部某个狡猾的政客。统治、密谋、倾轧和惩罚的循环从一开始就盛行起来。那些帝国当初在利用自己的力量来扩展势力范围时十分成功。然而，这样一个命令与控制的经济模式同时也是非常易受伤害的，因为太多的资源被用于对控制状态的维持而不是新产品和财富的创造。

有瑕疵的无所不知者

与现代市场经济导致的选择多样性相比，蜜蜂和蚂蚁过着简单的经济生活。它们为群体所作的服务在其出生之前就已经被先天性决定了。蜂巢或者蚁巢必须满足所有成员的基本需求。这些需求是十分明确的。例如，对由工蜂或者工蚁构成的生产者群体简单需求的满足是由控制蜂巢或者蚁巢的上层集团来协调分配的。当生产者群体的成员在遗传性和社会性上具有同质性，而且它们都了解自己在这个社会经济秩序中的相对位置并且没有遭遇挑战者时，满足它们的需求就相对简单。

与蜜蜂和蚂蚁相比，对人类选择多样性的满足则几乎是无限的。对人们的激励和掌控，不像蜜蜂和蚂蚁那样先天就被决定了。也许没有哪一个物种能够像人类那样具有表达和思想的多样性。这种多样性伴随着我们智力和认识能力的拓展而不断增长。这种多样性深受他人想法和实践的影响。我们必须懂得要不仅因为我们所拥有的东西而行动，而且要因为他人所拥有的东西而行动。

炫耀性消费

尽管托尔斯坦·凡勃伦(Thorstein Veblen)在1889年才在其出版的《有闲阶级论》(The Theory of the Leisure Class)一书中创造了“炫耀性消费”(conspicuous consumption)一词，但衡量一个人相对于他人的财富并不是一个新概念。当农产品在满足最基本的需求之后还有盈余时，人类开始就将自己的注意力集中于更高层次的需求。为了自己而创造财富成为人类的一个明显癖好。

我们的政府领导人都知道，满足普通大众的基本生活需求是保持社会稳定的必要因素。某些领导人寻求通过命令和可预见性来维持自己对权力的掌控。由于他们忽略了普通大众最基本的生活需求，使得他们处于危险的境地。为此，他们不得不在上层集团的需求和忍受他们控制的普通大众的需求之间寻求微妙的平衡。

就像蜂巢中的蜂后一样，指挥生产和决定分配的职责是行使经济权力这门艺术的重要组成部分。如果不能了解这项职责的微妙之处，将会为内部人士或劳动者造反推翻政权大开方便之门。一种仁慈和冷酷无情的奇妙混合，以及一种前所未有的全新的政治狡猾性是一位独裁者的成功秘籍。

不稳定的平衡

经济权力及其相对应的职责处于一种不稳定的平衡状态中。满足上层集团对财富的需求是使国王们免受潜在的农民暴乱侵扰的必要条件。但随着时间的推移，要想同时满足上层集团那不断膨胀的胃口和普通大众水涨船高的生活需求会变得十分困难。当上层集团与普通大众的需求之间的冲突日益严重时，对局势失去控制的领导人将会被为数众多的农民所推翻，或者被一位深知农民疾苦的有抱负的竞争者所代替。

当领导人们试图避免被推翻的命运，并且维持自己对经济的掌控能力时，他们也不得不把目标重心转向那些能够创造和积累更多产品的经济生产工具，以此来使这种脆弱的经济平衡保持持久。经济生产必须按照包含了适当技能搭配和处于最优规模状态的功能单元进行组织。劳动者们出于对某种公共物品的需求，或者对惩罚的恐惧等原因而被组织起来进行生产。

这种命令与控制经济模式在其可行性替代品出现之前将会延续几百代人的时间。一旦自由市场抓住机会取代了命令与控制经济模式，那就开弓没有回头箭了。但在此之前，这种命令与控制经济模式是通过高压统治来保持相对的活力。

那些最早的生产行为使得经济帝国权力的膨胀与帝国所掌控的资源相称，也与帝国财政纪律所创造的经济规模相称。某些经济帝国的坚固性也与它们的经济领导人（与其潜在对手相比）能够有效掌控和维持经济生产的能力相称。

看起来我们似乎怠于激励了

所有成功的经济体都具有某些共同的特征。它们必须发出关于何时何地进行生产以及生产哪些产品的信号，并且它们随后还必须为生产者提供充足的产品进行分配以便激励这些生产者继续进行生产活动。市场经济是通过自由市场和看不见的手来进行协调运作的，这一点我们在本书的后面章节将会进行论述。但是就理论上而言，一位仁慈的统治者在分配产品方面也可以达到同样的效果。通过对劳动者的劳动果实进行有效分配，一位对本国各阶层的需求有着充分了解的仁慈领导人可以像自由市场那样对产品进行有效的分配。然而，历史证明，几乎没有统治者具备那种深知劳动者需求（以保持经济有效和统治持久）的无所不知的能力。

随着经济规模的不断扩大和经济的快速增长，那种中央计划的命令与控制型经济模式避免不了失败的命运。不断扩大的经济规模导致在一个地域辽阔和快速发展的经济帝国中，统治者在了解和满足每个成员需求方面的困难也在与日俱增。经济史上层出不穷的历史一再告诫我们，某个国家的经济成功往往是播下了其最终毁灭的种子。

所有的经济体都共享一些共同的特征。它们提供进行生产的激励因素或者拒绝进行生产的遏制因素，并且它们还分配一部分产品给那些生产者和消费者。消费者本身有时也是生产者，它们靠劳动来赚取一部分产品。同时，另外一部分产品则归属于那些有权力指挥生产和分配产品的人，这些人非常乐意享受财富创造的果实。

这种安排的精妙之处在于它没有忘记那些整日辛苦劳作创造商品和服务从而支撑起整个经济体制的劳动者们。如果这些劳动者的生活质量不逊于它们脱离这个较大的经济体时所能获得的生活质量时，它们会自愿接受这种在经济体制中的地位和成员资格。那些为了在经济蛋糕中获取更大份额而不愿意对自己的经济自由进行交易的劳动者却有可能被强迫受到经济奴役。然而，统治者却需要以投入更多的资源为代价来强迫这些劳动者进行奴役性劳动。

我们在本书的后面部分将会了解到市场经济国家有助于各种功能的协调。现在，先让我们了解一下激励和劳动行为之间的关联。

鼓励欺骗

命令与控制经济模式对生产进行强迫或指挥。但是，虽然人可以把马牵到水边，却不一定能够强迫马喝水。

人们可能被强迫进行劳动。当那种用于强迫劳动者进行劳动的更大投资处于某种最佳水平时，它有可能会取得某些成功。然而，这种强迫劳动者进行劳动的体制是不可持续的。更确切地讲，为了追求效率，这种体制需要运用广泛的激励措施来不断地进行压榨和监控。

为了对命令与控制型经济模式进行掌控，统治者必须在付出最小化的监控成本时对劳动者进行最大化的压榨。这种监控、激励和压榨的最佳水平很难达到。当经济体的规模不断扩大时，达成这种最佳水平的困难也在与日俱增。由于日益增长的监控和压榨行为耗费了更多的可用资源，低效率就不可避免地伴随着经济规模的扩大而不断增长，最终会导致该经济体的崩溃。

偷懒是命令与控制型经济模式的致命弱点。当任何一个组织体的规模在不断扩大时，经济掌控者将劳动者个人的劳动与组织体的整体目标保持一致的努力将变得日益困难。

当然，那种一人公司就不会面临这种问题。那位公司的唯一所有人会深知自己的劳动和公司总体生产之间的关系。甚至那种只拥有少数员工的公司也可以较好地将员工的劳动与公司的总体生产保持一致。一个较小组织体中任何一位成员的偷懒行为与其他成员的忙碌行为比起来都会显得很显眼。

然而，随着早期的命令与控制型组织体的规模不断扩大，生产者、生产的监控者和处于顶端的享受生产与拥有产品再分配权力的政治上层集团之间的结盟将会被不断削弱。组织体规模不断扩大所带来的效率最终将会被为了维持组织体的一致性而不断投入资源所导致的低效率所压倒。

并不是所有的工作都会创造平等

对强制性经济力量和强迫劳动者进行奴役性劳动来说，它们存在着替代物。某些工作需要更高的劳动技能和训练。某些生产者会出于作为劳动者的尊严而工作，也可能会为了争取提升到不单调或者不低贱的工作岗位上的机会而工作，也可能会为了更多的威望和特权而工作。

但上述这些情况并不能被用于激励那些很容易就被迫进行劳动，或者其劳动产品不具备足够的（产生稀缺感的）个性，或者因其拥有精湛的技艺而当然在社会中享有崇高地位的劳动者。类似农夫、纯体力劳动者、商品运输者、士兵和零售商这样的工作只需要很少的培训，并且在产品的分配中也只用承担很少的责任。对上述工作进行管理不需要耗费太多的努力。这些工作中的人均产出相对容易被监控，那些不努力工作的劳动者相对更容易被其他人取代。从某种程度上来讲，如果劳动组织的规模不是太大，劳动者的偷懒行为是很容易被制止的。

那些具有较为稀缺才能的劳动者则会被赋予更高的薪水和更多的自主权。这些劳动者可能拥有独一无二的技能，并且隶属于某个自治的排他性俱乐部或者行业协会。那种对工作进行外部监督的部分职能将会被转移给这些具有特殊技能的劳动者们。

除了上述那些未经培训的劳动者和具有特殊技能的劳动者外，那些技术官僚和贵族也与富裕的上层集团和执政者之间具有紧密的同盟关系。这些技术官僚和贵族会把维护上层统治集团的利益视为整个组织体的成长。他们对上层统治集团的忠诚保证了整个帝国的不断扩张。然而，如果帝国的疆域变得过于辽阔，这套技术官僚和规则体制就很难成长了。伴随着帝国的不断扩张，上层统治集团的拥戴者也会不可避免地衰弱下去，其对手和竞争者的机会也会自然而然地增多。

这种将劳动者划分为不同功能群体以便进行密切监控和管理的体制不可能被无限期地复制下去。最终，这种最有利于维护上层统治集团利益的生产管理体制面临的困难越来越多。因此，这种命令与控制型经济模式的规模受到限制，帝国的增长将为其自身开启崩溃之阀门。

与命令和控制型经济模式中存在的上述限制性因素相比，分散市场模式则不存在这些问题。

强盛的果实成为衰亡的种子

农业革命和最初的物物交换经济使得人类能够生产的产品范围得到迅猛扩张。这还使得人类的时间能够用到那些（超越食物和住所的维持生存的最基本需求的）更高层次的行为中去。由此所产生的经济收益成为组织更大规模的群体和部落的巨大激励，其中的部分经济收益则被用于维持该组织体中上层统治集团的统治。

然而，经济帝国的规模越大，它就越容易受到权力竞争者的侵扰，并且权力的不断集中会带来普遍严重的腐败现象。

第二章
物物交换、经济帝国与分散市场

“运输某个物品并将其用来交换其他物品是全体人类的共性，而在其他动物身上则找不到这一点。”（亚当·斯密，1776年）

最基本的市场就如同农业经济体一样古老。我接下来将会探讨经济剩余产品的起源，这些剩余产品导致市场经济被创造出来。

由于生产效率的提高，某些人可以饲养更多的牲畜，而另外一些人可以建造更多的房屋，我们与此同时就创造了一条贸易途径。如果人们生产出了超过其自身需求的产品，他们就会寻求用这些剩余产品来交换他们需要的其他产品。

无论是被禁止还是被批准，那些没有被奉献给统治者的剩余产品通过各种方式进入市场。这些市场对统治者的权力构成了威胁，有时甚至是取代。

贸易的地位

在通用货币出现之前，贸易不可避免地需要某个人（自己拥有某种剩余产品同时需要其他一种产品)来寻找另外一个人(自己拥有该种其他剩余产品同时需要第一种产品)。解决这种"双向需求耦合"(double coincidence of wants)既耗费时间又低效。但是,它为个人交易某种剩余产品提供了一种途径,对那些正在寻求自己需要的稀缺产品的人来说具有巨大的价值。自从农业革命发生之后,这些"贸易收益"就成为了农业经济体和无所不在的市场的创新。

物物交换经济既麻烦又低效,从很多方面来讲它仅仅只是对满足双向需求耦合形成了一种挑战。如果只有两个人愿意进行相互贸易,那么其中某个人的剩余产品就会用来同另外一个人的剩余产品进行交换。他们不可能建立一种针对这些剩余产品的比较价值(comparative value),因为这些代表个体剩余产品的商品的价值仅仅存在于每个劳动者投入到自己的生产劳动中的时间里。如果双方劳动者为自己的剩余产品投入了相同数量的时间,那么这些产品就将拥有相同的价值。

下面让我们来看一个例子。假定一位农夫能够很轻松地生产和磨出10袋额外的面粉,这些面粉超出了整个家庭的需要。如果只有一位潜在的交易对象(他能够很轻松地生产出10打额外的鸡蛋),那么一袋面粉的"价格"就等于一打鸡蛋。实质上,这两位交易者可以用他们的剩余产品进行实物交换,如此一来,他们就会制定一个能够满足每种商品需求和供给的价格。如果到这一天结束之时,这些交易都完成并且所有的剩余产品都被消耗了,我们就认为鸡蛋和面粉的交易就终结了。

交易参与者的数量将会影响市场出清价格(market clearing price)。我们假定交易者们发展了一个更大的商品市场。在下面这个例子里,一位农夫生产出了10袋额外的面粉而另10位农夫每人都生产出了10打额外的鸡蛋。如果不存在其他的贸易机会,一袋面粉的价格就会从前一个例子中的一打鸡蛋提高到10打鸡蛋。

这个(面粉相对于鸡蛋的)新价格会对众多市场参与者的决定产生影响。某些母鸡饲养者会投入面粉生产行业,而面粉生产者会试图生产更多的面粉。不管怎么样,买家和卖家都会对自己的生产和消费决定进行调整以使其符合市场动态。这些市场将会逐渐演化并产生一个针对每种产品的长期均衡组合(a long run equilibrium mix)。

当我们将更多产品和更多贸易者牵扯进来后,原本以两种产品为基础的市场出清价格就会变得更加复杂。下面让我们再看一个例子。有两位陶器匠,他们都愿意用自己多余的陶器来交换面粉和鸡蛋。现在,其中一位陶器匠用自己的陶器同面粉生产者进行交换,然后用交换来的面粉再从母鸡饲养者那里交换鸡蛋。最终,这个复杂的贸易活动将会建立一个关于面粉、陶器和鸡蛋的相对价值(relative values)。但是,情况就变得明显复杂起来,因为其中一位贸易者不得不为了得到面粉而生产陶器,然后再用这些面粉换得鸡蛋。此时,前面所述的双向需求耦合变成了三向需求耦合。

把这种复杂情况简单化的方法就是让所有的贸易者用某种能够公平衡量其产品价值的物品来进行交易。这种物品就是货币。生产者能够将其产品出卖换得货币,然后再用这种货币购买他们挑选的产品,而不必再让某位贸易者费尽心机地来满足那种双向需求耦合。实际上,货币能够让每一起交易都能够满足双向需求耦合,因为所有的交易都涉及到放弃或者接受那种被称作钱的通用货币。

钱可以有不同的表现形式。它最基本的要求就是所有的市场参与者都知道它的共同价值(mutual value)。这种价值在买家们用货币来对欲购买的商品进行估价时表现得非常典型。某种货币还因为它是某种稀有金属或者某种物品(所有人都需要而且对所有人都具有价值的)而拥有其内在价值(intrinsic value)。

货币最有效的表现形式就是某种不易磨损并且易于运输和兑换的物品,而且这种物品除了具备充当交换媒介外,其本身并不具备很高的价值。那些包括谷物或例如金银之类的稀有金属在内的众多古代货币表现形式都不符合上述标准。结果,国家发行的纸币因为政府允诺限制其供应量而产生的稀缺性成为过去几千年里货币的最主要表现形式。

它对你的价值是什么?

通用货币带来的真正变革在于它创造了流动性。销售者们不再受惠于双向需求耦合,他们能够在一种充分了解和良好沟通的市场价格基础上真实地衡量自己产品的价格。这种价格可以以美元、英镑、欧元或者人民币来计值,或者以任何一种被某个地区广泛采纳的货币来计值。

即使是发生在地区之间的贸易也可以通过将一个地区贸易量所产生的货币总量与另一个地区贸易量所产生的货币总量进行比较来完成。这种不同货币的供给与需求决定了货币之间兑换的汇率,就如同面粉和鸡蛋所决定的交换比率一样。

自由而充分发挥功能的市场决定了每一个商品相对于其他商品或者以货币为基础的所有商品的相对价值。这些估价决定了一套涵盖所有市场的正确价格。经济学第一基本原理指出,如果我们能够在一个充分市场化的世界里得到所有正确的价格,那么经济将保持在最佳状态。

双刃剑

市场可能会因为各种不同的原因而失灵,但即使是一个由可能会失灵的市场组成的世界,其运行情况也要比一个由经济指挥者们对所有生产决定进行掌控的世界好得多。但是,货币制度的创建可能会导致一种左右为难的窘态。

货币制度的创建非常有利于促进贸易、市场参与者、经济效率、税收等各个方面的发展。除了实物形式外,帝国经济的掌控者还可以将属于他那部分的产品以现金的形式收入囊中。然而,隐藏现金很明显比隐藏许多袋面粉、许多打鸡蛋和许多箱陶器要方便得多。

从与贸易相协调并且促进贸易发展这方面来讲,那些有权力命令和控制分配的人发现采用货币的形式更有利于收税。然而,这同时也赋予了消费者能够对命令与控制型经济进行规避的机会,因为它有利于市场和个人享受更多的自由和更少的束缚，从而会逐渐削弱经济掌控者们花了极大代价而建立的经济体制。货币制度以及它所推动的市场恰好是一种能够削弱建立在武力基础之上的命令与控制型经济帝国的机制。

即使是国王也无法抗拒这股潮流

虽然连耶稣基督(Jesus Christ)也不敢对恺撒(Caesars)指挥生产和征税的权力进行挑战，但罗马这个最强大的命令与控制型经济帝国还是在数百万为了自身经济利益而各尽其能的个人所带来的压力之下崩溃了，市场不可避免地出现了。

正是那种导致以命令与控制为基础的经济帝国们产生的强大力量造成了这些帝国的毁灭。那些早期(关键取决于其对生产进行监控和激励的能力)的命令与控制型经济国家建立在那些能够推动经济发展的人们的经济偏好(economic preferences)的基础之上。事实上，一个命令与控制型经济体只有在数量急剧增长的个人与上层统治集团这两者的目标达成一致的情况下才能发展起来。一个命令与控制型经济帝国的扩张需要更多数量的劳动者，但最关键的是需要有相同比例增长的忠于上层统治集团的生产监督者。

然而，就像不断增多的劳动者会造成对生产进行监控更为困难并且使偷懒变得更为容易一样，要找到越来越多的将自身利益与国王和国家的利益保持一致的执法者也变得更为困难。

在付出极大的代价之后，绝大多数命令与控制型经济帝国最终认识到对帝国内所有活动都进行组织的想法是愚蠢的，并且它们接纳了那种不可抗拒的市场潮流。以往那些规避了正规产品渠道的地下市场由于经济掌控者们采取的相对自由态度而逐渐公开化。那些以往在地下市场上生产和销售的人开始纳税，而征税者们也成功地将自己的权力与对市场的监控和执法捆绑在一起。

国王们也逐渐学会对雄心勃勃的新兴市场进行控制。一个日益强大的帝国必须有一位恺撒式的人物，但同时也不得不忍受许多地方长官、贵族或者地主。这些拥有大量财富的地方实权人物拥有攫取剩余农产品和维持自己的农奴基本生存的强烈需求。他们同时也会由于各种原因而对国王隐瞒从自己的领地上攫取的剩余产品，这样一来，这些地方实权人物在某种意义上就同经济帝国的国王们形成了竞争。

那些自由市场的参与者也在为了剩余产品而进行相互竞争。他们也同样在与他们的封建领主和国王进行竞争。一旦他们向国家缴纳了税款，他们就拥有了对封建领主权力进行限制以及与国家权力保持某种程序上的平衡的机会。只要这些人愿意向国家缴纳税款，那么这种市场体制就是可以被接受的。

这实际上是把自我利益当做基本法则。即使在今天，同偷税漏税情况作斗争在很多国家也还是被视为一种经济活动。征税者必须对每一项交易都进行监控，这样才能确保税款被如实地缴纳上来。自由市场拥有一项决定性的优势，即它能够依靠实现无数创业个体的自我利益而将命令与控制型经济中的非出于国家利益的地下经济转变为地上经济。

一个命令与控制型经济体因而需要某种机制来迫使所有成员都接受它对经济的集中决策。成员们只有在其从地下经济和自由市场经济中获得的产品在多样性和可预测性上都具有同样价值时才会接受上层集团对经济的集中决策。

经济微调

中央计划经济体制的最大弊端在于它不是基于市场能够提供的产品来进行分配。我们假定某个中央计划经济体命令生产 10 袋面粉和 10 打鸡蛋。这个经济体中的中央机关不可能预测到其每一位成员的个体需求。即使我们假定中央机关没有把上述产品中的一部分转移给国王，不管生产者是喜欢面包还是煎蛋饼，每一位生产者都必须消费 5 袋面粉和 5 打鸡蛋。没有哪一位中央计划者能够充分了解每一位消费者的需求，更不用说每一位生产者的生产能力了。这种无能的状况将不可避免地加剧，而且将随着生产和消费人口在规模和种类上的不断增多而变得日益严重。

另一方面，一个伴随着低交易成本和有效交易网络的自由市场体制将会促使效率水平的不断提高，这种效率水平在理论上是不可能被其他经济体制超越的。

然而，即使一个不受束缚的体制也并不能拥有完美的效率。市场需要提高警惕性来确保自己不被破坏。

收税人

一个命令与控制经济体制与那种同时包含有私人产品和自由市场因素以及建立在个人向国家纳税基础上的命令型经济因素的混合经济体制之间存在着怎样的区别？

个体依靠他们参与某个经济体制时所能够获得的收益和风险及对未来的可预测性来衡量经济自主权的价值。不受束缚的自由市场能够提供潜在的高回报，但这种高回报同时也伴随着高风险。而命令与控制经济体制可以提供高度的可预测性，却因为个体不能够充分认识到他们的偏好而更具低效率。

一个经济体制的参与者会牺牲某些效率来作为对自治或者可预测性的回报。无论是自由市场体制还是命令与控制体制，或是包含有上述两种因素的混合经济体制都能够满足经济自主权和可预测性这两大目标中的一个。一种混合经济体制只有在命令与控制型经济领域所导致的低效率不会超过我们对其预测性所作的价值衡量或者违反我们对经济自主权的愿望时才会得到维持。

混合经济

当那些地下经济体出现时，他们最常被参与者用来作为克服某种臃肿的命令与控制型经济体的低效率缺陷的借口。当然，没有哪种经济体制是绝对自由的。每一种伴随着税收的经济体都会有某些政府部门代替市场来向其居民提供商品或者服务。

例如，在希腊这个世界第27大经济体中，最近就被报道有50%的国内生产总值(gross domestic product)被用于公共领域。这个命令型经济与自由市场经济的混合体让那些纳税人感到失望，因为他们认为自己缴纳了税收，但换来的却是低效率的政府服务。最终，有人估计希腊经济总额中的25%归属于地下经济。

从以往的经验来看，我们认为没有哪一个严格意义上的命令与控制型经济体能够在自由市场和混合经济世界中取得足够大的成功。一个命令与控制型经济要想取得成功必须要克服哪些障碍呢？

混合经济体和命令与控制型经济体的中央计划者们最终发现了因在20世纪80年代担任美国总统罗纳德·里根(Ronald Reagan)的经济顾问而著名的阿瑟·拉弗(Arthur Laffer)和20世纪30年代大萧条时期著名的经济学家约翰·梅纳德·凯恩斯(John Maynard Keynes)的学说。如果中央机关不收税，它不可能有收入来提供给那些为了刺激经济发展而修建的基础设施。另一方面，如果中央机关把劳动者的收入全部作为税款收缴，那么就无人会拥有挑选工作的自由。在零税收和全额税收之间的那个最优纳税比率应当能够在提供最高财政收入的同时还能够维持一个高级别的经济活动。

拉弗自己则认为：

“顺便说一下，所谓拉弗曲线，并不是我的发明。例如，14世纪的穆斯林哲学家伊本·卡尔敦(Ibn Khaldun)在他的著作《历史导论》(The Muqaadimah)中就指出，在王朝的兴起之初，规模很小的税收收入就产生了很大的作用。在王朝终结之时，规模很大的税收收入却只产生了较小的作用。”

拉弗对卡尔敦的敏锐洞察力感到不可思议。卡尔敦在7个世纪之前就认识到中央机关不断增长的赋税最终导致了自身的毁灭。为了满足政治上处于统治地位的贵族们贪得无厌的需求，劳动者们的负担达到了一个极点。在这个极点上，劳动者们要么减少自己的劳动努力，要么就为这个残酷的中央机关寻找一个替代者。

凯恩斯也表达了类似但更为尖锐的情绪：

“相反，在接下来的章节里，我将对下面这个问题进行简要的阐述，即财富的创造将会增加国民的收入，并且国民增加的收入中的大部分将会充实到国库之中。国库最大的一笔开支就是向那些失业者提供救济补助，而国库的收入主要来自于劳动者收入的一部分……”

“税收可以高到击垮它的被征收对象这个观点似乎并不太奇怪。因此，给定充足的时间来汇集成果的话，减税会比预算平衡的增加有一个运行得更好的机会。今天的人们接受对立的观点是很难的。正如有一个正在亏损的制造商，当他的销售额减少而且亏损增加时，他却决定提高他产品的价格，这使他自己陷入了简单算术的草率行为。谨慎的决策要求他仍然要更多地提价。最后，当他的账户在两边都出现了零额的平衡时，他仍然义无反顾地宣称：当你已经亏损时，降价简直就是一种赌博行为。”

在实现效率过程中的贪婪、自大和缺乏约束常常导致中央机关所征收的赋税超过了该国经济体的承受能力。反过来，中央机关的征收行为相当于为自身的毁灭播下了种子。

拉弗的警告

拉弗曲线的微妙之处在于税收的最佳水平点并不是固定的。经济心理学经常援引下面这个定律，即上缴税金、缴税能力和对价值的感知之间的平衡。例如，如果征税收入被用来采购和分发商品与服务，而这些商品与服务恰好就是纳税人要为自己选择的东西，那么这里就不存在有效负担的问题。纳税人的不满与纳税人自己需要购买的物品和执政者为纳税人选择的物品之间的鸿沟成比例增长。

纳税人经过教育可以对(没有哪个个人会投资的)国家基础设施投资中的价值有一个清晰的认识。很明显,如果中央决策者能够为劳动者们创造一个等同的远期价值,那么纳税人就不会感到负担沉重。

然而,纳税人是最具多样性的。那些正在走向生命终点的老年纳税人可能看不到基础设施投资的回报。经济决策与纳税人具有相同的多样性。无论是为了阻止哪怕是一位仁慈独裁者的个人控制,还是为了形成一个能够代表我们的利益进行决策的经过民主挑选的团体,都必须根据税率来不断调整经济自主性。在某种极端情况下,高税率会建立在中位数纳税人(median taxpayer)的偏好基础之上。而这个政权势必使除了那些中位数纳税人之外的所有人感到失望。

市场能够自我监管吗?

那些中央征税者也会为自己进行辩解,即他们促进、维持和管制了市场。除了在为了公共利益而将私人产品投入到诸如道路、消防和警察等公共产品建设过程中扮演一个合法角色外,中央经济掌控者还可以对市场进行调整和管制,以此来确保他们在公共利益中的功能。

某些人可能会认为市场天生就能够自我管制。这些人认为,在能够获得准确市场信息的情况下,供应者和需求者能够做出最符合自己利益的决定。这种理论假定市场价格能够全面反映出所有的信息。确实,市场参与者在今天能够获得的信息比以往任何时候都要多。但是,即使是美国联邦储备委员会的前主席艾伦·格林斯潘(Alan Greenspan)最近都承认他那关于自由和不受限制的市场能够自我管制的坚定信念是一个不再有效的假设。

格林斯潘于 2008 年 10 月 23 日在国会举行的关于监管和政府改革的听证会上指出:“包括我在内的很多人曾经认为奉行利己主义的贷款机

构们会保护投资者的利益，但我们对目前的事态感到震惊和难以置信……”

当一位议员询问格林斯潘是否仍然相信市场能够自我纠错和自我调整时，格林斯潘指出：

“以往的证据显示，如果某个市场没有证券化，它照样可以运行。这本来是一个非常小的问题，并且（确实）不太可能采取它以往曾经运用过的措施。直到 2005 年，对次级抵押贷款（subprime loans）的需求有了巨大的增长，此时证券化才变成了一个很重要的因素。因为我们记得，在美国境外还没有发生过一例单独的（非证券化的）次级贷款。而正是由于境外对次级贷款的巨大需求导致了这一市场的开启，就如同按揭证券市场一样”。

格林斯潘承认市场监管的缺位将导致一系列足以击垮市场的问题。他同时还承认市场比他设想的更为脆弱，更容易受创于普遍的欺诈和欺骗、信息缺乏、诚信缺失和无知贪婪。当市场濒临崩溃时，人们对于需要一个中央权威机构来对市场进行监控（以确保市场参与者能够维护自己的利益）的认识就迅猛增长。

强盛的果实成为衰亡的种子

市场是一个促进经济生产和产品分配不断增长的创新。这种增长刺激经济帝国们把一部分财富转移给统治阶级。这种通过征税方式进行的财富转移严重地损害了市场本身所固有的经济民主。通过在计划经济体制之外提供市场途径和收入，一个平行的地下经济将会出现，而这个地下经济将会挑战（最终将打败）命令与控制型经济。

这种地下经济会保持强劲势头，因为它在满足一个日益复杂的市场经济中的多样化需求时能够扮演重要的角色。它的优势在于它能够更好地满足人们的偏好，最终将对一个掌控经济的经济国王的能力形成挑战。

第三章
专业化和剩余产品

“我曾经见过这样一个小工厂，那里只雇佣了10个工人，这些工人都很贫困，工厂里的必要机械设备也都很简陋。但他们如果尽力而为，一天却能够制造12磅针。以每磅有4000枚针来计算，10个工人每天就可以制造48000枚针，即每人每天可以制造4800枚针。但是如果他们全部各自独立工作，并且未经任何特殊技能培训的话，每人每天连20枚针(有可能连1枚针)也制造不出来。”(亚当·斯密，《国富论》，1776)

正如市场的优越性无法被否认一样，人们对自身利益的追求也不可避免地会发现专业化的优越之处。我们的时间和劳动可能是最珍贵的资源，我们每一个人都努力最有效地运用我们天生具有的资源来制造那些将最能维持我们生活的产品。人们自然会被吸引到一个能够最有效使用我们天赋资源的经济体制之中。

在很长一段时间内，具有强制力量的命令与控制型经济是人类组织的主要模式。为国王提供服务的人员数量、军队所能够控制的地域范围以及归属于政治精英的力量成正比。

这一体制的生命力强劲得令人震惊，这首先要归因于没有出现一个可以代替它的体制。然而，尽管王权体制一度依靠统治农民来维持经济秩序，但人类社会中的每一个类似的帝国都被证明是不能够长久的。在某些时候，帝国的需求与效率和经济适应度的需求是相冲突的。

每个帝国都遵循同样的剧本

本书的书名来源于一个对人类历史上各个帝国兴衰进行描绘的类型。从爱德华·吉本的《罗马帝国衰亡史》到劳伦斯·詹姆斯(Lawrence James)的《大英帝国的兴衰》(The Rise and Fall of the British Empire)、威廉·夏伊勒(William Shirer)的《第三帝国的兴衰》(The Rise and Fall of the Third Reich)和保罗·肯尼迪的《大国的兴衰》(The Rise and Fall of Great Powers)，作者们已经论述了权力是如何通过使用武力、军队和战争来予以维持的。军事优势(最早是陆地上的优势，后来又发展到海上优势，最后通过现代军事工业综合体体现出来)一直是他们进行论述的主线。每一个帝国对自己的命运都感觉良好并且都认为自己很伟大，而无视以前的(也表达过相同雄心壮志的)独裁者们的下场。所有的经济帝国都具有同样的品质。

为了能够对帝国们的兴衰进行更好地了解，我们必须首先对伴随着一个经济帝国形成的财富加速积累过程进行了解。

亚当·斯密和一种新政治经济

正如我们所知道的那样，亚当·斯密那本出版于1776年的伟大著作是经济学研究的开端。他的注意力主要集中在对创造出奇妙的剩余产品的过程进行论述。在那本开创性的著作《国富论》中，斯密对一种经济帝国赖以形成的过程进行了描述。

斯密甚至在经济学成为一门单独的学科之前就对经济学原理进行了

研究和论述。而且，他还对道德哲学有着精深的研究。在他职业生涯的早期，他曾经是为在教堂服务还是从事学术研究而纠结。确实，他的研究并没有局限于仅仅对财富创造进行理解，而是进一步对几千年来人类的进化过程进行了研究。斯密的《国富论》从哲学、人类学、社会学和经济学等多个角度对中世纪以来的强制型经济体的演化过程进行了分析，并且对即将到来的（伴随着工业革命而产生的）重商主义时代进行了展望。

斯密是首位对（新型而大量的）财富创造过程进行论述的学者。他那在工业革命开端之时进行的研究记录了从封建主义到军事优势再到殖民主义的政治经济模式的转变过程。他的著作主要是以他的祖国英国为研究对象，因为此时英国正处于其殖民统治时代的巅峰。

尽管斯密以《国富论》一书而闻名于世，但实际上他的研究领域更为广泛。他论述了一个经济帝国形成的原因。第一次工业革命建立在规模经济（economies of scale）基础之上，而规模经济之所以被唤醒是因为殖民主义的混合体需要通过武力来维持。

斯密对他所论述的经济现象有着深刻的认识。早在 18 世纪，他就已经对导致一个经济帝国兴起的各种力量进行了分析。甚至直到现在，两个多世纪过去了，研究者们仍然对他所论述的建立在第一次工业革命基础上的经济帝国中的各种负经济（diseconomies）状况进行参照。

我们已经对建立在武力基础上的经济体的局限性进行过论述。我们还将对殖民主义的优势和缺陷进行论述。我们将以创建一个现代经济帝国的宗旨为开始。

规模经济和针市场

斯密最常被援引的例子就是一个每天能够制造 10 枚针的制针工人的故事。即使这位工人竭尽所能，他的产量最多也只可能被提升至每天 200 枚针。

然而，如果制针程序能够被分解成 18 道不同的工序，一个由 10 名工人组成的团队(每人负责 1 到 3 道工序)竭尽所能每天能够制造出 48 000 枚针。平均每个工人在一个 8 小时的工作日内每 6 秒钟就可以制造出一枚针。

在上述这个例子中,如果把整个制针过程分解成不同的工序并由工人们来依次完成这些工序而不是让 10 名工人中的每一位单独完成所有的工序,那么每位制针工人的产品会提高 24 倍。这些制针工人正在创造一种模式,这种模式不同于以往那种必须由一位猎人完成一起成功狩猎的全部步骤的模式。

这种新工业模式有能力创造出大量的剩余产品。这些剩余产品的出现远远超出了劳动者专业化的优越性和这些专业化劳动者技能的熟练程度所能提供的范围。

事实上,斯密论述的新工业模式与我们此前对劳动者专业化的理解有很大不同。通过将生产过程分解成许多道独立的工序,一位劳动者可以在很短的时间内发挥最大的生产效率。那些早期的实业家们就可以将具有复杂功能的机器转交给普通的工人操作,而不再过多依赖于那些工匠和技工的技能。

3 个世纪后,我们都已经熟知这个不过多依赖于技艺或者技能的机制。在我高中毕业后的第一份暑期工作中,我发现我所做的工作在以往只有熟练的专业技术工人才能进行。经过简单的面试,我就被录用雕刻木头猫头鹰。我一个劲地申明自己没有任何雕刻经验。但老板告诉我经验并不是关键问题。一位以前被雇佣过的熟练专业技工曾经雕刻出第一个木头猫头鹰,而我只需要操作一部雕刻机器(这部机器依循原始的木头猫头鹰对材料进行切割)就可以一次雕刻出 10 个木头猫头鹰。

我只需将 10 块木头摆放在机器中的固定位置上,然后将一根光滑的金属指针放在原始的木头猫头鹰上,并且简单地引导这根指针顺着原始的木头猫头鹰运行。机器就随着指针做平行运动对木头进行切割。当我将指针顺着原始的木头猫头鹰全身运动一番后,10 个木头猫头鹰就被“雕刻”出来了。

尽管我没有任何雕刻经验，但我在大约半小时内就能够生产出 10 个木头猫头鹰。它们中的每一个看上去都像是用手工雕刻出来的。我还可以将每个木头猫头鹰的平均生产用时减少到 3 分钟。事实上，我曾确信就是给我 3 天、3 周，哪怕是 3 年的时间我也不可能雕刻出一个木头猫头鹰。

在观看了许多集流行的科学频道电视节目"怎样做"之后，我确信每 3 分钟生产出一个木头猫头鹰和每 12 秒钟制造出一枚针在 21 世纪将会被视为小儿科。

分解生产线

你一定很熟悉福特汽车公司（Ford Motor company）的故事。尽管亨利·福特（Henry Ford）因创造了流水生产线（assembly line）而享有盛誉，但在福特于 20 世纪初期首次运用流水生产线之前就已经有很多人对此项创新予以运用了。

"流水生产线"这个词可以追溯到芝加哥的肉类生产商那里。芝加哥这座城市是一个经济中轴，美国中西部农场主饲养的牲畜都被运输到芝加哥，然后在这里被宰杀和冰冻，再运送给全美的消费者。

屠夫们将牲畜分解成不同的部分。分解生产线（disassembly line）将整个屠宰过程分解成许多道工序，就像前述制造针的例子一样。这个分解生产线增加了一个重要的创新。在这个肉类生产过程中，牲畜被传送到工人面前，而不是以往那样由工人走到牲畜面前。当牲畜们以一个固定的速度沿着一条传送带被传送到各个工人面前时，它们被分解成了不同的部分。

在这一过程中存在着诸多改良之处。首先，产品是以一个尽可能快的速度顺着一条线在移动，以便能够使生产率达到最大化。产品以固定的速度移动要求工人们必须被安排在生产线上的不同位置，这样每一个位置上工人所耗费的时间才能与其他人相同。

这一程序中最关键的因素是时间，它要求每一个工作位置上的工人与其他工作位置上的工人以保持相同工作速度的方式来达到协调一致。这种同步化就导致了第二个创新。没有哪一位工人能够在不拖累整条生产线和激怒管理者及其他工作位置上的工人们的情况下懈怠或者偷懒。

如果工人们的报酬是与其集体劳动率成正比，那么一旦有某人因为速度慢而拖累了整条生产线，他的同事们的报酬也就会下降，他就会变得臭名昭著。流水生产线最终利用同事之间的压力达到了防止偷懒和劳动效率最大化的效果。

显然，对速度的重点强调是一个强大的动力。这种极端专业化的另一面就是工作必须被精简至最基本的元素。速度取代了技能。

由于速度成为保持分解生产线同步化运行的必要标准，以往那种精通某一项单独工作的劳动技能的作用就变得最小化了。由于对整条生产线的设计和管理变得越来越关键，以往那种由一个经验丰富的熟练技工才能完成的工作变得在极短时间内就能够被普通工人所完成。

速度的重要性超越了技能，这种让技能变得不必要的过程成为一项影响深远的创新。通过使每一项工作变得最基本，任何工人都能够被其他人轻易取代，劳动中的权力平衡被打破，以往那种由经验丰富的技工掌握的权力逐渐被拥有雇佣无经验劳动者权力的管理者所代替。

亨利·福特在制造福特 T 型汽车时将这项技术提升到了一个新的高度。装配中的汽车被运送到工人的工作位置上，而不是像以往那样由工人走向不同的汽车，福特的工厂因此能够极大地提升汽车生产效率。通过这样做，福特能够降低在汽车生产成本中占据最大比例的人工成本。他甚至能够在向自己的工人支付比同时期其他汽车制造商更高的工资的情况下做到这一点。

规模经济

流水生产线也可以被视为是经济学上的一个重要概念。让我们设想一下下面这种情形:我们在一个工厂厂房中布置一条流水生产线,而这个厂房必须要确保工人们有一个有效和宽松的工作空间。鉴于我们已经在这条流水生产线、这个厂房和必要的生产设备上进行了投资,那么每辆汽车的生产成本将主要由流水生产线上工人们的工资和这条流水生产线上的生产效率来决定。

让我们来思考一下这条流水生产线上所产生的成本效益。我们假定汽车制造商每天要为工厂厂房所占土地的按揭贷款、厂房本身及机器设备的贷款和工人工资支出 100,000 美元。我们还假定每辆汽车的材料成本为 500 美元。如果流水生产线以每天只能生产出一辆汽车的极低速度运行,那么这部汽车将要耗费 500 美元材料成本加上 100,000 美元的固定营业成本。

但是,如果这条流水生产线能够以每天生产出 100 辆汽车的速度运行,那么每辆汽车的平均成本就会降低到 1 500 美元。如果这条流水生产线能够每天生产出 1 000 辆汽车,那么每辆汽车的成本将会降低到 600 美元。

这一生产过程允许亨利·福特能够在其 T 型汽车于 1908 年首次亮相时以每辆 800 美元的价格进行销售,当这一生产过程在多年后运行得趋于完美时,T 型汽车的价格更是降到了低于 600 美元。

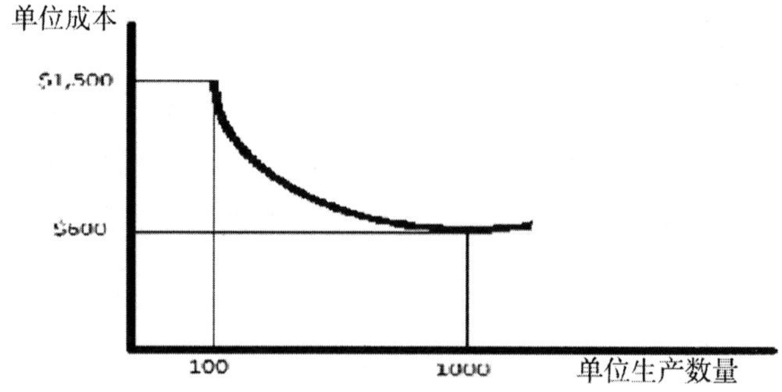

图一　规模经济增长

经济学家们把平均成本的降低现象称为“规模经济”。如果生产中不存在其他因素，生产某种产品的成本将持续下降到一个接近生产该产品的材料成本和工资成本之和的值。

但是，效率不可能得到无限提升。在前面的例子中，如果流水生产线能够每天生产1 000辆汽车，则每辆汽车的成本可以降到600美元。如果工厂的管理者试图进一步加快流水生产线的运行速度，则规模不经济(diseconomies of scale)就会产生。

例如，如果流水生产线运行过快，一个工作位置上的工人在半成品汽车被运送到他面前时很可能还没有完成手里的工作。这位工人就不得不拉响一个警报器，从而导致整条流水生产线停顿下来。这种停顿不但会耗费这位工人的许多宝贵时间，而且会耗费整条生产线上每个工人的宝贵时间。

依此类推，整条流水生产线的效率将会大幅度降低。那种试图超越流水生产线每日最优生产数量的行为不但不会提升规模经济反而会减慢生产和提高成本。规模经济和平均成本的下降将会让位于规模不经济和平均生产成本的增加。生产的最优效率水平会在不招致规模不经济惩罚的情况下最大限度提高效率。

所有生产过程都会受益于由于产量增加而导致的效率提高。效率提高的原因有很多。其中一个原因在于能够将工厂建筑和设备的固定成本分摊至越来越高的单位生产量中。经济学家将这种效率提高称为“平均固定成本的降低”。

经济效率提高的另外一个原因在于整个生产团队协同性的不断提升。一条流水生产线运行越快，它将会推动生产线上每个工作位置上的工人越快完成自己的工作。流水生产线的精心设计和优化将会最大限度发挥有效率团队的优势。

产品材料成本也会由于规模经济而在某种程度上降低。流水生产线上使用的产品零部件的供应商会提供折扣价，因为来自于流水生产线的更大数额的订单使得供应商们有机会不断提高自己的生产效率。

当伴随着产量增加的实际成本增加超过某个特定点时，规模经济就会变成规模不经济。我们前面已经论述过，流水生产线运行过快将导致规模不经济。此外，在超过某个特定点时，供应商也可能会为产品的原材料开出更高的价钱，因为对原材料需求的增加将导致他们的原材料供不应求。同样，产量的增加需要更多的工人。而工人将会变得待价而沽，除非老板们能够支付更高的工资。这些工资更高的新手们在素质上明显不如以前的那些工人们。

此外，当超过某个特定点时，生产率的增加会导致产品缺陷率的增加。如果这些有缺陷产品被大规模强制召回，问题就会变得日益严重。

如果我们发现一条流水生产线正在超出其降低生产成本的最低效率规模，那么进一步推进这条流水生产线的生产就很不明智了，至少竞争激烈的市场是无法支撑随之而来的成本上升的。我们可以采取的策略是在这条生产线上设置第二个或者第三个班次，或者重新设立另外一个工厂或者另外一条流水生产线。

但是，尽管那种设立多个班次或者多个工厂的策略可以因为流水生产线运行过快而导致成本增加，它仍然会导致一套全新的固定成本。尽管第二家工厂能够在成本尽可能低的情况下使生产量提高两倍，但市场必须能够吸纳双倍的产品。此外，供应商们也必须能够提高自己的供应量。

企业家们搭建了金融资本平台来购买这些工厂和机器，购买更多的原材料（这些原材料因为采购量大增而日渐稀缺），以更高的工资招聘额外的工人。他们必须在多种规模不经济和因为产量增加而获取的收益之间进行权衡。但是，他们所销售产品的单位收益必定会随着产量的增加而降低。如果过高的产量造成了市场上的供过于求，投资者们就会由于规模不经济和商品市场价格的下降而蒙受损失。

这种规模收益减少的现象实际上是边际报酬递减这样一个更广泛的经济原则的应有内涵。这一原则指出任何劳动最终都会达到一个可以降低效率的点。例如，生产中的规模不经济会导致越来越多的低效率，这种低效率会超过规模经济本身的效率。边际报酬递减这个原则解释了为什么一个企业家不可能控制所有的生产，或者为什么一个经济帝国不可能将全世界的经济都纳入自己囊中。

不能太大，也不能太小

就像所有的企业家一样，亨利·福特对因企业规模过大而导致的规模经济和规模不经济有着深刻的认识。让我们举一个简单的例子。一个由鲁滨逊·克鲁索（Robinson Crusoe）（《鲁滨逊漂流记》中虚构的人物）和他的仆人星期五组成的经济体不可能像一个较大经济体那样做到产品的多样性和低成本。这两个人必须各自精通某一个方面，鲁滨逊负责生产食物，而星期五则负责建造房屋。一个寻求更高产品多样性的经济体将需要较多的工人来有效率地生产这些具有更高多样性的产品。这种产品的多样性也必须得到一个更广泛的能够吸纳这些产品的消费群体的支撑。

一个更大的市场能够支撑生产和消费中的更高多样性和更高效率。此外，正如我们以后将要了解到的那样，这种多样性和效率同样也存在于国际贸易之中。

强盛的果实成为衰亡的种子

规模经济是鼓励规模扩大的驱动力量。但是，就像恐龙一样，任何一个企业都有可能变得过大。一旦规模经济的增长曲线与规模不经济的增长曲线在某一平衡点相交时，最优规模就在这一点上出现了。在此点之后，任何增长只会增加成本，降低企业的一致性，并且驱使一个帝国更近地走向超越自身承受力的临界点。尽管大多数企业家都知道一旦达到最低有效规模，为了增长而增长是十分愚蠢的行为，但帝国们却往往认为自己不受这一规律的约束。因此,帝国往往就像企业那样在开创之初也埋下了规模不经济的祸根。

帝国们开始寻求持续的成功增长。那种通过简单的扩大规模来鼓励和强迫增长的做法将使一个帝国变得更加脆弱和更不灵活。而这些脆弱性和不灵活性最终将拖垮那些甚至是最强大的帝国。

第四章

第一次工业革命

“机器凭每一磅力量能够干多少活，大家都知道；但是，所有的‘国家债务’计算专家都不能告诉我，在那些面色沉着、工作有规律和一声不响地变成了机器的任何一个奴仆的心灵中，在那一刹那有多少善或者恶、爱或者恨、爱国或者不满，又有多少善化为恶，或者恶化为善。”（狄更斯，《艰难时代》，1854）

市场和专业化的优势直到近代才相对显现出来，能源和交通的创新合力创造了人类一万年历史中前所未有过的财富和商品。我们已经对快节奏的发展和巨大的市场效率熟视无睹。我们忘记了如果将人类历史比作一公里长的路途，那么现代经济发展时期仅仅只是代表了最近的几步路。

现代经济体和现代政府的快速演化已经创造了新财富和新的公共机构，同时也创造出了一系列新问题以及解决这些问题的新办法。关于现代经济的实验仍在继续进行之中。

财富的积累

安逸以及少量的财富是两个相对现代的概念,它们目前在发达国家和不发达国家的上层集团中有着广泛的影响。

发达国家曾经被称为第一世界(First World),在以前主要是指冷战时期美国和西欧国家组成的政治联盟。随着冷战铁幕的崩溃,这些国家应当被更贴切地称为第一经济世界,这是一个可以用来取代以往惯用的"发达国家"的词。

第一经济世界是一个相对较新的现象。几千年来,只有少数人曾经享受过超越生存需要的经济安全(economic security)。只有在最近几个世纪里,才有某个单独国家里的大部分公民积累了超越生存需要的财富。我们现在可以假设,在我们的有生之年,世界上的大多数人在人类历史上第一次能够享有超越单纯生存需要的消费水平。

中产阶级的产生

自从农业革命开始就有剩余产品被生产出来,就有一类人积累了超过他们可以消费的产品。这种剩余产品的积累带来了新挑战。剩余产品的积累导致对财产保护的要求。只有这样,财产的所有人才能够免受那些认为从别人那里夺取产品比自己生产产品更容易的人的侵扰。

那些能够维持秩序和保护财产的人在我们的社会中处于一个受人尊敬的位置。他们的任务并不仅仅局限于对全体公民进行管理。他们还对公私财产进行保护,这样人们才会更少隐藏自己的财产和生产更多的产品。他们很快就开始理解一个新兴中产阶级的重要性。正是通过这样的保护,我们的文明才一步步发展到了现在。

文明的起源十分复杂。自从人类摆脱游牧方式开始定居,并且开始享受永久性建筑物和积累剩余产品以来,统治集团和他们的随从就逐渐产生了,除此之外整个社会主要就由农民组成。

这种经济体制在几千年的时间里占据支配地位，直到近代才被地球上的大多数人所抛弃。在近两个世纪以来的时间里，一个享有新权利和财产受到保护的占优势地位的新经济阶级出现了。自从文明出现以来，还没有哪一场革命像中产阶级的形成这样影响深刻。

而中产阶级形成的原因就在于第一次工业革命（First Industrial Revolution）。

摆脱辛劳

规模经济并不是一个新概念。的确，自从文明出现以来，农民们、陶器匠们、将军们、恺撒们、国王们和可汗们都懂得劳动分工的价值，并且将其运用于单项任务之中。例如，军队领导人对国防经济方面有所了解。一位上校要知道自己的旅要由几个团组成才能达到最优规模，而这些团要由几个营、连和排组成才能达到最优规模。每一个作战单位都有自己的专业和任务，每一个作战单位都必须处于一个能够受到旅长、团长、营长、连长和排长顺利指挥的规模。这个依赖于领导者维持纪律、效率和成员的能力的最优规模将保持团队的效忠、友情和合作。

如果人们的领导和协助能力保持不变，则这样一种最佳团队组织模式也将维持不变，团队中的成员也将受益于节约劳动力的机置。

一种新能源

自从房屋和农业在史前时代流行开来后，人类就已经开始利用动物的力量。在较早以前，牲畜们主要被用作节约劳动力的工具，这只能够在有限程度上增加人类的劳动能力和持久力。而且牲畜们也需要大量的人为干预来强制它们发挥在力量和持久力方面的优势。

工业革命中的两项创新改变了这一切，一项创新是水车，另一项创新是蒸汽机。

水车乍一看似乎只是一项微不足道的创新。尽管它是在能源的创造过程中逐渐演化形成的，但它是一项改变了人类生产组织模式的革命性发明。水车最初被应用于面粉加工以及带动织布机。在水车出现之前，织布业主要是由熟练的技工、半熟练的学徒工，以及织布工构成。由于一至两个人只能操控一台织布机，因此就不太可能存在规模经济。

而且，人们也无法区分实物资本、生产设备和劳动力分别所带来的收益。家庭织布工拥有织布机，并且用这台织布机来创造自己的劳动果实。实物资本的所有者和劳动力资本的所有人合为一体。实物资本与劳动力资本混杂在一起，并没有得到明显的区分，一位织布工收入中的收益来源也没有得到清晰的区分。

随着水车的发明，一位织布工可以运用一个单独的动力来源驱动许多织布机。这就有必要设计一种新型织布机，这种新型织布机能够摆脱以往那种由一个人（而且这个人还是动力来源）操控一台织布机的模式。这样，一位织布工就可以操控许多台织布机，而且其生产能力要比以往那种由一位单独的熟练技工操控一台小织布机的模式高出好几个数量级。

很明显，这种简单的大型动力创新所导致的规模经济具有可持续性。但是，创新并不是就止步于此了。

一种范式转变

在大型动力设备发明之前，织布机被放置于熟练技工居住的地方。此时的织布业占据了私人房屋的大部分面积，也占据了老百姓的大部分家务时间。与一个房间里摆放一百台织布机相比，一个只拥有一至两台织布机的家庭是不可能产生什么规模经济的。生产散落于乡村之中，并且与支撑整个农村经济的其他经济活动结合在一起。

当然，在这个模式中，包括制造织布机在内的绝大部分生产活动都是在本地进行。专业化只会产生微不足道的剩余产品。因为商品在本地进行分配，并不存在一个为大量剩余产品而服务的稳定市场。每一个村落中的熟练工匠都能够轻易满足该村落对织布、制陶、磨面粉和打铁的需要。

并不是每一个村落都会拥有理想的河流动力，而理想的河流也不一定会途经村落。一旦水车的能量足以推动一百台织布机，潜在的规模经济就会迅速扩展开来。水车具有能够驱动一间大屋子里的一百台织布机的能量，它的产量比一个最熟练的技工还要高一千倍。

要说服大量的熟练织布工在一个距离其村落几十或者几百公里的中心位置工作是十分困难的。即使大家组成了一个合作组织来共同利用水车所产生的动力，但他们宁愿以某些带有自主性的方式进行合作，而不是作为一个实体组成一条大规模的生产线。合作组织中的成员不习惯将自己的自主权屈从于一个更大的实体。如果能够保持自己的经济自主性，他们宁愿放弃这种新组织形式所创造的规模经济。

相反，一位有创业精神的人可以建造水车，购买或者租赁织布机，并且雇佣工人来操作这些织布机。为了不受制于具有强烈个人主义倾向的合作组织成员，这位工厂所有者宁愿重新对厂房和织布机进行设计，以便即使是未经培训的工人也可以顺利完成工作。

大型动力设备的出现改变了我们的经济模式。水车的真正创新之处在于它导致了一种新型组织结构，创造了工厂。水车最深刻的影响在于，与几千年来熟练劳工在生产中占据主导地位的情况不同，它优化了非熟练劳工的工作。较高的规模经济与较低劳动力和能源支出的结合使生产发生了革命性变化。大量的剩余产品也被相应地生产出来。它也对以往那种由乡村农民和统治这一地区的上层集团组成的模式造成了永久性破坏。

一个新老板

在这个集中供应动力的革命以及它所导致的城市化浪潮出现之前，整个社会除了国王和农民外，就只有本地领主和为所有人服务的商人。

农民们非常厌恶那些领主，因为这些领主使他们处于一种勉强维持生计的状态。农民们对王室具有更高的忠诚度，因为这两者都不信任那些控制了本地生产的领主。

在英格兰第一次工业革命时期的共同治理体制中，由贵族们组成的上议院承担了地方治理的责任。但王室深知有必要对农民进行保护，因为没有这些农民就无法生产。工业家们很快就对这一已经被证明了的平衡状态展开挑战。

这种由国王、封建领主和农民构成的模式几千年来一直被人们所熟知。一旦某些工厂所有者开始重塑生产模式和积累巨大的剩余产品，这些企业主们就开始嵌入王室和农民之间，并且开始反对封建领主的势力。

这个新兴的中产阶级为商人阶级注入了新鲜活力，并且开始控制前所未有的巨大财富。尽管这个新阶级由平民组成，但是他们在一个迅速增长的经济体中的重要地位给他们带来了与日俱增的政治影响力。他们很快被赋予了在英格兰组建一个新的下议院的资格，这个下议院很快就取代了上议院的权力。

与此同时，工人们开始迁移到不断扩大的都市地区，留在农村的人越来越少。尽管新兴城市发展的势头迅猛，工作机会也很多，但这种新组织结构带来的规模经济并不必然导致一种更高质量的生活。

正如我们已经论述过的那样，工厂创造了那些使得熟练技工成为不必要的专业化工作。最终，任何抱怨工作环境或者报酬的人都可以被其他人轻易地取代。某些工作需要的劳动技能如此之少，甚至儿童也可以被雇佣为工人。农村贫困人口很快就变成了城市贫困人口。

与此同时，由这些规模经济所创造的巨额剩余产品和财富被逐渐集中到一个新的权力阶层——暴发户手中。只要自己能够从王室那里获得自己想要的社会地位，这个暴发户阶层非常乐意将自己财富中的适当部分付给王室。而王室也非常乐意遵守这一规则，因为这些暴发户企业家们是一个迅猛扩张的经济帝国的增长引擎。而且，这些企业家们比封建领主们更热衷于创造财富，那些封建领主们最热衷的就是把那些本来应该归属于王室的剩余产品转移到自己手中或者从本来就很贫困的农村地区榨取尽可能多的剩余产品。

英格兰在这一时期经济财富的迅猛增长同时也招致了许多社会批评。尽管亚当·斯密在《国富论》一书中对这一时期的财富增长进行了歌颂,但还是有其他一些社会批评家对其进行了批评,这些人的观点主要集中在城市贫民和暴发户阶层之间日益加深的鸿沟上。几千年以来,人们已经对王室和农村贫民之间的贫富差距现象熟视无睹。但还从来没有哪一种城市贫民和暴发户阶层之间的贫富差距像此时的这样巨大。新的社会差别必然就产生了。

这种新型阶层间的新收入鸿沟将在此后成为一个持续性的挑战。

约翰·斯图尔特·密尔和卡尔·马克思

如何能够对这两个日渐壮大的阶层进行协调,以便让他们在日渐拥挤的城市中通力合作是统治集团面临的棘手问题,这是一个涉及社会学、政治学和经济哲学的问题。

有两位经济哲学家对社会财富分配中的新问题提供了两种根本不同的解决路径。卡尔·马克思(Karl Marks)认为,这种崭新的占主导地位的经济模式存在着一个根本性的缺陷。他认为这些(拥有生产资料并且从新创造的剩余产品中榨取了最大份额的)新资本家们将会因为其榨取的不义之财而被剥夺权力。他指出,那些不劳而获的人不应当在这个新经济中被赋予如此多的权力。马克思的解决之道是没收这些生产资料并将它们返还给工人阶级。

正如政府在几千年来负有为经济发展建立规则的责任一样,为了应对这种新变化就必须要求出现一种新的政府形式。马克思认为,必须要进行革命,因为暴发户资本家们不会轻易放弃自己对一个国家生产能力的控制。

卡尔·马克思并不是一个天生的革命者。他起初是一个经济学家,之所以呼吁政治改革只是为了有助于实现他所了解的必要经济变化。确实,在 19 世纪中叶的英格兰,马克思是一个伟大的思想家和经济学家。

另一方面,与马克思齐名的约翰·斯图尔特·密尔(John Stuart Mill)则呼吁一个非革命的路径。他认为随着规模经济发展成果中的一大部分逐渐被广大中产阶级占有,中产阶级的发展还将继续。他认为,必须提高城市贫民的地位和经济权力,不过不是通过革命而是通过教育。

这也需要一个更为明智和积极的政府来为这样一种转变提供各种基础设施和机构。密尔假设一支受过良好教育和掌握熟练技能的劳动力队伍将会为雇主们创造更多的产品和利润。密尔所说的中产阶级也将会因为他们为资本家创造了更多利润而获得更高的收入,他们与日俱增的经济影响力也将会矫正那种能够引起工人暴动的财富失衡状况。

强盛的果实成为衰亡的种子

发达经济世界并不是一成不变的。值得注意的是,一个看似微不足道的技术创新却能够引发如此巨大的变化。更让人震惊的是,人类只用大约十代人的时间就适应了这个如此迅速变化的社会状况。

水轮机和蒸汽机、规模经济和资本主义、新的财富不平等、城市贫民和暴发户,诸如此类的因素们结合起来迫使政府必须为了解决贫富群体间的高度紧张局势而发挥更大的作用。

人类文明历史上只有极少数时期能够保持社会平稳发展并将这一状态维持几个世纪。就第一次工业革命而言,规模经济的迅猛发展创造了前所未有的巨大财富和社会发展。同绝大多数社会和经济创新一样,这些成果并没有得到平均分配。当社会中占主导地位的群体发现他们自己的社会和经济地位发生变化时,越来越多的资源就需要被投入到纠正这种不平衡中去,在某种程度上,是由于害怕这种不平衡发展下去将会发生可怕的后果。

很明显,绝大多数发达国家正在遵循密尔所呼吁的路径。就是像前苏联和中国这样遵循马克思理论而建立的国家也认识到了自由市场和工业化的必要性，并且开始对代表工人阶级的资源进行重新定向。

然而，在缺乏一种可以让那些拥有金融和实物资本的人与那些拥有劳动力资本的人成为拍档的组织模式的情况下，政府就必须介入这两个群体之间。规模经济越发达，政府就需要采取越多的措施来应对这种不平衡。

不幸的是，我们将发现政府的角色（不是生产者而是代表中间阶级利益的再分配者）最终限制了产业效率并且导致了一个经济帝国竞争力的下降。

第五章
殖民主义给我们带来了茶和糖

“于是他们开始考虑怎样尽可能多地种植玉米，并且获得比以往更多的玉米。经过长时间的辩论之后，执政者终于让步，认为每一个人都可以为了自己的特殊需要而种植玉米。并且政府按家庭成员的数量为每一个家庭提供一块土地，这块土地只能够被暂时使用，不能为了继承而进行分割。这一措施带来了非常好的效果，因为它使得所有人都掌握了生产资料。于是尽可能多的玉米被生产出来了，产量比政府所能够采取的其他任何措施都要高，并且为政府减少了很多麻烦，带来了很多好处。妇女现在也非常乐意到田间工作，并且把小孩也带到那里进行耕作。这要是换作以前，她们绝对会说自己没有力气干农活。以往只有通过武力进行逼迫才能够达到这样的效果。”（威廉·布拉德福德在普利茅斯种植协会上的一次演讲）

神圣不可侵犯的边际报酬递减定律解释了为什么增长不可能永远持续下去。边际报酬递减定律的结果就是一个发展中的帝国必须要不断扩大自己的外围地带以便让自己的中心地带持续发展。

君王们对下面这一点有着深刻的理解：不断扩大的外围地带能够带来中心地带的统治集团无法获得的财富和商品。阿兹特克王国(Aztecs)和玛雅王国(Mayans)遭受西班牙人的劫掠就是这一观点的充分证明。

第一次工业革命则为这一陈旧的现象添加了一个全新的经济衍生效应。尽管第一次工业革命创造出了前所未有的剩余产品，但经济掌控者们仍旧无法抵御以往那种对帝国外围地带的居民进行压榨的贸易方式的诱惑，正如我们接下来要论述得那样。这一潮流似乎成为所有帝国不可避免的行为模式。

一个饥渴的工业复合体

第一次工业革命导致海量的剩余产品被生产出来。为了生产出这些剩余产品，这些新工厂所消耗的原材料量也相应地迅速增长。例如，由水轮机驱动的织布机会生产出大量的纺织品。这些新生产出来的纺织品反过来又需要大量的羊毛，所以此时羊毛的供应量也必须迅速增长。它还需要有一个不断扩张的市场来消费掉这些海量的剩余产品。

第一次工业革命开始时，任何一个经济体都无法充分满足新兴工厂对原材料的需求，也无法提供一个广阔的消费者市场。第一次工业革命需要一种新形势的全球化。

重商主义与一种新的全球化

直到第一次工业革命，全球化被视为是一种用来衡量航海优势的标志和一个将财富带回家以及将产品运送到世界各地的机会。此时新兴的重商主义理论的独特之处并不在于主张产品的生产者与其他人进行交换。相反，重商主义要求贸易参与者用黄金和白银来交换宗主国的产品，而这些黄金和白银能够被用来支撑宗主国的军队。第一次工业革命对产品市场的扩张、贵重金属资源的发现和足以支撑全球扩张的财富都提出了全新的迫切要求。

这种殖民地扩张模式并不是到第一次工业革命才开始出现。古希腊的"中心城市"(metropolises)就被视为是一种殖民模式的雏形,希腊语中的"中心城市"一词可以被翻译为"母城"(the mother city)。同样,"殖民地"(colony)一词来源于拉丁语中的"colonial",它的意思是一处农业耕作之地。

罗马人开创了人类历史上的第一个大帝国。确实,"帝国"(empire)一词来源于拉丁语中的"imperium",它的意思是处于武力控制下的广大人群。罗马帝国在其巅峰时期控制的区域包括了现在亚洲的伊拉克、北非的埃及和摩洛哥还有西班牙、法国和英国等大部分西欧国家和一部分东欧国家以及希腊和土耳其。这个中心位于罗马城的帝国延续了几百年。该帝国的一部分甚至在君士坦丁堡(Constantinople)一直延续到14世纪地理大发现时代。

罗马帝国的皇帝通过军团来对帝国进行控制,这些军队负有保护帝国的职责,同时从帝国的国库中获得军饷。与此同时,从帝国殖民地通过掠夺和征税方式搜刮而来的财富也为这些军团提供了一个财源。罗马帝国通过武力和殖民地向罗马城提供财富的能力得以维持。

帝国的其他部分能够供养宗主国及其军队。例如,现在埃及地区出产的谷物就是供养罗马城及其军队所必不可少的。

帝国的扩张不仅提供了一个稳定的财富和食物来源。它还创造性地允许宗教多样性。罗马帝国对宗教多样性的容忍与帝国领土的不断扩张保持同步。罗马城中占主导地位的宗教是一种多神制的崇拜,所以帝国新征服的边远地区的新形式宗教起初并不是一个特别的问题。但是,思想、信仰和价值观的多元化会对帝国的协同性和凝聚力产生不利影响。

罗马帝国为此后所有追随它的帝国们树立了一个不可磨灭的标杆。尽管拉丁语(罗马城的语言)已经不再是一种国家语言,但它是浪漫的意大利语、西班牙语、法语和葡萄牙语的根源。确实,罗马帝国的各种遗产深深地嵌入了全球文化之中。例如,《国家地理》杂志(National Geographic)就曾指出：

"罗马帝国对当代语言、文学、法律、政府、建筑、医药、运动和艺术等众多方面都产生了深远影响。这些影响如此之深刻以至于很多时候我们几乎没有意识到它们。例如，就以语言为例，现在懂拉丁语的人越来越少。但是，让我们返回到这段话的第一句话。如果我们把这段话中所有直接来源于拉丁语的单词全部删除，那么这段话就只会剩下一个定冠词'the'。"

政治和经济征服证明帝国疆域的扩张也会遭遇一系列挑战和妥协。正如所有的帝国一样，罗马帝国也不可能总是占据优势地位。它被迫在所有的边界上设防来保护帝国的利益，但它的某一个对手却可以从任何一处边界对罗马帝国进行攻击。罗马帝国最终崩溃了，它在大约公元500年左右时丧失了自己对西方世界的主导地位。1453年，龟缩在君士坦丁堡的东罗马帝国被奥斯曼帝国攻陷，这标志着罗马帝国的最终灭亡。

大发现时代

大发现时代在时间上与罗马帝国的衰弱和崩溃年代以及第一次工业革命有交集之处。大发现时代的兴起主要是因为航海、制图和造船等方面的进步允许葡萄牙帝国和西班牙帝国可以到达世界上的任何一个角落。从14世纪到17世纪，探险家们"发现"了美洲，并且建立了通往亚洲和非洲的贸易路线。到17世纪早期，刚刚从西班牙手中宣布独立的荷兰发现了澳大利亚和新西兰。

这些探险活动所追求的并不仅仅是发现中所蕴含的深奥价值。它们在很大程度上是为了扩展军队能够到达和控制的地域范围，并且为获取新的金银和香料来源而创造机会。这些早期的探险活动的主要目的是掠夺而不是共生。新发现地区的那些土著居民并不能为欧洲的商品提供一个稳定的市场，也不太可能通过协商的方式将自己的土地和财富转移给欧洲人。所以帝国的扩张起初是依靠武力和掠夺来进行的，这与后来的经济殖民主义的新兴模式形成鲜明的对比。

一种新经济殖民主义

那种为了殖民扩张而开展的传统军事活动由于一个更加务实的原则而被摒弃了。国内生产能力的不断增长需要更多的原材料以及一个更为稳定的产品市场。

罗马帝国在由南欧扩张到亚洲、非洲和北欧的过程中，囊括了不同种类的文化、信仰和族群。那种在地理征服刺激之下和军事力量推动之下所进行的帝国扩张不会对要素市场和产品市场的增长付诸过多的关注。

同样，新航海技术驱动的大发现时代将各种产品运送到宗主国，使西班牙、葡萄牙和荷兰国库中塞满了黄金和白银。但是，这些金银是为了满足统治集团对新颖性和舒适性的追求而不是为了满足经济发展的需要。

英国探险家们也参与了地理大发现活动。尽管他们的探险活动并没有对同时代的西班牙、荷兰和葡萄牙探险活动形成太大的挑战，但这些英国探险家的探险活动帮助建立了最初的大英帝国。他们的发现也导致了一种对新消费的更大渴望以及一种对潜在贸易伙伴的前所未有的欣赏。

但是，这些由贸易路线的发现和贸易扩张所激发的变化相较于英格兰工业革命所激发的变化而言就显得微不足道了。尽管第一次工业革命的潜力在此时还没有得到人们的清醒认识，但这并不是因为英国在自己的地理大发现时代建立了一系列新殖民地。

第一次工业革命的新技术导致了经济发展和扩张的必要性。如果没有一个稳定的原材料供应，第一次工业革命的创新之处可能就仅限于将一部分农村贫民转移到城市，并使得农村失业情况更为严重，因为棉纺业已经被新资本实业家所拥有的城市工厂所代替了。如果这些实业家们想要获得发展，他们就必须要创造一个新市场。

一场岌岌可危的革命

第一次工业革命所导致的巨大生产扩张潜力可能会在两个方面遭受挫折。第一个瓶颈在于原材料的短缺。以往的那些局限于农村地区的剩余产品和财富很快将被集中到新的工业暴发户阶层手中。剩余产品将不再归属于那些被取代了的棉纺行会会员，也不会归属于那些薪水被削减的（取代了半熟练工人的）非技术性劳工。最终，大量的剩余产品将会集中到暴发户资本家手中。但是，这些资本家们并没有足够的胃口来消化掉自己所生产的这些剩余产品。说到底，一个人能够穿多少件毛衣呢？

为了应对要素市场（例如农产品、羊毛、制造机器的钢铁）的急剧扩张和因为生产效率不断提高而日益增多的过剩劳动力，一些经济创新就应运而生。

作为第一次工业革命温床的小小英伦三岛不足以弥补其在生产要素和产品市场上的局限性，也不可能依靠加强和自己的传统敌人法国或者西班牙之间的贸易来解决这些问题。这些敌对国家将会制裁或者限制英国的经济与产业创新而不是促进这些创新。

相反，大英帝国的中心地带要求其外围地带必须具备一些明确的实质性特征。这些地方必须拥有肥沃的土地进行农业生产，并且还要适于英国家庭能够移居到这些地方以便使中心地带与外围地带的生产能够协同化，还要为英国工厂里生产出来的产品提供一个稳定的市场。

任何一个经济帝国都会更喜欢这种建立在互惠基础上的扩张而不是以往那种依靠武力来推动的扩张。经济扩张并不需要受到政治、军事和文化的羁绊。通过明智的利己主义和胡萝卜而进行的扩张比依靠大棒所进行的扩张要更好。

通过英国人在美国、加拿大、印度、澳大利亚、新西兰以及东非和南非所进行的殖民活动，大英帝国为经济扩张创造了一种没有过度文化挑战的理想模式。英国的扩张首先是依靠建立一个用外围地带的原材料交换中心地带的制成品的贸易渠道来进行的，然后依靠那些可以为稳定的贸易提供长期机会的殖民地来进行。

这种风靡一时的扩张也可以用那些殖民扩张活动主要参与者的名字来描述，尤其是在美国和加拿大。哈得逊湾公司（Hudson's Bay Company）、西北贸易公司（Northwest Trading Company）、伦敦和布里斯托尔公司（London and Bristol Company）、弗吉尼亚公司（Virginia Company）、普利茅斯公司（Plymouth Company）、商人合营协会（Society of Merchant Venturers）、多彻斯特公司（Dorchester Company）等就垄断了在美国的殖民业务。

这些公司和殖民地提供鱼、动物毛皮、烟草、朗姆酒、食品和牲畜。作为交换，当这些满载资源的船只在英国港口卸完货后，船上又会装满英国生产的制成品返回美洲。

英国及其殖民地之间的这种受益于互惠互利贸易的关系具有很强的共生性。但是，这种体制很明显处于英国公司、王室和立法者的控制之下。这些贸易规则自然就被限定于实现英国价值的最大化，尽管这些贸易规则还为殖民者和（英国必须要与其进行贸易的）土著居民之间建立一个稳定和发展的关系提供了机会。

劳工们的新生活

并不是这种新的共生关系中的所有参与者都到达了那些处于无主状态的新大陆之上。在哥伦布（Columbus）或卡博特（Cabot）之后的一到两个世纪中，通往浩瀚大洋的船只为那些冒险家或者那些身无分文者预留着位置。如果我们把殖民地经济体比作公司城镇的话，出于商业利益的考虑，即使是通往这个新城镇的运输成本也是规定了价格的。

绝大多数接受了这种协议的人都是年轻人、男性和签约劳工。其中很多人是熟练技工，他们被迫为那些垄断了通往新世界航程的企业工作。对大多数人来说，这种劳工合同是前往新世界的唯一途径，否则的话，他们就必须花费一年的薪水来购买船票。

但是，一旦这种劳工合同履行完毕，这些新居民就获得了自由。这种由自由市场、签约劳工、佃农和奴隶组成的混合体充满了紧张和嫉妒。与此同时，那些因劳动力的价格差异而获利的人自然就会尽可能地开发这种价值。

寡头与垄断

我们可以对这种经典的公司化城镇进行一个比喻。这家公司雇佣了本城镇中的绝大多数工人，包括矿山、工厂和商店里的工人。由于这座城镇中的工人们除了为这位唯一的雇主工作外别无选择，他们失去了就更高薪水而讨价还价的能力。由于这些工人们除了在该公司的商店里花掉自己的薪水外没有其他的消费场所，他们就必须忍受该公司为自己出售的商品所制定的价格。

当然，工人们可以自由地离开这座城镇。除非这座城镇提供的工资和商品价格能够让他们维持自己的生活，否则他们是不会留在这座城镇里的。如果他们因为受到虚假承诺的引诱而来到这座城镇，并且不得不从这个公司手中借钱来支付旅费，那么他们必定会被禁锢在这座城镇之中，既不可能靠节约钱来归还向公司所借的债务，也不可能有进一步的发展。

我们可以把这种模式比作某些殖民定居者因为轻信自己将要到达的地方充满了牛奶与蜂蜜而签订了卖身契约。那些将对殖民定居者的生存产生决定作用的最终贸易条件（terms of trade）[①]实际上是被宗主国的公司所决定的。为殖民定居者提供的服务和商品价格与宗主国公司为那些殖民定居者需要但是不能在当地生产的制成品制定的价格之间的差距实际上是处于该公司的支配之下。

我们将以某些经济学原理来作为论述的开端。首先，我们必须要论

---

① 2012－051－008

述一下企业是如何来确定自己所需要的生产要素的价格和自己所生产的产品的价格。

如果一个唯一的买家想要通过投入更多生产要素的方法来扩展自己的生产，那么他除了要与新的(并且很可能是价格更高的)供应商进行更多的交易外，还要与其他供应商们进行更多的交易。这将推高该买家生产的边际成本。而这位买家将把这种增加的成本转移到自己生产的产品价格之上去。由于扩大供应需要为各类供应商们制定一个新的贸易条件，所以这往往会降低购买水平，但是仍然会为这些供应商们提供一个与其共同的供应品价值相当而不是与该唯一买家的供应品价值相当的价格。

通过推行这项政策，买家减少了殖民地卖家的收益，并且把这种盈余保持在自己手中。经济学家们把这种唯一买家的情况称为寡头。

在市场的生产方，一个处于垄断地位的卖家会通过减少输出从而人为抬高价格的方式为那些殖民定居者要消费的制成品制定贸易条件。在这些宗主国的买家们赚得盆满钵满时，殖民定居者们的收益却再一次减少了。

无论采取何种方式，宗主国都会把所有的贸易收益纳入自己囊中，并且亏欠殖民定居者们太多。因为除了宗主国之外，这些殖民定居者们无法把自己的产品销售给其他任何人，也无法从其他任何人手中购买到制成品。

通过榨取贸易利润，宗主国的力量变得更为强大，但殖民地却依然处于勉强维持温饱状态。

作为一个公司化城镇的殖民地同时也会使贸易条件的转变处于不断挫折之中。只要殖民地的居民们开始想方设法来增加自己的收益，那么贸易条件就会被单方面修订，从而使得这些殖民定居者依旧处于从属和依附地位。

一种高尚的垄断？

垄断和寡头对经济学家们来说具有很多相似之处。某个发明了一种更先进捕鼠器的公司必定将会获得与这项创新相当的收益。当没有其他的买家时，一个唯一的买家也会获得同等程度的收益。但是，经济学家们很厌恶那种单纯依靠命令或者控制来维持自己经济实力的垄断或者寡头。某家公司之所以能够保持自己的垄断盈余（也就是经济学们所说的“租金”）仅仅是因为它运用了宗主国的权力来制服了殖民地的居民，而不是因为这家公司提升了自身的经济实力或者把经济蛋糕做大。

那种仅仅依靠维持一种经济不平衡而有利可图的专营权模式是不可能长久的。如果出现了一种更先进的捕鼠器，但一个位于遥远国度的帝国禁止自己的国民们享受这项创新，就会使国民们感到沮丧，而帝国的稳定性也会受到威胁。

经济学理论告诉我们，垄断或者寡头是一种对经济有害的病毒。通过减少商品供应来提高价格或者通过限制对生产要素的购买来降低价格，这些垄断者或者寡头们积累了大量的财富。宗主国之所以能够赚取丰厚的利润是因为这些利润不可能被殖民地居民赚取。这种模式十分脆弱。一个除了垄断和寡头之外不能提供其他东西的帝国必定要灭亡。

但是，从宗主国的角度来看，垄断所带来的利润几乎是无法抵挡的。这些垄断利润正是其必定灭亡的源头。

强盛的果实成为衰亡的种子

经济殖民主义模式与其所取代的军事征服模式有着本质区别。通过提供一个稳定的生产要素市场，一个殖民地能够为宗主国提供一个稳定的制成品需求，殖民地上的居民为宗主国经济的不断发展做出了牺牲。

这种经济模式允许帝国的中心地带为了自己的快速发展而努力寻求

生产要素市场,并为自己的制成品寻找稳定的市场。但是,贸易中的收益经常是单向的。殖民地在这种贸易关系中所获利润非常少,而宗主国却赚取了绝大部分利润。通过长时间操纵贸易条件,宗主国掠夺了尽可能多的盈余。

就像国王们总是要不断增加税收来维持自己的生活质量一样,对殖民地来说日益恶化的贸易条件常常演变成为殖民地居民权利被剥夺的议题,并且最终成为宣布经济独立的导火索。随着外围地带的丢失,中心地带的发展也陷入停滞。随着英格兰和新世界之间的决裂,外围地带将会让大英帝国持续繁荣的梦想破灭。

第二编
第二次工业革命

1776年这一特定的年份将世界带入了一个新经济时代，也给世界带来了一个新经济帝国。一部新宪法、丰富的自然资源和一个吸引全世界人才的梦想使得美国能够培育第二次工业革命。但是，尽管这块充满了机遇的新大陆创造了巨大的经济财富和力量，但它早期的经济发展也是经历了一番波折。

第六章
经济独立宣言

“为了我的儿子们有学习数学和哲学的自由，我必须学习政治和军事。为了让他们的孩子们有学习绘画、诗歌、音乐、建筑、雕塑、刺绣和制陶的权利，我的儿子们应当学习数学、哲学、地理、自然历史和农业。”（美国开国元勋和第二任美国总统，约翰·亚当斯）

最初的那一批航海国家如西班牙、葡萄牙和意大利能够垄断它们建立的欧洲和亚洲之间的贸易路线。这些航海国家装备有足够的军事力量来保护自己的海上供应链，并且依靠这些供应链将自己的贸易扩展到世界各地，从而促进了国家的发展强大。由于不像上述国家那样拥有贸易路线，一个像英国这样的工业国家只有依靠扩展作为原材料市场和制成品市场的外围地带来促进经济发展壮大。它们的外围地带必须与它们不断增长的生产能力保持同步增长。如果外围地带不能够持续增长，或者其生产能力不能保持同步增长，一个国家将不得不依靠更苛刻的贸易条件来发展经济。

如果英国不能够提供一支足以长久地保证殖民地为宗主国服务的军

事力量，那么它的殖民模式不可避免会衰亡。英国的一个前殖民地将会对英国的全球统治地位形成挑战。

美国独立战争在各个方面的革命性甚至连美国的开国元勋们也没有预料到。通过在一个崭新并且是以前从未试验过的经济和政治主张基础上建立一个国家，美国这个第一个建立在自由市场和保护财产基础之上的国家输出了一个将席卷全球的概念。

美国这个新国家将沿着一个新经济模式走下去，而这种新经济模式与当时占主导地位的经济模式相比显得势单力薄。

一份来自茶党的邀请

新世界的开拓者们与其宗主国英格兰的人们截然不同。英格兰是一个由王室、上层集团、神职人员、企业家、新兴中产阶级和作为社会主要劳动力的城乡平民组成的混合体。但是，新世界更具多样性。

在英格兰的北美殖民地中有少量的神职人员和富人。他们被宗主国英格兰所任命，代表来自于宗主国的公司，也有一部分是白手起家。一般来说，农民们要么是正在受困于契约，要么是曾经受困于契约，要么是将要受困于签约，要么是成为奴隶。尽管宗主国英格兰的下层社会人群已经被迫接受了自己的社会地位，但新世界中的下层社会人群中则有一种试图结束被剥削状态的文化发展起来。

即使是殖民地的富裕阶层也感到自己在遭受剥削。如果这些富人们依靠进出口贸易来维持生活，他们就完全依赖于宗主国为他们的出口或进口商品制定的价格。市场既不能直接迎合也不能反映殖民地商人们的发展或现状。

那些期望经济独立和不受制于由宗主国或其公司们制定的不利贸易条件的人们因而就希望能够自主决定贸易条件。进出口产品之间的价格差以税收的形式通过海关流入了殖民政府手中。正如更早以前的帝国陷入了依靠不断增加税收来维持一个不断扩张的国家或者支撑日益低效的经济的困境一样，这些由宗主国英格兰强加的税收被视为是殖民地越来越难以承受的负担。

殖民地日益沉重的经济负担只是单纯为了满足那个遥远的宗主国欲壑难填的需求。随着时间的推移，殖民地已经逐渐形成了一个有利于起义的环境。

英格兰与其北美殖民地之间在 18 世纪中期曾经发生过一系列不断升级的争吵。其中最著名的就是英格兰议会于 1773 年通过的《茶叶法案》(Tea Act)，其目的在于增加英格兰的额外收入，并且保护东印度茶叶公司(East India Tea Company)的利润。北美殖民地此时主张该法案不公平，因为它们认为英格兰的议会里没有它们的代表，这是一项没有代表权的征税(taxation without representation)。

一些殖民地通过简单的拒绝在港口接受这些被加了税的茶叶的方式来抵制这项法案。马萨诸塞的居民们则想到了一个更好的主意。他们秘密登上了停泊于波士顿港口的东印度公司茶叶货船，将成箱的茶叶倾倒入海中。

这起反抗英格兰统治的简单行动激起了英格兰议会的强烈反应。一年之后，英格兰议会于 1774 年通过了一项《强制法案》(Coercive Acts)。该法案包含了这样一个条款：停止在波士顿的贸易活动，直到东印度茶叶公司被倾倒的茶叶损失得到赔偿。这项激化矛盾的法案受到了殖民地的一致反对，并最终促使了第一届大陆议会 (First Continental Congress) 的召开。

这个新政治组织向宗主国英格兰宣称，自己代表了各殖民地，要求废除 1773 年的《茶叶法案》和 1774 年的《强制法案》以及其他一些不公平的法律。社会各界都被这场迅速升级的贸易和税收争端所震惊了。其实，对宗主国垄断地位的保护早在 10 年前就已经开始了。

一个相同的故事——仅仅是名字被改变了

在一段时期内，波士顿最成功的经济企业就是那些被授予了垄断专营权的英格兰公司，这些公司可以把新财富、资源和奢侈品运往英格兰。当这些公司的船只从英格兰返航时，船上又载满了制成品。当它们到达北美殖民地时，这些制成品就被用来与殖民地进行交换。

英格兰17世纪的工业化进程创造出的新财富引发了一股对茶叶和香料的消费热潮。18世纪初期，东印度茶叶公司被授予从印度独家进口茶叶到英格兰的垄断特权。作为交换，当东印度茶叶公司的茶叶到达英格兰港口时，政府抽取茶叶总值的25％作为税收。此外，政府还对零售环节的茶叶征收了一项附加税。这些税收使得政府获利巨大，但同时也刺激了某些人铤而走险从茶叶赋税很低的邻国荷兰走私茶叶到英格兰。

东印度茶叶公司由于从荷兰走私茶叶到英格兰的行为，以及经由某些商船将未征税的茶叶走私到英格兰殖民地的行为而损失巨大。为了打击这种走私行为，英格兰议会减少了在英格兰境内对零售环节茶叶的税收，同时还提高了对那些转口到北美殖民地的茶叶的税收。

这种依靠增加殖民地居民的负担来给宗主国公司减税的行为进一步激起了殖民地居民的反抗。那些早期的征税法案——最著名的就是《汤森法案》(Townshend Acts)——被辉格党(Whigs)这个殖民地的新政治团体认定为违宪。辉格党人指出，宪法规定，一项赋税只有在获得大英帝国国民选举出来的代表同意的情况下才能够被征收。由于殖民地居民是大英帝国国民但在议会中没有代表，所以这些征税法案以及类似的法案都属于违宪。

辉格党人的这种只有在获得殖民地居民同意的情况下才能够征税的主张导致议会进行了一些改革，其中包括废除了印花税法案(stamp act)，这样一项激起了北美殖民地强烈不满的法案。

但是，这种通过增加宗主国政府在殖民地的收益来减少宗主国国内走私和税收的行为以及那种与日俱增的殖民地居民应当安分守己的看法导致英格兰议会通过了一系列旨在压制殖民地居民不满情绪的强制性法案。并最终导致议会于 1766 年颁布了《声明法案》(Declaratory Act)。该法案规定,英格兰议会"在任何情况下"都保有为殖民地进行立法的权力。

显然,战争已经一触即发了。北美十三个殖民地爆发了一系列冲突和抵制行为。即使殖民地就一些强制性法案的合宪性向法院提出了上诉,但这些上诉的效果很快就被证明在本质上只是暂时性的。一旦有一项法案被废除,议会马上就会颁布另一项更严厉的法案来取代它。

很明显,大英帝国的政策处于一种两难境地。英格兰议会认识到它必须把一些有限的经济权力赋予殖民地的议会,但同时也必须让作为其耳目的殖民地官员和海关职员们保持对英格兰王室的忠诚。那些用于支撑殖民地议会运作、确保官员们对王室的忠诚和确保英格兰议会对殖民地进行统治的税收都被认为是必要的。而将这些税收转交给新兴的殖民地最终将会剥夺宗主国议会对新世界进行统治的权力。

英格兰议会强烈要求帝国维持这些强制性的税收,并且在某种情况下不断增加税收。大英帝国为了保持权力和统治而固有的傲慢和固执压倒了那些在互利共生基础上建立长期关系的看法。对一个帝国来说,让它放弃来之不易的特权是很困难的。

事实上,到波士顿茶党于 1773 年发动反抗行动时,一些更繁苛的税项已经被废除了,从英格兰进口到殖民地的茶叶价格已经处于下降之中。这对那些走私者们来说可不是什么好兆头。确实,事已成定局,一个由进出口商、自命为自由之子的辉格党人、走私者和革命者组成的多元化群体抓住一船从英格兰运来的茶叶开始大做文章。

对英王任命的代表进行大规模抗议并要求其辞职的浪潮在 1773 年秋天已经愈演愈烈。这些反抗行为使得 7 艘已经到达殖民地的茶叶船中的绝大部分开始掉头返航。但是,马萨诸塞固执的哈金森(Hutchinson)总督拒绝让已经抵达波士顿港的船只返航,这可能是因为他的儿子们就是将茶叶运往殖民地的进口商人。

随着运送茶叶的达特茅斯号(Dartmouth)船抵达港口,辉格党领袖塞缪尔·亚当斯(Samuel Adams)召开了一次城市会议。这次会议作出了一项决议,要求达特茅斯号立即返航,并且不得在港口卸下茶叶和向海关缴税。很快,有3艘海船就在港口把达特茅斯号监控起来,并且有数以千计的波士顿市民聚集在街道上。在接下来另一次城市会议之后,许多人占领了停泊在格里芬码头(Griffin's Wharf)的茶叶船,并且把342箱茶叶倾倒入海中,使之不能向哈金森总督和宗主国英格兰缴纳税款。

这一藐视和反抗行动被大英帝国认为是恐怖行为,并且受到了很多人的讥讽。一些议员,甚至某些殖民地人(其中最著名的就是开国元勋本杰明·富兰克林)都宣称,那些被倾倒入海中的茶叶应当获得赔偿。商人们由于害怕一场贸易战争,自己出钱进行了赔付。英格兰上议院拒绝了这一赔付,因为在某些地方反抗行为变得更为激烈。确实,议会的主要对手就是那些顽固的殖民地人,诺思勋爵(Lord North)愤慨地指出:

"这些美洲佬欺凌我们的国民,劫掠我们的商人、焚烧我们的商船、藐视我们的权威和法律;过去我们执行的是仁慈和长期忍耐路线,但是现在我们有责任采取另外一条不同的路线。不管结果将会怎么样,我们必须冒某种风险;如果我们不这样做,难免一切都将不可挽回。"

结束的前兆——另一个帝国的种子

英格兰议会日益强硬的态度导致宗主国采取了一系列强力压制行为。英格兰议会在1773年和1774年通过了一系列强硬法案。

例如,1773年的《波士顿茶党法案》(Boston Party Act)命令关闭波士顿的港口,直到东印度茶叶公司的损失得到赔偿。毫不奇怪,这部法案被波士顿人视为一个因为不超过200人的反抗行为而对广大人群进行迫害的法案。

此外,《马萨诸塞政府法案》(Massachusetts Government Act)强迫殖民地的统治处于英王的直接控制之下,并且对殖民地城市会议进行了限制。1774年的《司法行政法案》(Administration of Justice Act)允许将对被告进行审判的地点转移到某个不会由其同侪担任法官或者陪审员的地方。这部法案被普遍地认为是一个限制证人出示对殖民地被告有利证据的机制。

此外,1774年的《驻宿法案》(Quartering Act)允许政府在当地居民拒绝为英格兰士兵提供住宿的情况下强行征用该居民的房屋给英军住宿。1774年的《魁北克法案》(Quebec Act)扩大了英格兰统治下的魁北克省的地域范围。这项法案最终剥夺了某些殖民地的土地,它被冷嘲热讽地视为试图讨好那些在加拿大的法国殖民定居者。这项法案还带有浓厚的宗教色彩,它有利于作为天主教徒的法裔加拿大人,从而激起了某些传统新教徒殖民定居者的不满。

我们将会看到,反对英格兰议会颁布的这些强硬法案被认为是殖民地居民宣布他们自己的经济独立和创建他们自己的宪法的坚定信条。

革命与战争的成本高昂,尤其在一个帝国遥远的地理边界更是如此。为了安抚那些殖民地居民,英格兰议会在1774年颁布《强制法案》后,又于1775年颁布了《和解决议》(Conciliatory Resolution)。《和解决议》宣布,一个殖民地为了保卫英王可以自主决定自己的征税领域,并且暂缓将这些税收移交给宗主国英格兰。

到1778年,《茶叶法案》终于被《殖民地税收法案》(Taxation of the Colonies Act)取而代之了。但是,一切都为时已晚,无可挽回了。

保护财产

尽管英格兰的铁腕统治将会激发某些紧张情绪,并且英格兰的苛刻或剥削行为也遭到了殖民地居民的愤恨,但殖民地居民的关注点还是在经济方面。殖民地居民希望能够通过自己的劳动获得更多的成果,并且自己收入的购买能力能够更多的提高。

另一方面,如果一个殖民地不能够为宗主国提供一个财富的新来源,那么它对一个帝国还有什么用处呢？如果让这种情况蔓延下去，就会危及帝国的权力基础。即使是罗马帝国的凯撒大帝也曾经为了维持自己的统治而在其统治期间采取过少量的实用主义。

但是，正如我们从历史上不断更迭的帝国们身上所看到的那样，帝国对扩张的渴望导致帝国的疆域过于广阔。随着帝国疆域不断地扩张，如何管理帝国内部越来越多样化的人群和利益变成了一个重要的问题。让这些不同的人群和利益共享一个愿景和使命所带来的困难与日俱增。不同的利益团体都关注于如何保护自己的劳动成果。与此同时，帝国为了支撑某些更长远的目标还必须强制性地对这些劳动成果进行征税，而这些目标对那些自认为受压迫者来说往往是没有价值的。

在帝国衰亡过程中的某些时刻，那些使得帝国强大的共同价值将会发生偏转，并逐步朝向一个更具个人主义的价值观。就像新教徒从天主教教堂中夺回上帝一样，经济革命的关注点在于能够做出有利于自身利益的决定和保护他们来之不易的财产。

因此，个人财产将成为这场经济革命的中心议题就是很自然的事了。

经济自主权

英格兰此时正处于一种走钢丝的状态。尽管它向殖民地居民让步的行为将导致英格兰国内强硬派的反对，但它仍然要面临巨大挑战，即如何在两种极端化的状态中保持一种适度。但是，英格兰对适度的定义与北美十三州殖民地召开的新大陆会议所推行的适度之间有着明显区别。

1789 年在费城召开的第一次大陆会议号召从英格兰手中取得经济独立。它组成了一个殖民地委员会来设计如何抵制来自英格兰的制成品。它鼓励向英格兰出口，但是向其他国家购买制成品。它还鼓励殖民地拥有更强的自给自足能力。但是，通过为马萨诸塞(与英格兰进行斗争的事件中)提供援助，大陆会议最终播下了经济独立的种子。

强盛的果实成为衰亡的种子

一个帝国可以被视为一项契约。帝国为自己的民众提供安全、繁荣、市场和保护他们的财产，以分享经济蛋糕作为回报。如果帝国的民众发现自己的回报超过了享有帝国成员资格所需要付出的成本，他们就会一致同意支撑这个经济体制。

所有的经济体制都有赢家和输家。如果一个经济体制的健康发展要求民众志愿支持这个体制，那么交流就变得很重要。一个健康的帝国包含了那些获利丰厚的人和那些获利仅能够使其继续支持帝国的人。

如果与帝国结盟的人都是那些很可能成为大赢家的人，那么那些被边缘化的民众就会反对这一经济体制。就是这些被边缘化的民众（这个体制对他们没有任何正面影响，或者他们感觉被这个体制所伤害）对帝国进行了最严厉的批评。

在一个地域更为紧凑并且更具有同质性的经济体制中，这些一无所有者能够被一种民族主义情绪和一种占主导地位的文化情绪所感染而继续支持这个经济体制。在一个地域广阔的帝国中，帝国仍然对靠近中心地带的人们给予最多的关注，那些被边缘化的居民不可能获得中心地带居民所享有的种种特权。那些遥远的殖民地很自然就被边缘化，并且它们的经济也被边缘化。殖民地模式的这个自然后果是很难被克服的。

某些殖民体制向外围地带的人们给予足够的仁慈，以此来避免这种自然趋势。但是，绝大多数帝国都将这种外围地带人们的被边缘化的感觉视为一种不忠诚的表现。这一议题演变成为一种政治忿恨和傲慢，而不是不同经济利益和观点之间的自然紧张状态。

英帝国内部（这个帝国因为过于分化而不能支撑一个共同性的经济目标）的这个致命缺陷已经是一种必然。当这种必然与不能发动足够的强制力量来维持帝国结合起来时，革命就不可避免了。

美国革命在历史上并不是第一次对一个帝国的统治进行挑战。但是，它是第一次在经济自主的基础上（而不是权力和政治原则基础上）锻造一个新的政治体制。这次革命创造了一个不同于过时的殖民和重商主义经济模式的国家，它是此后两个世纪全球范围内资本主义革命和宪政浪潮的导火线。

第七章
一项经济权利法案

“放弃自己的自由就是放弃自己做人的资格，就是放弃人类的权利，甚至是放弃自己的义务。对于一个放弃了一切的人，是无法加以任何补偿的。这样一种放弃权利是不合人性的，而且取消了自己意志的一切自由，也就是取消了自己行为的一切道德性，最后，规定一方是绝对的权威，另一方是无限的服从，这本身就是一项无效而且自相矛盾的约定。”(让·雅克·卢梭《社会契约论》)

在第一次工业革命进行过程中，经济革命也在同时进行着。1762年到1787年这一段时间应该是政治经济哲学和思想史上最深刻的四分之一个世纪。它展开了一项重大的实验，直到现在才得出其实验结果。

这个令人震惊的四分之一个世纪以让·雅克·卢梭在1762年发表《社会契约论》一书为开端。卢梭的这本著作将经济契约中的“补偿”(quid pro quo)特征扩展运用到社会契约中。“补偿”(quid pro quo)这个词来源于拉丁语，可以追溯到罗马帝国恺撒时期的合同法，它在英文中的意思就是“交换”(something for something)。卢梭认为，国民要将某些自主权让渡给国家，而国家则要为国民创造一个良好的环境(以使国民获得安全保障以及发展的机会)作为回报。

这个社会契约并不是静止不动的，它可以随着需求的变化而不断地进化。对国家与其国民之间关系的争论是双向和动态的，传统经济学上的“交换”已经被拓展到政府和政治领域。公众有责任推选代表来确保这个社会契约能够有利于创建一个有效及和谐的社会并不断进化。

社会契约这个概念本身是一个对不断变革浪潮的回应。在18世纪，世界上占主导地位的经济体还在慢慢走出封建制度。这套体制由封建领主及其附庸组成，这些附庸向领主贡献土地，提供资源，而农村贫民能够依靠这些资源耕作或谋生。这些领主及其附庸都是土地资本家和经济的管理者。他们会与其他领主进行贸易，并且为自己的领地提供军事安全保障。贫民们则没有自由。绝大多数国民都处于受领主及其附庸奴役的状态。

随着第一次工业革命的兴起和机器工厂创造出了大量新类型的实物资本，传统的农村封建平衡状态被打破。首先，大量农民可以从农村辛苦的劳动中被解放出来，取而代之的是新城市中心的辛苦劳动。尽管他们已经从不为他们所有的土地中被解放出来，但这并不意味着他们从城市压榨中被解放出来。

那些新资本家已经设计了一个需要少量高技能的劳动者和大量低技能劳动者的生产体系。在这个新经济中，那些低技能劳动者很难获得经济自由。

新世界则提供了拥有土地和创造能够由自己销售的剩余产品的自由，至少对那些已经偿还了因前往新世界所欠旅费债务的人和劳工合同已经履行完毕的人来说是如此。由于前往新世界的旅费将要花费掉一个城市平民一至两年的工资，所以很少有人在到达新世界时还带有财产或者享有经济自主权。那些无法在英格兰立足和获得成功的人纷纷前往新世界。结果，绝大多数前往新世界的人都与英王或者某家英国公司签订了劳工合同或者处于它们的雇佣之下。

一旦这个劳工合同履行完毕，这些勤奋的新定居者就要为自己寻求某种经济安全。许多殖民地的新企业家的目标就是获得财政自主权，以避免受英王政府和英王征税的压榨。这些企业家们都非常热衷于创建一些地下和自给自足的企业。这种创建经济独立、获得并保护财产和免受经济压榨的愿望成为它们经济独立宣言的核心内容。在欧洲传统思想与新世界的资源和广阔土地结合的地方，新世界首次提出了一个经济独立宣言。

为了更好地理解财产在美国形成过程中的重要地位，我们将要回头对那些创建了《权利法案》(Bill of Rights)①的人以及之前的一些经济哲学家们进行研究。即使是“生命、自由和追求幸福”这一概念也不是全新的和被普遍接受的。

生命、自由和追求幸福

1776年夏天，北美十三州殖民地都纷纷在制订权利宣言。这十三个州所发表的独立宣言中最著名的就是由乔治·梅森(George Mason)撰写并在弗吉尼亚宣布独立一个月之前由该州议会通过的独立宣言。梅森写到：

“所有人都天生享有同样的自由与独立，并且享有某些天赋人权，当他们组成一个社会时，他们不能凭任何契约剥夺其后裔的这些权利；也就是说，享受生活与自由的权利，包括获取和拥有财产、追求和享有幸福与安全的手段。”

从他的论述中很明显可以看出联邦(Commonwealth)与财产密切相关，并且联邦的作用就在于促进繁荣和经济独立。而自由和财产则可以使幸福源源不断。

① 2012—051—008

"生命、自由和追求幸福"这一概念很早以前就由英国哲学家约翰·洛克(John Locke)提出了。洛克在1690年(独立宣言之前约一个世纪)在其著作《政府论(下篇)》(The Second of Two Treatises of Government)中就写到:

"虽然这是一种自由的状态,却不是一种放任的状态。在这种状态之中,虽然人有处理他的人身或者财产的无限自由,但是他并没有毁灭自身或者他所占有的任何生物的自由,除非有一种比单纯地保存它来得更高贵的使用要求将它毁灭。自然状态中有一种应当受到所有人遵循的自然法则对它起着支配作用;而理性(也即自然法)教导着有意遵从理性的全人类:人既然都是独立和平等的,那么任何人就不能侵害他人的生命、健康、自由或者财产。因为既然人们都是全能和拥有无限智慧的上帝的创造之物,既然人们都是唯一的最高主宰(上帝)的仆人,奉他的命令来到这个世界,从事与他相关的事务,人们就是上帝的财产,上帝的创造物,上帝要人们存在多久就存在多久,而不是由人们彼此之间互相做主;我们既然具有同样的能力,在同一个自然社会里共享一切,就不能设想我们之间有任何从属关系,可以使我们有权彼此毁灭,好像我们生来就是相互利用的,如同低等生物生来就是供我们利用一样。正因为每一个人都必须保存自己,不能擅自改变他的地位,所以基于同样理由,当他保存自身不成问题时,他就应该竭尽所能保存其他的人,除非是为了惩罚某个罪犯,不应该夺取或者损害另一个人的生命以及一切有助于保存另一个人的生命、自由、健康、肢体或者物品的事物。"

洛克在他的论著里指出,所有人都是造物主(上帝)的仆人,这使得所有人都是平等的。正是从这种平等性中衍生出了一项权利,甚至可能是一项义务,即自我保护和不损害"另一个人的生命自由、健康、肢体或者物品"。

殖民地的革命者约翰·亚当斯深受洛克观点的影响。在撰写独立宣言10年前,亚当斯曾经写过一本名为《政府的思考:适应于美洲殖民地的当前状态》(Thoughts on Government: Applicable to the Present State of the American Colonies)小册子。亚当斯在这本小册子中指出：

“在决定什么是政府最好的形式之前，我们应当考虑什么是政府的终点。几乎所有的政客都会对下面这个观点表示赞同：社会的幸福就是政府的终点，就如同所有的神学和伦理哲学家都会同意个体的幸福是人类的终点一样。由此我们可以看出，那种能够在最大程度上让最大多数人感到自在、舒服、安全(用一个词来说就是幸福)的政府形式才是最好的。

所有对真理进行过清醒探究的人(古代人和现代人、异教徒和基督徒)都宣称，人的幸福如同他的尊严一样在于美德。孔子(Confucius)、琐罗亚斯德(Zoroaster)①、苏格拉底(Socrates)和穆罕默德(Mahomet)以及其他一些未提到的圣人都同意这一观点。

是否存在着下面这样一种政府形式？它的原则和基础是美德，不是每一个清醒的人都承认它可以比其他形式更好地提升大众的幸福。

恐惧是绝大多数政府的基础。但这是一种如此卑鄙和野蛮的情绪，使得其中孕育出来的人呈现出如此愚昧和悲惨的情景。我们美洲人不喜欢任何一种建立在恐惧基础之上的政治机构。”

亚当斯在他关于经济自由和追求幸福的自由的论述中还引用了哲学先驱们的一些观点。以此为开端，1774 年 10 月 14 日，第一届大陆会议通过了一项由新罕布什尔州代表(New Hampshire)约翰·沙利文(John Sullivan)执笔的决议。这项决议指出：

“他们享有生命、自由和财富的权利，并且他们从来没有将权利割让给任何主权者，未经他们的一致同意，任何权利都不得被废除。”

一个新世界正在见证政府理念上的剧烈变化，这种变化包括了一国的法律和一国的国民以及财产原则和被阐述为一项不可剥夺权利的追求和保护财产的权利。

但是，尽管亚当斯是在遵循洛克和其他哲学家的观点，但他开启了对幸福和经济满足感进行辩论的大门。大约 10 年以后，托马斯·杰弗逊

① 2012－051－008

(Thomas Jefferson)和亚当斯、本杰明·富兰克林(Benjamin Franklin)、罗伯特·利文斯顿(Robert R. Livingston)、罗杰·谢尔曼(Roger Sherman)一起起草一项独立宣言。杰弗逊是第一作者,他引用了洛克的观点,但是没有用“财产”这个词。相反,被第二届大陆会议于1776年7月4日通过的《独立宣言》指出:

“我们认为下列真理是不言而喻的:人人生而平等,造物主赋予他们若干不可剥夺的权利,其中包括生命权、自由权和追求幸福的权利。”

其他一些国家也随后开始陆续用自己的版本对这种三段式的权利进行宣示。例如,法国强调的是“自由、平等和博爱”。与此同时,加拿大宣布对“和平、秩序和良好政府”权利的保护。此外,联合国于1948年通过的《世界人权宣言》(Universal Declaration of Human Right)在第3条指出“所有人都享有生命、自由和安全的权利”,并在第17条对其进行了进一步规定:

“(1)人人都有拥有单独的财产以及与他人共同拥有财产的权利。

(2)任何人都不得被随意剥夺财产。”

今天的人们都深知人类拥有生命、自由、安全和财产权利,政府有义务保护这些权利。在洛克提出政府应当保护其他人的“生命、自由、健康、肢体或者物品”250年之后,这一概念已经深入人心。在我们所熟悉的为了国民而不是为了统治阶层的宪法颁布约两个世纪后,某些第一经济世界的人们还是很容易对那些与现状大相径庭的事持一种理所当然的态度。

确实,即使是在封建时代,维持安全也是政府的一项重要职责。没有一个安全的环境,就不可能有繁荣。但是,到美国独立革命时,人们已经很清楚地认识到保护财产在促进贸易发展和繁荣方面具有同等的重要性。

一项社会实验

有些人认为美国的开国元勋们只不过是一群政治机会主义者而已。

这些开国元勋们由律师、出版商、贸易商、医生、种植园主和军人组成，这些经济革命者们毫无疑问将受益于一个把他们从宗主国英格兰的苛捐杂税和严重不平等的贸易条件中解脱出来的经济体系。但是，他们也建构了一个崭新的（孕育了一个美国梦的）经济体系。在这个体系中，任何一个美国公民都享有同等的发展机会。

当然，独立宣言和一部新经济宪法将确保他们的利益。这是毫无疑问的。这部新经济规则的美好前景在于它能够促进新繁荣，这种繁荣不是基于特权而是基于对财富生产的偏好。开国元勋们可能比大部分人享有更多的特权。但是，他们仍然在为了达成一个能够让普通劳动者免受特权者压榨的宪法而斗争。

关于经济财富，有两种不同的观点。一种观点认为财富意味着再分配。这是一个常和（constant sum）[①]的经济蛋糕模式。支持这种模式的人把政治视为一种有意义的活动。毕竟，政治是一种不决定生产什么但是能够决定谁将受益于生产的体制。绝大多数关于帝国兴衰的论著都遵循这个模式。军事力量在保护帝国的剩余产品和掠夺那些较为弱小帝国的剩余产品时发挥着核心作用。

而另外一些人则信奉一个正和（positive sum）[②]的把经济蛋糕做大的观点。美国的开国元勋们是这一理论的信奉者。他们中的许多人都深受亚当·斯密出版于1776年的《国富论》的影响。

亚当·斯密反对那种陈旧的以英格兰东印度公司为典型例子的垄断式重商主义。相反，亚当·斯密鼓吹自由市场。他还引导自己著作的读者们关注“看不见的手”（invisible hand）这个概念和利己（self－interest）这个能够确保销售者生产出购买者想要或者需要的产品的力量。

---

① 2012－051－008

② 2012－051－008

看不见的手和明智的利己

“看不见的手”这个观点认为，市场在不受政府干涉的情况下运行得最好。除非一个市场存在某些基本的缺陷，生产者的自利会导致一位生产者更多地生产那些具有较大需求量，或者市场价格较高的产品，并且更少地生产那些因为需求量减少而市场价格下降的产品。政治无法加入到这场自利之舞中去，而且只会降低其效率。

基于自利的生产是一种积极的、有企业家精神的和高效率的生产。一个能够培育和利用这种具有创造性自利的力量的体制就能够把经济蛋糕做得更大。如果政治阻碍了这一过程，那么经济蛋糕将不会被最大限度地做大，甚至还会减小，因为太多个人会致力于夺取他人的产品而不是自己生产这些产品。

美国那些信奉明智的自利的开国元勋们认识到，个人力量是通往繁荣之路的真正原动力。一旦有某个帝国沿着这条道路前进，就会使全体国民获得大量的财富。

美国的开国元勋们还希望一个经济宪法能够使美国从耗费巨大的独立战争和英格兰的封锁中恢复过来。他们明白美国此时没有现成的市场，而英国此时还在采取贸易保护主义。美国还不能负担一支足以保护美国商人免受海盗劫掠之苦的海军。他们决心把特权撇到一边来创建一个繁荣的国家。他们不可能预知这个建立在洛克、卢梭、斯密等人观念之上的这个新政治实验将取得怎样的成功。

两种经济制度

经济学家们以“生产租金”(rent production)和“寻租”为标杆区分了两种经济路径。“租金”(rent)一词通常被用来描述某种经济行为的盈余或者利润。它是一个人或者一家企业在某个项目之上的收益超出他们生产这个项目所投入成本的部分。这些盈余或者说“租金”能够激励生产，将最多的租金导向最稀缺或者最具收益的经济行为。向其他人寻租很容易将人的精力重心放在分配而不是生产之上。

经济学家们把寻租行为视为一种常和博弈。寻租被认为是一种起副作用的行为，因为它榨取了别人的盈余，导致有些人习惯于盗窃甚至是欺诈。这两种行为都能够造成财富由一人转移到另一个人身上的效果。但是，问题在于有太多的精力被投入到这些行为中去了。如果财产能够免受这些行为的影响，那么至少骗子们可以将自己的精力更多释放到那些追求更高效率的活动中。

当然，盗窃和欺骗的问题在于它们要求人们将更多的精力投入到对财富的维持和保护而不是生产中去。社会契约的一个要素在于它要求政府提供不必要的个体正义和对财产进行保护以使国民能够投入到生产活动和创造繁荣中去。

美国的开国元勋们试图尽可能地将政府排除在寻租活动之外。他们的经济乐观主义深信，世界是一个正和博弈状态，应当把经济蛋糕做大。这种乐观主义也曾经被尽可能方便地简称为理想主义。确实，美国那个由于独立革命而遭受重创的市场没有能力支撑一个类似于英格兰那种类型的政府。

美国这群新获得独立的人们无法容忍那种受他人压榨的贸易制度。尽管此时有一种将各州联合起来的强烈情绪，但是每一个人都担心联邦政府的权力过于强大而危及州的主权。

幸运的是，美国的开国元勋们花费了大量的时间来对他们的革命经济哲学进行思考。他们采纳了卢梭的社会契约论，该理论认为政府应该提供秩序、安全和繁荣以作为国民对它的支持和纳税的交换。他们并没有完全吸收亚当·斯密的观点。尽管独立宣言是迈向一个更崇高的社会经济目标的重要一步，但单纯依靠它是远远不够的。

在独立宣言颁布和《权利法案》颁布的 15 年之间诞生了美国宪法第一修正案，美国的开国元勋们描绘了一个具有开创性的经济共同体蓝图。他们创造了一种(在超过一个世纪的时间内)试图维持有限政府的模式。

权利和特权的激烈争论

在构建一个更完善的经济共同体中最重要的环节就是将权利和特权区分开来。当时的主流看法是:不能创建一个基于特权和资格的国家。而且,这个国家应当促进勤勉和生产。尽管某些人认为政府应当取代私人领域成为推动社会发展的经济引擎,但如何保持权利与机会之间的微妙平衡是一个被激烈争论的话题。

约翰·亚当斯和托马斯·杰斐逊这两位第一届大陆会议的代表被他们的同僚们推举来起草一份独立宣言文件,他们肩负着为美国设计一条经济独立道路的重任。这两个人相继成为美国的第二任和第三任总统,并且在很长一段时间内成为政治对手,但当他们同时于1826年7月4日这一天去世时,他们已经成为了最好的朋友。但是,在1776年,他们还是合作者。

宪法的经济考察

美国宪法和它的前十条修正案为一个新经济体提供了基础。美国宪法及其修正案中的所谓创新性规定其实并不是完全崭新或者革命性的。而且,美国宪法及其修正案中的很多所谓创新性规定实际上在此前已经被实施了很多年甚至一个世纪之久。但是,从总体上看,这些规定为一个已经准备大干一场的国家提供了一个法律依据。美国的这种模式此后被其他国家模仿了无数次。

宪法的规定包括了征税的权力和掌控货币供应的权力。尽管财政部是一个将美国这个新成立的国家拖拽出债务泥潭的必要工具,也为美国打完与英格兰之间爆发于1812年的战争提供了必要的财政支持,但是美国证券交易所被视为是维持对一种共同货币信心的必要工具。实际上,这种权力直到20世纪30年代的大萧条时期(Great Depression)才被充分认识和运用。但是,美国宪法第一条第八款第一次论述了货币政策作为一个实现经济繁荣工具的重要性。

该条同时也对联邦政府为实现经济发展的目标而保有的那些促进和规制贸易的必要权力进行了限定。

正如我们接下来要论述的那样，美国宪法还运用多种不同的手段来保护私人财产权利。

最后，美国宪法构建了一个制衡体制，这个体制包括一个以各州人口数为基础推选代表的众议院、一个各州都拥有同样数量代表的参议院、一个被认为是与国会平等的行政部门以及一个被称为最高法院的独立司法机构。这个体制对各个部分的权力进行了限制，以此来确保某一个部分不会超越宪法对其限定的权力范围。

这种制衡体制可以确保政府不会超越宪法所限定的权力范围。其实，约翰·亚当斯曾经强烈呼吁有必要在宪法中规定这样一个条款，即赋予公民在一个政府不再由民享和民治时进行反抗的权力。这些制衡（包括反抗的权力）是对一个转向寻租和特权而不是生产租金的政府进行约束的必要条件。

美国宪法修正案（又称《权利法案》）是美国开国元勋们的谨慎和智慧的结晶。那些特权行为和寻租行为触怒了这些革命者。美国宪法修正案第五条即“正当程序条款”规定：非经大陪审团提出报告或起诉，任何人不受死罪或其他重罪的惩罚，唯在战时和国家危急时期发生在陆、海军中或正在服役的民兵中的案件不在此限。任何人不得因同一犯罪行为而两次遭受生命或身体伤残的危害；不得在任何刑事案件中被迫自证其罪；未经正当法律程序，不得剥夺任何人的生命、自由或财产；非有恰当补偿，不得将私有财产充作公用。该条最末规定的“征用条款”通常也被称为“征收之法”。我们将在后面的内容中对“征用条款”和其他规定进行论述。

19世纪60年代美国南北战争之后，美国又颁布了宪法第十四修正案对前述“正当程序条款”进行了扩充。美国宪法第十四修正案规定：在合众国出生或归化合众国并受合众国管辖的人，均为合众国和他所居住的州的公民。任何一个州未经法律规定的正当程序不得剥夺宪法赋予这些联邦公民的生命、自由和财产。

其他国家(尤其是英格兰)此前已经通过普通法或者民法典承担了美国宪法对全体公民进行保护的某些功能。但是,还没有哪一个国家像美国这样明确规定一系列惠商的基本原则和通过一个独立的司法机构对公民进行全方位保护。美国宪法及其修正案的规定对私人领域具有巨大的经济意义,因为财产被规定为一项公民权利。此外还有一些更具象征意义的规定:

“我们认为下列真理是不言而喻的:人人生而平等,造物主赋予他们若干不可剥夺的权利,其中包括生命权、自由权和追求幸福的权利。为了保障这些权利,人类才在他们之间建立政府,而政府的正当权利是经过被治理者的同意而产生的。当任何形式的政府对这些目标具有破坏性时,国民便有权利改变或废除它,以建立一个新政府。其赖以奠基的原则和其组织权力的方式必须要使国民认为唯有这样才最可能获得他们的安全和幸福。”

该条规定主张,有一些真理是不言而明的,例如人人生而平等,并且都享有不可剥夺的生命权、自由权和追求幸福的权利。美国这个新国家甚至赋予国民享有组织装备精良的民兵的权利。以此来保证国民免受政府压迫。

从独立宣言、美国宪法及其修正案中我们可以了解到一个新经济秩序不仅建立在它是什么以及将会是什么的基础之上,而且还建立在它不会变成什么的基础之上。

正如我们在稍后的内容中将要了解到的那样,某些最强硬的个人权利宣言会由于新的和特殊的利益群体的持续而顽固的力量而被逐渐削弱。对人性进行敏锐考察和保护的四分之一个世纪并没有被冀望于能够预见所有公平对待所有人(无论其财产状态如何)的方案。法律需要随着一个经济体的不断演化而不断发展,以阻止(至少是改良)每一个可以想象到的权力滥用。

与此同时，我们还有必要认识到过于强烈的经济个人主义倾向将会成为当初引发革命热情的市场失灵和垄断的牺牲品。18 世纪英格兰的东印度茶叶公司及其他一些对生产要素和商品市场进行价格操纵的行为在 19 世纪被铁路大亨和操纵金融市场的行为所取代。它们之间并没有什么实质性的区别。即使是上帝的诫律也无法阻止政治家和企业家们将攫取他人的财产视为一条比生产活动更为容易的积累巨大财富的捷径。

第八章
通过经济取得优势

“没有哪一个国家能够被很好地治理，除非该国的全体国民能够在头脑中有这样一种信念，即自己是法律守护者，并且执法者们仅仅是执行法律的机器而已。”（马克·吐温和查尔斯·杜德利·沃纳，《镀金时代》）

尤其值得一提的是，美国这个新经济体是在正确的时间和正确的地点颁布了真正有利于经商的正确法律文件。它还有足够的空间进行扩张，并且能够立即摆脱那些已经被英格兰、法国和西班牙等老牌殖民国家所垄断的贸易路线的限制。美国这个新国家预示着一种自由的经济风格，即任何事情都是可能的。第二次工业革命很快就将发生，它将吸引那些来自世界各地的期望经济自由和一无所有的人们。

在一个能够以令人震惊的速度和效率创造和积累经济力量的经济体制中，经济力量很明显将会创造政治力量。但是，伴随着政治影响力而来的将是对权力的追求而不是对生产的追求。

新型企业家

第二次工业革命之所以发生在美国，其主要原因在于这个新经济世界拥有广阔的土地和丰富的资源。那些移民们大都是从某个最发达和最拥挤的帝国移居到这个人口最少的潜在帝国。它还试图吸引那些一无所有者和那些希望凭借自己的辛勤劳动来创造一个新生活的人们。尽管美国以前不是一个具有高度发达文化的国度，但随着现代第一部宪法中规定了诸多权利，它成为了一个最具经济活力的国度。

在美国能够享受到其经济发展的成果之前，它曾经在前进道路上经历过许多挫折。镀金时代直到 1812 年英美战争和美国南北战争结束之后才确实到来。随着美国南北战争的结束，一个重获统一的美国终于可以正式地开始其创建帝国之路。到镀金时代结束之时，美国已经取代英国成为世界上最强大的国家，而此时离美国宣布从英格兰这个统治了广大帝国的小岛国中独立出来刚过一个世纪。

创建帝国的一个世纪

几乎所有的帝国都会经历一个类似的周期，这个周期包括经济停滞阶段、经济重启阶段以及一个持久而壮观并且看起来好像是无限增长的阶段。这个无限增长的阶段可以被称为一个经济体的镀金时代，就像美国在后南北战争时代那样。

尽管美国后南北战争时代的镀金时代要归功于一个巨大的工业化进程，但所有经济体的镀金时代都具有一些共同的特征。在这些经济体中必定存在着一个能够促进经济急速增长的新生的尚未得到开发的潜能。所有的经济成功都需要有一系列令人满意的前提条件。

最重要的前提条件是缺乏一个对经济增长进行制约的事物。生产能力的急速增长可以被形容为一个高效能的六缸发动机。第一个气缸是人力资本。在这些经济体中必然存在一个闲置或者未充分利用的人力资本供应充足的情况，这些人力资本可以被应用到工业化进程中而无需求助于他国。在处于工业化进程中的英格兰，大量无业的农村人口使得工业化成为可能。而19世纪从世界各地移居到美国的人们也使得美国的工业化成为可能。总的来说，大量移民或者快速的人口繁殖是十分必要的。

第二个气缸是购买创新实物资本的投资必要。任何领域的工业化都需要能够增强人力资本和最大限度利用稀缺资源的技术设备。这些投资要求对未来有一个乐观态度以及某些成功的先例，以便使得所有人都确信经济引擎正在被成功地发动。

第三个气缸是充足的自然资源（例如土地、矿产、水、能源、耕地和其他一些能够喂饱工业设备的必要资源）供应。任何一个工厂都需要这些资源要素的混合。19世纪的美国对所有这些资源要素的需求量非常巨大。幸运的是，在美国这个广阔的新国家中，土地和矿产资源十分丰富。

第四个气缸是一个能够将那些资源要素、最终产品和服务自由转移的供应链条，这个链条能够确保任何一个单独的要素供应瓶颈不会把整个生产搞得一团糟。顺利地将劳动力和原材料转移到工业设备上以及将制成品转移到消费市场上对快速经济增长来说是十分必要的。

第五个气缸是企业家和高效管理。优秀的人能够确保所有的要素能够在同一时间和同一地点以最有效的方式进行组合。这可能并不需要大量的企业家。但是，如果没有足够的执行者，生产要素之间的组合就会陷入混乱之中。

最后，一个国家必须确保经济领袖能够不受政府干扰，经济引擎和市场能够运行良好，企业家能够得到很好的回报。没有这第六个气缸（即一个能够鼓励至少是不抑制创新的法律和经济框架），这台发动机的高效能是无法得到充分发挥的。

确实，美国在19世纪年均两位数的增长经验只有在上述六个气缸都能够得到最大效率的运行时才可能被重现。当这六个气缸都处于最大效率运行时，没有什么事情是不可能的。绝大多数人们考虑的是如何能够保持经济长久持续的增长。

镀金时代

但是，正如世界上不存在永动机一样，一个国家不可能永远处于快速增长的状态之中。尽管本书的研究对象是在经济发展中起主导作用的力量和经济衰弱及失败的原因，但我还是要列举一些镀金时代的特定事例来为经济史提供重要教训。

“镀金时代”一词来源于马克·吐温和查尔斯·杜德利·沃纳合著的出版于1874年的《镀金时代》一书。马克·吐温是一位幽默作家和社会评论家，他拥有不可思议的煽风点火能力，但这种能力一般限于抨击糟糕的人类生存状况。而《镀金时代》一书的书名则来源于威廉·莎士比亚(William Shakespeare)于1595年上演的《约翰王》(King John)这部戏剧中的一句台词：“把纯金镀上金箔，替纯洁的百合花涂抹粉彩……实在是浪费而可笑的多此一举。”

马克·吐温和查尔斯·杜德利·沃纳以幽默的语言对那个时代不可避免的阶级斗争进行了深刻的剖析，而同时代的其他作家如卡尔·马克思和约翰·斯图尔特·密尔则更加偏重于学术性。这些作家和学者对现代经济机器创造巨大财富和盈余的能力有着清醒的认识。确实，大多数人都会对这个经济发展新奇迹感到惊奇。但是，一些人(包括上述四位作家和经济哲学家们)则对这种巨大财富创造所产生的不稳定效应进行了关注。他们关注的是在不发生社会动荡(有时甚至是革命)的情况下对经济增长进行管理的能力。

正如我们以前所看到的那样，政治革命通常伴随着经济环境的改变。以马克·吐温为代表的幽默作家们用自己的故事来对社会冲突时会发生什么进行隐喻。与此同时，以约翰·斯图尔特·密尔为代表的经济学家则就如何阻止这种可能使经济引擎脱轨的社会冲突提出了自己的建议。而以卡尔·马克思为代表的其他一些学者则鼓吹一个能够在资产阶级和无产阶级之间实现彻底平衡的新经济体制。很明显，要想实现经济的持续发展就必须要克服其前进道路上众多的地雷。

当英格兰面对第一次工业革命所产生的一系列后果时，它不得不想尽办法来解决这些问题。美国不像英格兰那样拥有一个可以维持中心地带增长和利润以获得公众支持的外围地带。

在与镀金时代同步的第二次工业革命中，美国那些临近海边的东部州迈开了第一步。最初十三个殖民地中的每一个州都临近海边，并且都有一个港口，这些港口为美国内陆资源和国外市场之间提供了一条通道。每一个东部州都拥有造船厂、由水力驱动（后来由水蒸气驱动）的面粉厂、经验丰富的自由贸易商、热情的企业家，以及每年从这些港口进入美国的大量移民。

每一位新移民都迫切希望从劳工合同中解脱出来，并且能够投入到这个能够帮助个人创作财富的巨大经济机器中去。尽管劳动力因技能、理想和种族不同而出现多样性，但新实业家中能够掌控这些技能的精英集团则被认为具有同质性。

镀金时代的这个富裕实业家俱乐部包括了一些现在还为人耳熟能详的名字。正是康内留斯·范德比尔特（Cornelius Vanderbilt）、J. P. 摩根（J. P. Morgan）、安德鲁·卡内基（Andrew Carnegie）、约翰·洛克菲勒（John Rockefeller）、亨利·福特（Henry Ford）、安德鲁·梅隆（Andrew Mellon）这些人创造了巨大财富。他们然后将这笔巨大的财富重新投入到不断增长的资本化进程中。在这一过程中，他们建造了铁路、证券市场、石油管道、银行、汽车和工厂，这些事物刺激了一个前所未有的现代化和扩张化水平。

这个暴发户阶层还为自己修建了豪宅，其奢华程度直逼欧洲的那些国王和王后们。他们对财富的张扬以及他们在政府涉及不到或者未觉察到的真空地带中醉心于自身利益的行为使得他们获得了一个批评性的新称号——“强盗大亨”（robber barons）。

最早的强盗大亨

将经济发展的果实集中在少数人手中并不是什么新鲜事。毕竟，封建制度就曾经将农产品集中到地主和领主手中，以此来换取对生存的维护和军事保护。

但是，第二次工业革命的不同之处在于它以惊人的广度和速度积累了前所未有的财富。在人类历史上还从来没有出现过如此之多的劳动成果被以如此之快的速度生产出来的情况，这些财富被集中在如此之少的人手中，并且这些人获取这些财富并不是因为其通过世袭、军事或者政治力量而获得统治地位。

当精英统治是世袭或者军事征服的产物时，会产生一种稳定效果。统治集团中的每一个人从出生开始就必须在自己的位置上终其一生。相反，这些暴发户阶层的背景各不相同，他们与那些在工厂里、铁路、矿井或者油井上工作而创造巨大财富的工人们并没有什么不同。这些企业家们正在赚取如此之多的财富，而且通过对市场进行如此明显的操控来增加自己的财富，仅仅是因为他们在正确的时间出现在了正确的地点。工人们也认识到了这一点，并且开始觊觎这些新精英们的财富。

当其他人还在为了勉强维持对美国梦的憧憬而辛勤劳动时，这些新精英们的巨额财富就隐含了爆炸性的危险。以安德鲁·卡内基为代表的某些人则认识到了这种危险，他们开始呼吁富人们要承担与其财富相对应的社会责任。他的慈善理念不但姿态高贵而且非常实用。卡内基在自己撰写的《财富的福音》(The Gospel of Wealth)一书中号召企业家们像自己一样资助医院、博物馆、大学和图书馆。这些由卡内基及其仿效者资助的机构使普通民众获得了能够在一个可持续基础上保持健康、接受教育和文化熏陶的机会。这种慈善行为还创造了一种分享财富的氛围，这是一种不是在政府强制推动之下进行的财富分享。

新组织模式

第二次工业革命惊人的增长速度可以被归功于一些以前从未尝试过的新机构和组织模式的运用。

第一种组织模式创新是一部新国家的宪法，这部宪法保护公民的私人财产免受臃肿的政府的侵扰。这部宪法为政府的权力划清了界限，保护公民的私人财产不被非法征用，公民的房屋不受非法搜查，公民的人身不受非法抓捕。它还赋予公民有反抗一个压迫型政府的权力，并且创建了一个最高法院。这个最高法院可以独立地保护公民的权利，因此新的商业创新就开始在美国不断涌现。

第二种组织模式创新是一种被称为“公司”的新法律拟制。严格来说，公司并不是一个全新的发明。在席卷英格兰的第一次工业革命中，公司已经被广泛用于筹集资金。但是，公司这种新组织模式在席卷美国的第二次工业革命中被应用到了一个前所未有的高度。

公司在很多方面有自己的独到之处。首先，它创造了一个有权签订合同和提起诉讼的法律实体（法人）。它可以保护那些隐藏在公司背后的消极投资者。一旦某个公司被起诉或者被判定偿付一笔超过公司实有资产的债务，公司的投资者只需在其出资范围内承担相应的法律责任。这种保护使得投资者们可以把自己的投资风险降到最近，却能够享受一个成功企业所带来的全部利润。

投资者还有权转让自己对一个公司股份的所有权。如果这家公司是上市公司，那么这种股权的转让和购买就必须在股票市场上进行。这种公司所有权的流动性确保了公司的所有者能够很容易地对自己投资前景的回报和风险进行综合考虑。

最后，一个公司可以达成全体股东们的共同目标。在以往的所有权模式下，一家企业有一些相互竞争的目标。企业的一个目标是将利润返还给所有者，以此作为所有者投资和辛勤工作的回报。企业的另一个目标是满足所有者的其他需求。这些需求包括为所有者及其家庭的生活提供佣人或者住房，甚至包括为所有者的慈善和社区亲善行为埋单。

以往所有权模式中的这些利己主义目标在公司模式中则不再重要。因为一大群股东共同拥有一个公司，公司占据主导地位的动机就是利润。即使是再多的股东也能够共享这一单独目标。公司当然还有慈善和社区亲善等目标，但这些目标都是第二位的。

交易股份、雇佣职业经理人来管理公司、让所有者在投资失败后免于追索补偿和对利润目标的追逐等特性意味着公司在资本形成和发展中拥有一个真正的优点。毫无疑问，公司组织形式是所有大企业的最佳组织形式。

这种组织结构在美国镀金时代惊人的资本形成和经济发展中发挥了不可估量的作用。没有公司，金融盈余就不会找到一个再投资的暖棚，也就不会有后续的发展了。

随着公司的不断发展，它已经比人类历史上的任何一个私人组织都要壮大(可能天主教会除外)。镀金时代开始的一个半世纪后，世界上最大的公司沃尔玛(Wal－Mart)的年收入已经达到 2430 亿美元。世界上只有 16 个国家的国内生产总值比沃尔玛高。沃尔玛的产值在 2000 年仅仅比俄罗斯的国内生产总值(gross domestic product)略少，而俄罗斯当初可是一个在冷战时期挑战美国全球统治地位的中心。

公私领域的新紧张状态

公司的庞大规模和垄断很快就开始对良好的公共政策进行冒犯。政府通过削弱公司的潜在规模和影响力来应对公司不断增长的力量和影响力。

出于健全的公共政策利益考虑，政府开始对公司(尽力使自己利润最大化的)开展业务和与其他企业合作的路径进行管制。政府还开始对企业的利润(在这些利润被支付给股东之前)进行征税，并且还对股东们所获得的股息征收个人所得税。

政府逐渐屈从于由于公司和其他人群之间日益严重的失衡而产生的社会压力。公司模式正在变得如此强大以至于它开始侵蚀其他生产要素的力量。在资本主义模式中，金融资本的提供者就决定了其他生产要素如人力资本、实物资本、资源资本和管理资本如何结合起来以创造利润。这些巨额的金融资本拥有一种牵一发而动全身的能力，并且还能够保有最多的剩余产品，而这些剩余产品在以往是通过更平等的方法来归属于其他生产要素。

当政府的管制试图对公司通过垄断来赚取更多盈余和更大生产份额的力量和范围进行限制时，公司很快就找到方法来规避政府的那些试图限制其发展的管制措施。就像把门关上只会导致风从窗户进入房间一样，公司很快就找到方法来绕过政府设置的障碍。即使是在今天，人们也常说，如果有数以百计的立法者正在制定法律来纠正市场失灵，那么同时就会有数以千计的最聪明的律师在寻找如何规避这些法律的方法。

一个经典的例子就是托拉斯(trusts)。良好的公共政策规定市场必须免受某家较大公司垄断行为的侵扰。镀金时代的美国不希望看到国内贸易处于某些以铁路强盗大亨为代表的公司的掌控之下。当政府的管制措施和法律法规禁止这些公司从事垄断活动时，这些公司就转而组成了“托拉斯”，这个组织能够提供一个总体协调机构来确保共享利益的多家公司行动一致。

尽管从法律上来看不存在垄断行为，但这些托拉斯能够协调其成员的行为，其行为模式在很多方面都与垄断相同。这是因为这些狡猾的伎俩，一种名为“反托拉斯”(anti－trust)的新管制形式应运而生。从此以后，公司的兼并和其他行为受到越来越严密的审查。有时，政府会采取最极端的措施来阻止某些拟议中的组织结构形成。尽管存在政府的反托拉斯管制，但那些力量不断增长、资源丰富和资本状况良好的公司还是能够创造出规模经济和管理效率，而这种规模经济和管理效率是不可能被其他组织结构或者较小的公司简单复制的。大型公司开始成为最有利可图和最富裕的主导性商业形式。

规模经济

那些大型公司具有很多有利于规模经济的优点。首先，这些公司在要素市场上更具影响力，并且能够因为自己的要素和资源而要求更有利的贸易条件。其次，它们能够具有更高的生产效率，因为它们能够对生产的所有阶段进行全面投资而不是被迫把自己生产的某些部分进行外包。第三，它们在某一生产领域中享受的创新和规模经济也能够为它们带来在其他生产领域的优势。第四，它们能够同时销售各种不同的产品，并且其成本比那些较小公司更低。最后，它们能够建立起一张广阔的、训练有素的和管理高效的网络来对那些很长的供应和生产链条进行有效管理。它们发展而产生的规模经济不可能被较小的弱势企业简单复制。

只要这些公司不发展地过于庞大而反受制于随着规模扩大而产生的效率不足问题，这些大型公司就可以继续发展，并且可以吞并那些较小的竞争对手或者把它们赶出市场。

这些公司已经因为自己追逐更多利润和开拓自己每一个可能的优势或者尽量节约成本而被称为“无情”。说一个公司无情就好像在说一只狮子无情一样。这只不过是一个公司在自然地依循法定方法来追逐利润。

如果这种对利润经久不衰的追逐要求一个公司从其他资本形式中提取盈余，或者将其他公司赶出市场，那么这就仅仅只是这些新法人们为了生存而战斗的自然行为而已。

这些公司们成功的方法有时也可能打法律的擦边球或者甚至是超越了法律的界限。即使某个公司没有违法，它还是因为其行为而被贴上不道德的标签。人们对一个公司的价值衡量是很矛盾的。尽管公司被视为一个法人，但它的唯一目的是为自己的股东赚取利润。公司不会在周末到教堂参加礼拜，也不会像以往的组织体那样在城镇四处进行交流。

公司、托拉斯和科学管理以及生产效率方面的创新给商业化的美国带来了巨大变化。许多人都拥有了前所未有的私人财富。与此同时，劳动的商品化使得工人阶级不能全面分享其创造的财富，或者使它们变得更为贫穷。到20世纪初时(此时离迈入镀金时代仅仅只有一代人多一点的时间),美国已经在人均工业产值上超越了除英国以外的其他所有国家。再过一些年后,美国又超越了自己的前宗主国。以前还从未有过哪个国家以如此快的速度积累了如此巨大的经济力量。

工人阶级的反击

美国迈入镀金时代仅仅20年后,人力资本就开始反击了。美国劳工联合会(American Federation of Labor)于1886年成立。这条反击的道路从定义上看非常具有对抗性。如果金融资本所有的大型公司的力量变得(相对于其他资本形式而言)过于强大,人力资本就会自己组织起来对抗金融资本的力量。美国的这种新模式没有创建一个对所有的资本提供者都有利的共生性组织结构,而是让金融资本和人力资本的代表们以斗争的方式解决问题。著名的研究大萧条时代的经济学家约翰·肯尼思·加尔布雷斯(John Kenneth Galbraith)后来将这种模式称为"抗衡力量"(Countervailing Power)。一个谋求特殊经济利益和政治利益的时代已经形成了。

公司被期望应当承担一定的社会责任。无论社会发生什么(主动或被动的)改变,总会有一些群体处于不利状态。因为不可能所有的群体都会得到同等的利益。当公司的眼里只有利益时,一场社会运动看起来是不可避免了。

当然,公司可能会认识到它们的长期利润和生存需要它们承担一定的社会责任。确实,那些仅仅由少数人所有的紧凑型公司经常会认识到这种责任。但是,一家代表数以千计股东的大型公司则往往会把对利润的关注置于其他目标之上。即使这家公司里有某些人考虑到了长期利润,但由于数以千计的股东关注的是短期利润,他们也只好随大流。一家处于快速发展和动态环境中的公司不太可能把自己的注意力转向对长期利润的关注,也可能会忽视公司自身的重要性。

我们的世界存在着许多能够确保一条更顺利和更高效的走向繁荣之路的社会创新。尽管公司可以通过辛勤劳动来压低成本，但它们还是经常通过垄断市场的方式来提高自己的利润。较早地认识到竞争市场的必要性会避开美国式资本主义中很多早期的陷阱。但是，解决那些由于垄断而导致的市场失灵的方法很容易就被人们遗忘了。

另外一种主要的市场失灵就是人们对于劳工长期性的关注而导致的公众愤怒情绪。人力资本在所有类型的资本中是独一无二的。尽管公司被视为一个法人，但它不能投票。尽管自然资源资本、企业家资本和金融资本也很重要，但这些形式的资本被少数人所掌握，这些人只会为了自己的利益和保护自己的财产而投票。

独一无二的人

人力资本在社会中具有独一无二的作用。如果一个民主社会中的绝大多数投票者同时也是人力资本家，那么一个政治体制绝不会冒着自毁长城的危险来忽略这些投票者的诉求。即使是独裁者也认识到了这一点，除非他们有足够的财力维持一支可以成功地恐吓和控制住这个不快乐群体的军队。

对人力资本需求的满足也是独一无二的。当劳动者训练有素时，人力资本是最高效的。某些人可能会认为工厂里使用的机器（被运转和维护良好时）也具有很高的效率。但是，对于一台创新性机器的投资不存在什么风险，因为这台机器的所有者知道机器会按照他的愿望不停地运转。工厂主很不情愿在培训工人方面进行投资，因为他们害怕这些自由国度中的雇工们在学到技能后会带着这些技能走向市场，并且将自己的新技能提供给出价最高的工厂主。

结果，当雇主们不能强迫自己的雇工与自己签订长期排他劳动合同时，在日益尖端的机器和技术与日益简单的工人之间就出现了矛盾。尽管公司可以通过对劳动者进行精心培训和教育来获利，但它们更愿意在市场上选择那些身怀绝技的劳动者而不是像以往那样对有潜力的劳动者进行培训。无论雇主们是在劳动力市场上选择那些身怀绝技的劳动者，还是对自己的雇员进行培训，它们都不可避免地为这些工人们支付相同的工资。因而，除非存在着公共教育投资短缺的情况，雇主们会把增加劳动力价值的这部分工作丢给社会其他部门去做。

同样，雇主们认识到作为个体的流动劳动力很容易被取代。镀金时代的一项管理创新就是科学生产模式。这种模式将劳动者资本、资源资本、金融资本、实物资本、管理资本和企业家资本等各种资本以科学的方式进行整合，然后产品就生产出来了。

弗雷德里克·泰勒(Frederick Taylor)运用科学的技术对生产效率进行研究，并且创造了一套科学的管理办法。与此同时，他还论证了机器可以在哪些方面取代劳动者，进而削弱了人力资本获取更高工资的能力。尽管工人工资是在不断上涨，但工资的增长速度比不上金融资本所有者收入的增长速度。这种不断增长的收入鸿沟强化了收入差距所导致的张力。这种人力资本所有者和金融资本所有者收入之间不断加大的鸿沟在几乎所有经济快速发展时期都出现过。

在经济学上，所有的投入都被数字化地看做商品。每一种投入都可能被取代。人力资源的短缺可以被更多的机器所补偿。一台破旧的机器很容易被一台新机器或者更多的一些工人所取代。在这种商品模式中，劳动者的个性被丢弃在一片混乱之中。如果他们的教育能够被其他事物所代替，那么他们的健康和安全也将被忽视。

尽管如此，镀金时代的公司还是试图获取工人们的忠诚。职业追踪(career tracks)是一个允许雇主们对自己雇员的人力资本进行投资的创新。公司的员工在开始阶段的工资较低，但是他们被雇主隐含地承诺以后可以一步步被提升，通过这种方法，因投资于流动劳动力而产生的某些问题就可以被解决。但是，大多数劳动行业都不可能提供这种职业阶梯。

最后，那些大型的垄断公司会在劳动力市场中的某些领域占据主导地位，就像他们能够对产品市场的某些领域进行垄断一样。通过这样做，它们可以人为地减低工人工资或者降低工作条件。

抗衡力量

在1776年至1866年之间，几乎每一代人都经历过战争。美国在此阶段已经为经济发展构建了一个框架。

但是，在随之而来的这个大企业和小政府时代，人们还不太可能预料到由于日益增强的垄断所导致的市场失灵或者具备从一系列迫在眉睫问题中解脱出来进行长远考虑的政治意愿和洞察力。

工会认识到来自于公司或者政府领导人的转变尚未到位，必须转而创建一种基层运动来使日益失衡的经济重新恢复平衡。在其他一些可替代的方法都归于失败之后，它们的作用变得不可替代了。

尽管在劳动力市场和产品市场之间存在着明显区别，但两者之间还是存在着某些共同点，这些共同点让我们能够更好地理解早期工会运动曾经发挥过的作用。

我们在此前曾分析过为什么经济学家们会把垄断视为一种市场失灵。实际上，与一个竞争性市场相比，垄断会为了抬高价格而减少产出。一个聪明的垄断企业会通过减少实际销售量来提高自己产品的价格，而不是单纯地抬高自己产品的价格。结果，企业的利润增加、成本下降，这都是因为产出减少了。企业的利润就来自于这种双重效应。

某些人可能会发现消费者在垄断过程中的境况较差，而生产者的境况却很好。在没有对生产者或消费者是否应该在新积累的财富中享有一个较大的份额进行价值判断之前，我们很可能会想当然地推断并不存在一个财富和收入由社会的一个部分转移到另一个部分的有效效应。但是，尽管生产者有可能会因为相信未来的销售中存在更大的利润而暂时放弃某些当前销售中的利润，消费者仍然会很确定地处于不利境况。这不仅仅是因为他们为产品支付了更高的价格。而且，某些以前买得起产品的消费者渐渐地就会被排挤出市场。

经济学家无需判断谁应该享有盈余就可以推断出来自于销售减少的损失和来自于被排挤出市场的消费者的损失相当于不义之财。这些损失被称为“无谓损失”(deadweight loss),它代表了一种经济低效或者一种市场失灵。

市场失灵

经济学家们痛恨市场失灵,并且在积极寻求每一种能够纠正市场失灵的方法。就垄断而言,政策制定者可以通过允许、鼓励或者资助新竞争者的方式来培育市场竞争。

即使是一个存在着许多企业的市场也可能产生垄断,如果这些企业们都协调一致的话。在某些案例中,政策制定者会试图对公司制订的产品价格或者提供的服务标准进行管制来使市场重新平衡和纠正市场失灵。

有时,消费者群体会试图纠正这种不平衡。例如,如果一个垄断企业开始开发某个市场,消费者可以拒绝支付更高的价格并且不使用这种产品。他们可以采取抵制、大规模的公关活动或者购买不是很理想的产品等方法来促进垄断企业改变自己的策略。在这种模式中,垄断企业的力量被消费者群体强大的力量所抵消,这是一种抵消影响的办法。或者,他们可以要求政府对垄断进行管制,这也可以达到相同的效果。

社团可以被认为是消费者抵制垄断的有力武器。如果一个大型公司实施了一个压迫工人的策略,工会就可以把工人组织起来并且撤回工人。这很像消费者组织起来抵制某种产品。

但是,就像我们将要从下面的一系列图表中所看到的那样,消费者组成的社团和工人组成的工会之间存在着一个根本区别。

尽管消费者的抵制活动将迫使某个公司降低价格和增加产出,并且由此减少无谓损失,但工会迫使公司提供更高工资并进一步导致产出减少的抗衡力量却反而会增加无谓损失。这种抗衡力量可能是必需的,但它减少了而不是增强了竞争性。

为了说明这一点，让我们分析一下产品市场和劳动力市场。我将以描述代表一种产品的最终需求的需求曲线(demand curve)来作为开端。

需求曲线是所有需要某种产品的消费者支付意愿的总代表。例如，对于任何一种产品，某些人会愿意支付比别人更高的价格，或者以一个给定的价格购买更多的产品，这可能是因为他们更富裕或者是因为他们对该产品的估价更高。如果我们把他们从最高估价到最低估价的需求数量汇总，我们就能够测算出市场价格曲线。

对任何一种产品或者服务来说，总会存在着某种太高的价格以至于没有需求者会购买它们。我们把这种价格称为顶点价格(choke price，简称 p_c)。它可以代表需求曲线上的最高价格，在这个价格上的需求量为零。

反而言之，也可能存在对该种产品需求量巨大的情况(即使是我们会把这些产品扔掉)。但是，这种在零价格时的需求量并不是无限的，因为任何人都没有那种无限量地吸收任何事物的能力。我们把这种即使是在零价格时也存在巨大的市场需求量的状态称为饱和量(satiation quantity，简称 q_s)。

我们可以在这两种极端之间划一条线，这条线代表对某种服务、某种终端产品、某种生产终端产品所需的中间产品或者某种生产要素的需求量。在任何一个价格上，我们都可以推算出产品的需求总量。

我们还知道一个较低的价格会使得产品的需求量增大或者能够被更多人买得起。这意味着当价格下降导致需求增加时，任何一种产品或服务的需求曲线都是向下倾斜的。

这种单位产品或服务的需求和价格之间的关系可以用下面这个图表来表示：

尽管需求曲线通常不是一条直线，并且在某些特殊的情况下也有可能是向上倾斜的，但下面这个简单的图表还是能够表达我们的意思的。

我们可以选取用任何一种货币面值表示的单位商品或者服务，将其

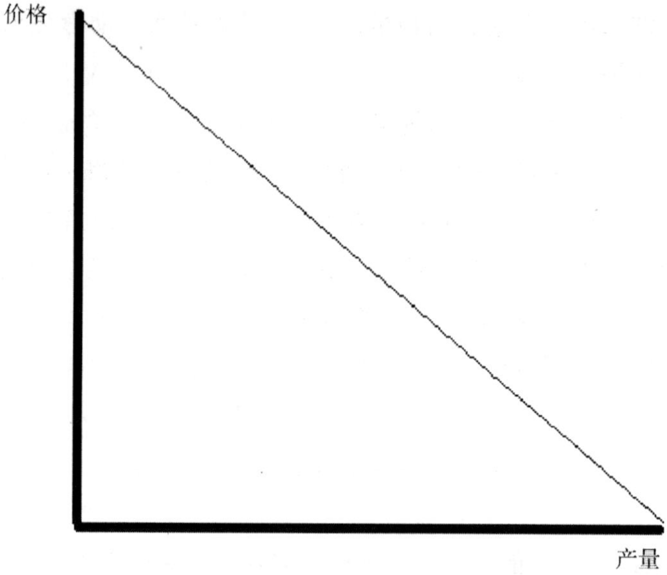

图二　需求曲线

放在市场需求曲线图表的垂直轴线上，并且将任何单位的商品或者服务数量(磅、吨、工人或者机器的数量等)放在市场需求曲线图表的水平轴线上。对几乎所有的商品或者服务来说，市场需求曲线的运行都是相同的。

公司明显很关注对自己产品的需求水平。一个在高度竞争商品市场上的公司认识到它几乎不可能控制实际价格，而且必须转而采纳给定的价格。另一方面，一家完全控制了市场的垄断企业认识到自己可以选择在需求曲线上的(会产生最高利润的)任意一点上进行营业活动。

企业利润一般等于营业收入(或者产品的价格和数量之和)减去生产成本。让我们暂且忽略成本，并且来看一下一个垄断企业将如何做出一个价格决定以实现自己收入的最大化。

收入简而言之就是一个公司获得的收入，在数额上等于它为产品制定的价格乘以销售出去的产品数量。根据这里对收入所作的定义，一个公司不会在一个相当于顶点价格的价格上进行营业活动，其销售的产品数量也不可能达到饱和量。因为前者会导致销售量为零，后者会导致价格为零。如果出现上述这两种情况，在市场需求曲线上的任何一点上所产生的收入都会为零。

在零价格和零数量之间的某一点就是产生正收入的正价格和正数量的组合。尽管一个竞争性企业只能接受给定价格，但垄断企业可以选择位于零数量与饱和量(q_s)之间的某个数量，这个数量能够提供产品数量与价格的最佳组合以达到收入最大化。它可以改变它提供给市场的产品数量来形成最优价格，更准确地说，是形成其产品和价格的最优组合。

乍一看，这个可以形成收入最大化的最优数量应该是位于零数量和饱和量之间的中间位置上。实际上，我们发现如果需求是线性的话，则收入最大化的点正好位于零数量和饱和量之间的中间位置上。在这个中间点上，收入处于最高点。产品数量上的略微减少会导致价格有一个相对较小程度的提高，从而导致收入下降。相反，产品数量上的略微增加会导致价格有一个相对较大程度的下降，这也会导致收入的下降。

正是这种产品数量上的微小变化和这些变化对收入的影响之间的相互作用驱动了垄断者的决定。经济学家们把这种因为价格上的细微变化而导致的这种收入变化称为边际收益(marginal revenue)。我们知道，如果垄断者选择将唯一一个单位的产品卖给唯一的出价最高者，则此时的边际收益就大致等于顶点价格。我们还知道，至少如需求曲线所显示的那样，当数量位于零数量和饱和量(q_s)的正中间时，边际收益为零。这是因为，在这个正中间位置的数量上，产品数量上的细微变化被价格方面的相应变化所抵消。这也就表明，如果需求是线性的，就会产生边际收益。

因为边际收益在零数量时等同于顶点价格(p_c)，并且在零数量和饱和量(q_s)的正中间数量值时等于零，所以边际收益曲线要比需求曲线陡峭一倍，正如下图所示：

如果成本变化不被考虑在内，垄断者将会选择需求曲线正中间点下方的某个点(边际收益在此点为零)来进行经营活动。但是，如果成本随着产量的上升而上升，垄断者将采取一个稍有不同的权衡行为。如果他

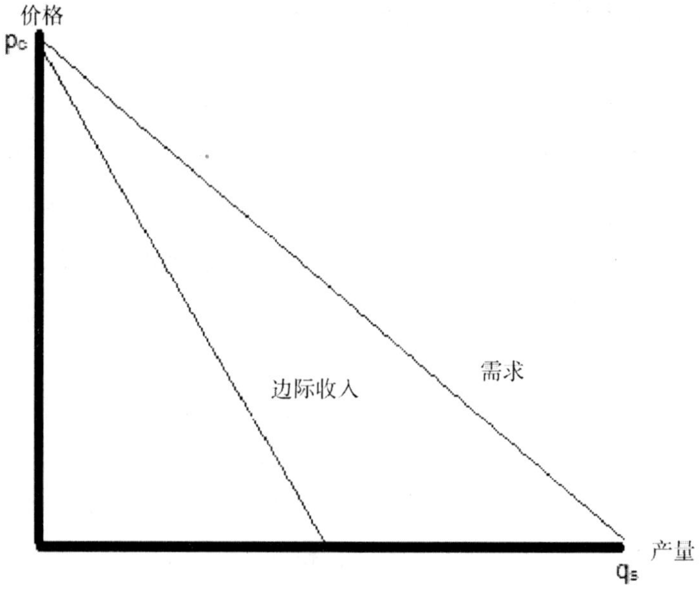

图三　市场需求与边际收益的关系

们能够使自己的边际收益和边际成本相等，他们就可以使利润最大化。

边际成本是指生产者每增加一个单位的产量所需要的成本。它代表生产者每生产一件产品的额外成本，但是它不包括以前单位产量的成本（含间接成本）。边际成本不可能低于零，因为一个有效率的生产者不可能事倍功半。这些边际成本会随着产量的增加而下降，因为更多的产量会导致更高的效率。

我们把这种增加的效率称为"规模经济"。相反，当一个生产过程变得低效时，边际成本就会上升。如果一个公司变得如此庞大以至于劳动者开始偷懒或者工作强度低于某个特定的点，那么这种"规模不经济"就会上升。例如，如果出现左手不知道右手正在干什么或者更高的产量导致各种生产要素价格开始提高或者管理变得凌乱而低效时，不经济现象就会大量产生。

每一个企业都会最终出现这种规模不经济和生产额外单位产品的单

位成本会增加的情况。看到这里，让我们假设一下这种情况，即一个公司可以通过更高的规模经济来达到长久增长。如果存在长久的规模经济和生产最后一个单位产品的成本降低的情形，那么一个较大的公司就将永远比较小的公司有优势。

从一个更宏观的角度来看，一个人很可能会错误地推断出这样一个结论，即一个较大的帝国将永远比一个较小的帝国更具有效率，或者一个过于庞大的恐龙将比那些较小的恐龙更强大。实际上，每一种自然活动都会到达某个无法支持更大规模和无法保持自身灵活、效率和效益的点。垄断也不例外。

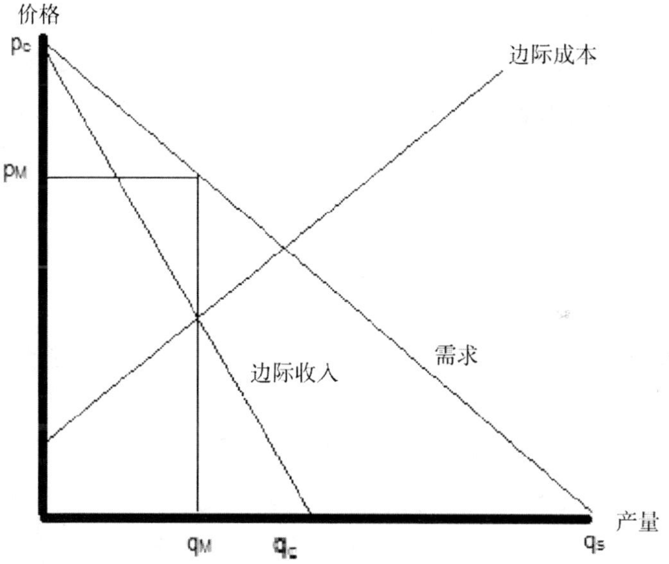

图四　市场需求、边际收益与边际成本的关系

当其利润最大化时，垄断者会在其边际收益（MR）和增加的边际成本（MC）之间需求平衡。确实，边际收益等于边际成本（MR＝MC）是经济学中的黄金法则。它给垄断者指出了要在哪一点上使其利润最大化。因为，如果边际收益（MR）低于边际成本（MC），垄断者就会在最后一个单位产品的生产上亏本。此外，如果边际收益(MR)高于边际成本(MC)，垄断者的利润就会随着产量的增加而增加。

通过对边际收益和边际成本进行比较，垄断者切实认识到自己通过控制产量来制定价格的能力。垄断者选择产量(q_M)，然后通过这个产量来决定自己商品或者服务的价格(p_M)。垄断者商品或服务的价格(p_M)与产量(q_M)的乘积就是垄断者的收入。

如果垄断者缺乏眼光，并且把生产一直保持到边际成本高于产品价格的状态，那将会发生什么样的情况呢？这是一个有竞争力的公司将会采取行为的有利时机。如果这样的话，当企业缺乏眼光时，产量将会从垄断者所选择的q_M点扩展到一个具有更高价值的q_c点。换句话说，垄断者策略性地减少产量以抬高价格。

我们认为这种策略对垄断者有利，但是不利于那些需要其产品的人。显然，垄断者通过限制产量达到了抬高(对所有消费者)价格的效果。某些消费者还是会进行讨价还价。那些愿意为产品支付更多钱的消费者还是会得到一个盈余，这个盈余就是他们愿意支付的价格和他们实际上必须支付的价格之间的差额。我们称之为“消费者盈余”，并且把它标记在高于价格但是低于需求曲线的区域。

生产者也会得到一个盈余。这个盈余是他们的收入与他们耗费的总生产成本之间的差额。如果他们的边际成本曲线只是简单地表示每一单位产品的增量成本的话，那么垄断者销售其产品的价格和边际成本之间的差额就是他们每一单位产品的盈余。我们称之为“生产者盈余”。

我们可以从下图中看到垄断状态下生产者盈余(PS_M)与消费者盈余(CS_M)各自的情况：

让我们对垄断状态下的消费者和生产者享受的盈余与垄断者不通过减少产量以抬高价格的情况下(即竞争状态下)他们应该享受的盈余进行比较。在下图中，竞争状态的消费者盈余为CS_C，竞争状态的生产者盈余为PS_C。

通过对图五和图六进行比较，我们看到一个垄断者牺牲了自己的一

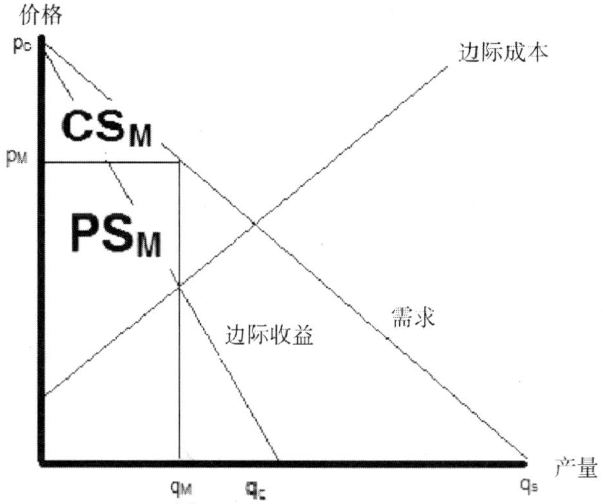

图五　垄断状态下的消费者盈余与生产者盈余

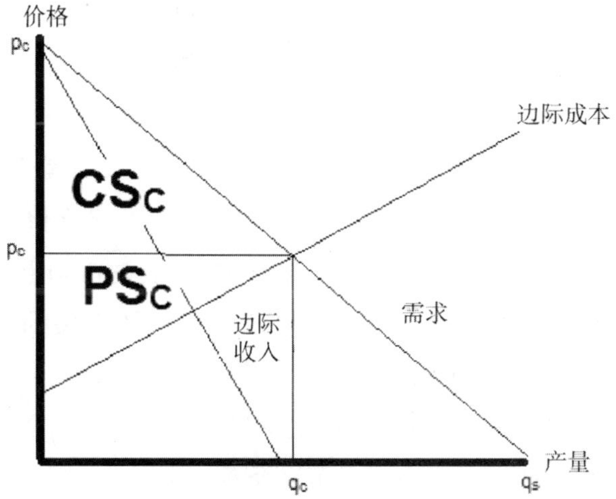

图六　竞争状态下的消费者盈余与生产者盈余

部分生产者盈余以获得更大份额的消费者盈余。通过这样做，消费者和生产者的盈余之和与他们本来应该在竞争状态下享有的盈余之和相比就变少了。我们此前提到过这种无谓损失。这是因为垄断者并没有考虑公共利益。

如果一个单一的实体试图垄断对某种商品或者服务的购买而不是供应会怎么样呢？例如，我们此前讲述过英格兰东印度茶叶公司和其他一些公司在英格兰殖民地的故事。东印度茶叶公司拥有在某些地区独家购买茶叶的特权，并且还享有在其他地区独家销售茶叶的特权。同样，处于劳工合同约束之下的垄断者并不会把自己的劳动出卖给出价最高的人。而且，他们还被迫把自己的劳动出卖给唯一的买家。

当一位买家能够制定一个市场的规则时，我们把这种情况称为买方独家垄断。

一位垄断者在采取垄断行为时也会采取相似的策略。如果它知道自己是某些产品或服务的唯一买家时，它就会降低对这些产品、服务或者生产要素的报价。通过这样做，它相信某些生产要素的卖家将会选择停止销售。因为这种买方独家垄断的情况会使某些互利的有潜力的行业变得无利可图，这也可以被视为一种无谓损失。此时，消费者提供的产品或服务的价格被人为压低，却并不是因为消费者对产品或服务的定价过高。这同样产生了一种无谓损失的效应。

另一方面，一个充满竞争的行业会提供公平而富于竞争性的薪酬，并且会制定富于竞争性的价格。相比之下，一位垄断者会降低产量和减少自己对要素(例如劳动力)的需求。尽管它们可能是市场上某类产品的垄断者，但它们还是有可能会被迫在一个与他们市场有关的生产要素市场上提供一个有竞争力的报价。但是，如果一个竞争型企业或者一个垄断型企业具备某种制定价格的买方独家垄断能力，它们将会因此降低卖方的报价，或者节约在工人安全或者劳动条件方面的开支。

这些大雇主们能够运用自己买方独家垄断的力量来降低工人的薪酬，这导致了工会的产生。工会在实质上可以制造一种劳动服务的垄断状况，可以与某个企业买方独家垄断的力量达成平衡。但是，工会也可能会凭借自己的垄断力量对那些在要素市场和产品市场上正在进行竞争性营业的企业形成威慑。

从激励创新到寻租

工会通过限制劳动服务的供应而提高了工人们的薪酬。正如垄断者在产品市场上制造了无谓损失一样，工会对劳动服务的垄断也制造了人力资本市场上的无谓损失。当工会试图夺取部分以往是由企业享有的盈余时，它愿意制造这些无谓损失。

人作为劳动力这种生产要素的唯一提供者将会寻求对自由企业的发展成果进行分享。人类历史上层出不穷的种姓、经济和阶层斗争已经充分证明了这一点。但是，在某些旁观者的眼中这些斗争是不正确的，他们认为对经济繁荣的追求会导致效率高于公平。政治行为此时就必须纠正这种由于对效率的短视而导致的不公平。

当天下太平而且经济飞速发展时，那些为了纠正社会各领域的不平衡而采取的种种寻租行为就变得经常不必要了。一个浪头会把所有的船只都太高，而一个巨浪则会把所有的船只都吞没。只有当不平衡变得过于明显或者盈余的增长变得过于稀缺时，一个帝国的集体努力方向就会从创造盈余转向寻租。

美国镀金时代的后期就导致了那种转向寻租的转变。此时还没有哪一种经济学理论能够详细地解释正在发生什么，政治机器也对风暴的骤起缺乏深刻认识，一场社会变革迫在眉睫。

最终，镀金时代因为一系列金融灾难而受到重创。这一系列金融灾难开始于 1893 年，并在 1907 年和 1929 年对美国形成重创，我们将在本书后面的内容中对此进行更为详细的论述。尽管许多评论者将镀金时代的结束视为一场政治斗争，它导致了政府的更迭并于 1896 年开启了进步时代(Progressive Era)，但变革一直延续到两代人以后。

镀金时代这个经济快速发展和社会动荡的时期以及随后的进步时代扩充了民主的含义。通过将选举权赋予所有的人，社会进入了一个政党政治和阶级斗争的新时期。这导致了一系列新政府机构的创设。

从自由企业到阶级斗争

在阶级斗争的力量恢复之前，一个新时代正在浮现。世界上第一个资产超过10亿美元的公司美国钢铁公司(United States Steel)是钢铁市场创新的结果。这一时期的美国铁路里程几乎每10年就翻一番，大型托拉斯控制了那些推动美国经济发展的部门。托马斯·阿尔瓦·爱迪生(Thomas Alva Edison)的事业发展可以看做是这一时期最有活力和最具创造力的缩影。爱迪生一生共获得了1093件专利，并且还创建了通用电气公司(General Electric)来为世界提供电力。电气化和美国电话电报公司(American Telephone and Telegraph Company，简称AT&T)发明的能够实现长距离通话的电话成为全世界人羡慕的对象。与此同时，标准石油(Standard Oil)垄断了石油的生产和运输，这使得亨利·福特及其他人能够进行革命性的生产，并且把消费产品带给那些新涌现的消费者。

这些创新也导致了世界上最早的消费者阶层的出现，一个庞大的家庭群体能够为大量的工业产品提供一个稳定的市场。而这个家庭群体同时也在一个不断扩张的国家的工厂里生产这些产品。

让我们来了解一下随着不断增大的收入差距和经常性的经济衰退及萧条而与日俱增的社会不满情绪。

工会及其不满

美国民间曾经长期流传这样一种说法，即这个世界上最大的帝国是建立在辛勤工作的基础之上，并且是一个精英管理的国家。这个美国梦为每个人都提供了无限的机会，只要一个人能够辛勤工作或者生产出很好的产品就会获得成功。经过一两代人以后，由于几乎不能为广大民众带来成果，这个美国梦逐渐失去其光芒。与此同时，一股劳工运动浪潮开始席卷美国，工人们认为如果他们不能在经济发展过程中获得公平的份额，那么他们有权要求在经济成果中分享更大的份额。

工人们首先在1877年美国铁路大罢工(The Great Railroad Strike)中展现了自己的力量。在时任美国总统拉瑟福德·伯查德·海斯(Rutherford Birchard Hayes)命令联邦部队强迫工人回到工作岗位上后，这场大罢工在一个半月后平息。但是，工人的不满情绪继续在蔓延，不断有其他的铁路工人罢工运动出现。

直到因金融危机引发大恐慌(Great Panic)的1893年，仍然有更多不满的工人在开展罢工运动。这场罢工起源于伊利诺伊州(Illinois)普尔曼市(Pullman)，后来发展成为一场席卷全美的铁路大罢工。这场罢工运动直到美国联邦最高法院判决这种有组织撤回工人的行为是《谢尔曼反托拉斯法》(Sherman Antitrust Act)上所禁止的共谋以后才结束。

工会花了大约40年的时间来获取政治支持以允许工人们组成被美国联邦最高法院所禁止的联盟。与此同时，政治形势正在像往常那样不断恶化。

美国的主要城市如波士顿、费城、芝加哥等将政府的腐败和欺诈行为提高到一个新的水平，而这反过来遭到了选民们的讥讽。随着南北战争结束，不断有各种政党和新联盟组成，它们的目的是为了寻找一个能够汇集和反映那些对现实日益失望的民众们的意见的平台。某些政党或联盟鼓吹自由贸易，而另外一些政党或联盟却鼓吹贸易保护主义和提高薪酬。某些劳工导向(Labor－Oriented)的团体则对垄断进行了强烈批评。而几乎所有的政党或联盟都对政府的腐败进行了抨击，它们观察到政府与最大的企业们相互勾结在一起。

政党和联盟们不断地要求必须进行改革，但它们的分歧之处在于应该进行哪种方向的改革。

与此同时，世界各地的工人们仍旧把美国这个新经济帝国视为一个尽管不完美但是充满了机会的国度。在经历了爱尔兰马铃薯饥荒(Irish Potato Famine)之后，越来越多的爱尔兰人移居到美国，他们可以在美国把他们的家庭成员重新团聚在一起。美国的人口开始膨胀，尤其是在那些作为制造中心和海洋贸易中心的东部城市中。

这些移民中也有部分来自于中国，它们主要是在某个自然资源丰富的州修建铁路和在矿井工作。尽管工人们由于不满而不断进行斗争，但美国这个经济帝国成长出了前所未有的更多新社会阶层。

事实上，劳动组织没有拥抱这些处于不利地位的新移民阶层而是回避了他们。在对劳动力供应进行垄断的模式中，工会需要达到两个目标。

第一个目标是对符合工会条件的劳动者数量进行限制以便于进行提高薪酬的斗争。第二个目标是需要确保雇主们不会在工会之外开发可替代性劳动力来源。这些二等公民们组成了自己的社会，几乎所有的大城市中都有这种具有种族同质性的地区。

社会变化的大熔炉

美国这个经济帝国正在飞速成长为一个包含了不同人群并且每个人群都有自己特殊利益和特别问题及观点的国家。爱尔兰人有自己的社区和利益，意大利人、华人和非裔美国人也同样有自己的社区和利益。

妇女还在寻求投票权，并且工会们怀有控制劳动力供应的目标，就如同那些强盗资本家们控制了商品供应一样。群体们围绕自己的利益而不是国家的利益组织起来，并且所有的群体都断定自己被不公平地排除在经济发展过程之外。

作为一种反应，一种鼓吹社会达尔文主义的运动开始蔓延。这种运动的信奉者将达尔文的适者生存概念从动物世界扩展到人类世界和贸易世界。还有许多人参加了一种鼓吹自力更生的运动，这种理论认为溺爱穷人只会导致更多的穷人不断产生。

弗兰西斯·高尔顿（Francis Galton）是一种名为优生学的新理论的创始人。他的信徒鼓吹为了培育出最优秀的人应当对人类进行选育。这种理论后来被运用于断定某些种族或者文化更加适应现代经济成功。某些人认为财富特权必定是先天能力的某种体现，而这种先天能力在所有的商业活动中都普遍存在。

与此同时，那些已经在自己的商业领域取得成功的群体被批评只在群体内部进行贸易。对成功的华人或者犹太人甚至门诺派教徒的愤恨（而不管这些人曾经经历过的苦难）成为某些人为自己失败进行开脱的理由。

几乎每一次苦难都会遭致更多的愤恨和不满。这种愤恨到20世纪中叶最终导致了希特勒（Hitler）在德国和墨索里尼（Mussolini）在意大利的掌权。民主与不满结合在一起形成了一个强有力的组合，这个组合将使人们不仅仅把注意力集中在财富方面。

尽管马克思对无产阶级和资产阶级之间的阶级分歧进行了雄辩的论述，但如果与美国这个发展中的经济帝国中不断涌现的众多分歧相比，他对资本家和工人的重新定位则显得过于简单化。

强盛的果实成为衰亡的种子

美国的镀金时代被前所未有的第二次工业革命推动着，这次工业革命甚至使一个世纪之前发生在英国的第一次工业革命黯然失色。

英格兰是一个长期以来被分裂为贵族和工人阶级的帝国。以约翰·斯图尔特·密尔为代表的某些哲学家们认识到必须通过创造一个受到良好教育的中产阶级来作为上述两个阶级之间的缓冲器。但是，英国习惯法和成文法在防止那些社会不满发展成为社会反抗方面发挥了重要作用。

一个促进政治和商业上的民主并实行不会把一个人终生限定在一个位置上的精英管理的帝国具有一种新型的机会和挑战。

而美国则到处是这样的机会。对财产的保护和自由市场的创建释放了前所未有的创造力和投资。这个国家先是将精力集中于如何把经济蛋糕做大，后来又开始将精力集中于如何对经济蛋糕进行分配。机会的民主化使得所有人都深信每一个人都能够成为下一个百万富翁。当百万富翁不断涌现时，大众们很容易就会相信美国梦不是虚构而是现实。

但是，经济的创造力和增长是有限的。增长需要市场，并且增长能够超越市场吸收新投入的政府资金的能力。同样，如果人们的任何辛苦劳动都不可能购买到其他人的商品，那么增长就开始停滞。

但是，一个国家的经济发展陷于停顿是很危险的。对一个习惯两位数经济增长率的国家来说，如果增长率降低到2%或者3%，那就是一件让人非常沮丧的事情。

美国在19世纪早期就经历了这种两位数的增长，就如同中国现在所经历的快速经济增长一样。中国的经济增长率在相当长的时间内保持在两位数左右，这不仅是由于其人民的创业精神，也是由于其经济总量的增长。

如果实际经济增长开始减弱，那么这种模式的许多缺点就变得更为明显。在一个经济衰退时期维持增长和繁荣的意图会诱使人更关注纸上的财富而不是实际财富。实体生产被金融生产和幻象所取代，就像我们在下文会论述的那样。

大金融资本家们和大人力资本家们试图通过觊觎其他人的经济蛋糕份额来不断地扩展自己的地盘。金融资本家们能够通过掠取更多的消费者盈余或者降低工人工资来扩大自己的盈余。他们通过减少产量来抬高价格或者减少自己的需求并降低工人工资等方法来达到自己的目的。反过来，工人们通过对企业主获取劳动力进行限制和罢工等方法来提高自己的工资。

与此同时，那些对经济持放任态度的政府发现它不可能在经济变革中保持领先。

最后，尽管每一个人在顺境中都是英雄，但在一个更具挑战性的时代，每个群体都叫嚣着要寻找替罪羊进行责备。每一个群体都认为其他群体应当受到责备，过多的特殊利益形式和每一个群体（不管它们利用何种政治手段）都要求在一个缓慢的经济增长中获得更大的份额将减缓或者降低经济增长速度。

确实，这种特殊利益的区分将会被彻底摧毁。人们的关注点最终将会从财富生产转移到财富再分配，这会导致某个群体失利而另外一个群体获利。那些善于利用人们不满情绪的政治联盟将赢得某场选举。这会造成选民支持的失衡，直到另外一个政治联盟形成。

第九章
公共问题的私人解决方案

“害怕痛苦的人已经在承受他所害怕的痛苦了。”(米歇尔·蒙田，1533—1592 年)

美国的镀金时代是人类历史上经济发展和创新最快速的时期之一。这一时代之所以有这样的发展，主要是因为它处于以下几种因素的综合推动之下:一种民治和民享的新政府形式、私人财产神圣不可侵犯的假定、个人责任和有限政府。美国是第一个将“自由放任”当做主导经济原则的国家，美国政府对层出不穷的贸易方式有一种固执的偏见。

政府尤其是刚刚诞生的政府很明显不可能预料到贸易可能采取的所有形式。政府希望它的经济发展能够建立在辛勤劳动和努力生产的基础之上，而不是建立在寻租和为了个人利益而试图规避和改变法律的基础之上。政府以及产生这个政府的经济帝国在发展过程中逐渐积累了很多经验。

政府在保持贸易领先(或者至少不要太落后)方面的能力不足被一系列经济失误所证实，并且使得不能够及时作出反应的政府变得更糟。很多时候，政府采用了一些最不适当的方法来应对这些经济失误。我们将对某些经济失误进行考察以论证美国政府锻造企业繁荣的摸索过程。

有缺陷的银行业

在美国宪法生效后的一代人时间里，年轻的美国就面临了第一场大范围的经济恐慌。由于背负着1812年英美战争和向西部扩展所欠下的债务，并且没有一个可以信赖和充足的税收来源，美国政府不得不大肆举债。与此同时，银行得到了快速发展，但是并没有一个公共机构对它们进行监管。

银行业的过度发展最终导致了有必要对贷款进行限制和收回贷款。就像我们在2007年全球信用危机中再一次看到的那样，银行业不可能或者不愿意贷款拖累了经济。最终，美国这个刚诞生的国家经历了它的第一次经济恐慌。

一个刚诞生的国家（并且这个国家建立在自由放任原则基础之上）不愿意对私人银行业进行干涉。政府的这种态度完全没有顾及到银行曾经提供资金给政府以帮助它打完战争。

尽管门罗总统采取了一些措施，但远远不够。门罗总统首先颁布了一项禁令以阻止像票据这样的软货币被兑换为黄金或白银这样的硬通货。当储户们要求兑现自己的户头时，这项禁令有助于缓解储户们的恐慌。但是，随着银行不断地倒闭，银行业无法满足储户们的需要。如果没有充足的货币，对经济机器进行润滑的油就会消失。储户们海量的兑现需求和货币供应不足引起了价格下跌。

乍一看，通货紧缩好像是一件好事情。消费者会喜欢不断下跌的商品价格。但是，生产者却不这样认为。他们经常要在贷款和要素市场上承担长期债务，但是当商品价格下跌时，他们却不能弥补自己的成本。此外，如果贷方认为贷款的价值很快会比用来作为该贷款抵押的实物价格更高，那么它就不会贷款给他人。没有了贷方和生产者，经济机器不得不停顿下来。

就像最近发生的2007年全球信用危机一样,有些人建议免除那些缩水贷款的债务人的债务。而印刷更多的钞票同样也可以增加货币供应量。对于一个经济群体或者其他经济群体来说,任何政策不会被认为是施加于该群体之上的不可避免的成本。在缺乏一个政治上独立的货币管理机构时,任何政策都不会受到全面的欢迎。与大众有关的解决方案往往也没有受到仔细的审查。经济领袖们直到一个世纪后才会对货币政策中的关键机制有所了解。尽管这场恐慌最终消退了,但人们并没有从中吸取教训,它将在一代人之后再次侵扰美国。

英格兰的经济恐慌

英格兰在1825年也经历了一次由于其货币体系而导致的经济崩溃。尽管英格兰的货币体制更为复杂,但它还是不足以应对英格兰为1812年英美战争和拿破仑战争所欠债务所带来的一系列问题。英格兰正处于快速扩张时期,这也对其借款和贷款市场提出了挑战。

导致这次信贷紧缩不断恶化的是一家正在经历投机性泡沫的伦敦证券市场。这个泡沫所引起的财富增加和因债务引发的政府支出使得通货膨胀十分严重,货币主管机构由此认为有必要减少市场的流动性。通过抛售一些库存的政府债券,英格兰银行吸收了市场上多余的货币并且降低了市场流动性。

这个货币紧缩政策同时也引起了信贷萎缩,并且导致银行经营出现困难,商业借款者的违约情况不断增加。

一个经济帝国展现了其不幸的一面。帝国中心地带的经济病毒很快就扩散到其外围地带。这场经济恐慌很快就扩散到欧洲和英格兰在拉丁美洲的殖民地以及全世界各地。尽管英格兰的中央银行竭尽全力对这个投机性泡沫进行限制,但其对全世界造成的始料未及的后果证明在一个全球化环境中寻求一个国家的经济政策必须要承担巨大风险。

令人吃惊的是,这场发生于1825年的货币危机于183年后在一个更具全球化和更富裕的国家被复制了。不断增多的经验和对货币政策和银行作用的更多了解并没有阻止一场信用危机和全球金融崩溃在2008年发生。

恐慌让位于萧条

并不是所有发生在美国和英格兰的经济恐慌都会导致经济崩溃这样一个更为严重的后果(我们称之为经济萧条)。但是,美国发生于1837年的经济恐慌不能被包括在内。

政府试图控制1837年经济恐慌以失败而告终,政府的失败证明政府的软弱导致它在应付私人领域的事件时力不从心。它同时还说明在危机时刻坚持意识形态是最危险的。

范布伦总统(Van Buren)于1837年固执地拒绝采取足够的措施以阻止一场经济恐慌蔓延成为一场可以与一个世纪后的大萧条相媲美的经济萧条。确实,美国政府直到1907年的经济恐慌才愿意将货币政策掌握在一个独立的货币管理机构手中。确实,直到胡弗(Hoover)总统应对大萧条失败后,人们才认识到当其他领域都拒绝支出时只有政府的财政支出才是最及时的。

政府对自由市场的崇拜导致在1837年经济危机中纽约市的街头发生了骚乱,由这次经济危机引发的经济萧条持续了好几年。经济恐慌的根源都是相同的:金融市场上不断膨胀的巨大的账面利润,穷人和富人之间不断扩大的贫富差距,政府和某些最大银行之间说不清道不明的关系。

政府的干涉在1837年经济恐慌中来得太晚。最终,美国几乎有一半的银行倒闭了。银行倒闭的规模几乎与一个世纪后的大萧条时期一样。随之而来的通货紧缩和经济萧条使得美国倒退了5年。

崩溃蔓延到全世界

尽管我们时常认为全球化经济是一个最近才出现的现象,但1857年的经济恐慌证明历史本身是在不断地重复。一场严重的银行倒闭狂潮导致了一场经济恐慌，而这次恐慌已不可能被限制在一个经济帝国的内部。

1857年，俄亥俄生命保险与信托公司(Ohio Life Insurance and Trust Company)的一个贪污行为导致了一场保险业和银行业的信用危机。投资者随后将资金撤离美国市场。美国财政部并没有足够的资源来扭转局面和维持市场流动性。资金短缺导致通货紧缩，并使得信用危机不断恶化。就如同这个国家在创建之初所经历的其他经济危机一样，措手不及的政府领导人们使得经济体制在能够对自身进行修复之前明显变得更糟糕。

尽管全球化经济证明一个快速发展的经济体所推动的贸易增长同时也可能成为这个经济体中不胜任的政府领导人的牺牲品。就像我们今天的领导人所采取的措施一样，应对经济困境的共同措施就是废除重商主义和对国际贸易进行限制。这种内向型反应也推动了美国内部分裂声音的持续增长，这很快就演变成为一场美国内战(南北战争)。

金融危机的输入

国内金融危机的输出也隐含了金融危机的输入。1873年，德国的过重债务和渎职行为导致维也纳证券交易市场和许多欧洲银行倒闭。与此同时，在美国金融家杰伊·库克(Jay Cooke)领导下的一场美国铁路大发展也引发了银行倒闭潮。

随着欧洲主要证券交易市场之一的维也纳证券交易市场的崩溃和美国财政部将黄金/白银的双本位制转变为单一的金本位制，美国商品和资产的价格同时也开始崩溃。货币问题和货币与贵重金属之间的标准问题第一次成为总统选举的主题。人们开始逐渐认识到财政部和政府领导人应当在应对经济危机中发挥重要作用。

在1873年经济危机发展到高峰时，由于美国四分之一的铁路公司处于破产状态之中，纽约证券交易所被迫关闭了10天。失业人口翻了一番，这也导致美国劳工运动日益激烈。这场经济萧条持续了超过6年的时间。

好了伤疤忘了痛

在以往所有的经济恐慌中，货币供应、一个脆弱的银行业和处于快速发展中的铁路公司的不稳定财务状况看起来都是主导型议题。某些人会认为这些不断重复的议题最终将会得到深刻的认识。但是，问题并不在于认识。更进一步来说，是由于没有足够的工具来约束这个过于自由的市场。

1893年，美国举办芝加哥世界博览会(Chicago World's Fair)庆祝了克里斯托弗·哥伦布(Christopher Columbus)到达美洲四百周年。这次博览会向世界展示了美国镀金时代与飞速的技术和工业变革。电影、荧光灯、发电机以及像汉堡包、爆米花、口香糖和摩天轮这样的新奇现代消费品吸引了一大批处于迅猛发展中的美国新中产阶级。

这种繁荣景象逐渐溢出到金融市场中并形成了一个投机性泡沫。正如我们看到随着20世纪90年代的互联网狂潮而来的是一股高价和高调的收购潮一样，我们在这一时期也看到了同样的企业合并潮，这同样也是由于史无前例的债务和投机水平。

1893年初，费城和雷丁(Philadelphia and Reading Railroad)铁路公司破产，曾经引发了1873年美国经济危机的北太平洋铁路公司(Northern Pacific Railroad)也破产了，联合太平洋铁路公司(Union Pacific Railroad)和其他一些铁路公司也相继陷入破产危机之中。贷款给这些铁路公司的银行很快也破产，以前那些涌入飞速发展的美国经济中的欧洲资本以同样快的速度撤出了美国。

这次经济危机尤其重伤了作为美国工业化引擎的东部港口城市和工业城市。它所引发的高失业率使得数百万人移居到美国西部去寻找黄金和修建不断发展的西部基础设施。从某种程度上来说，1893年的这场灾难为另一股增长的潮流开辟了一个机会。

金融欺诈

确实，银行的不完善、信贷过度扩张、金融系统的信用危机和不完备的金融政策都有助于解释绝大多数金融恐慌的发生原因。但1901年金融恐慌则有一个更为恶毒的起源。铁路公司再一次站在了风口浪尖。

这一次，金融巨头们之间的一场战斗最终导致了一场金融恐慌。这场战斗的一方是控制者第一花旗银行(First National City Bank)及标准石油公司(Standard Oil)的威廉·洛克菲勒(William Rockefeller)和纽约金融家詹姆斯·斯蒂尔曼(James Stillman)。另一方是控制了联合太平洋铁路公司的J. P. 摩根和雅各布·希夫(Jacob Schiff)。这场金融巨头之间的战斗是为了垄断芝加哥这个通往美国中西部地区的门户市内外的所有铁路交通。

这个垄断铁路交通的企图对整个铁路系统都造成了沉重打击，因为惊慌失措的股东们开始甩卖自己的铁路股票。道琼斯工业平均指数(Dow Jones Industrial Average)因此一蹶不振。最后，一个试图垄断芝加哥市场的铁路帝国建立起来。人们发现只有适用《谢尔曼反托拉斯法》才能把这个帝国拆散，但当初这部法律只是为了防止以信托形式或者公司兼并的形式来垄断市场。

这次金融危机造成了前所未有的经济混乱。它也导致了一系列法律被颁布出来，州际商务委员会(Interstate Commerce Commission)于1906年被授权对铁路公司进行管制。而且，这次金融危机还为私人领域自我管制落下了大幕。

对恐惧的恐慌

私人领域自我管制的失败和忽视良性的公共管制的最后一幕在大概

是那个时代最严重的金融恐慌中落幕了。1907 年，金融家奥托·海因策(Otto Heinze)和他的兄弟联合铜业公司(United Copper)总裁奥古斯·海因策(Augustus Heinze)以及一位名叫查尔斯·摩尔(Charles Moore)的投资者合谋制定了一个操控联合铜业公司股票价格的计划。最后，这一计谋失败了，这迫使奥托·海因策迅速抛售了他当初所企图操控的联合铜业公司的股票。最后，该铜业公司和当初支持这一计划的尼克博克信托公司(Knickerbocker Trust Company)的股价崩盘。

当这一计划的相关信息在市场上被泄露时，尼克博克信托公司就被说服对联合铜业公司进行投资。当失败来临时，其他的银行开始拒绝发放贷款。这种资金紧缩导致了一系列银行破产。

J. P. 摩根是那个时代纽约银行和金融业的国王。他召集华尔街的金融巨头们召开了一次紧急会议。据与会者透露，摩根把金融巨头们集中在自己的书房里，命令手下人从外面把书房的大门锁上。他宣布，没有任何人可以从书房中离开，除非这些金融巨头们能够达成一个解决方案。

摩根的策略成功了，华尔街的银行家们誓言要提供足够的资金来保证脆弱银行的偿债能力。摩根还召开了另外两个会议，一个会议是为了说服新闻界发布消息称金融秩序已经得到了维持，另一个会议是说服神父们在星期日的礼拜上号召自己的信徒们对当前的金融体制保持信心。摩根牢牢地掌控了私人领域的经济，他甚至使西奥多·罗斯福总统延缓了对一个特定的(摩根认为是必要的)企业合并进行管制的行动。

摩根的这些能力从总体上看是部分成功的。尽管股票市场的市值损失了几乎一半，银行破产和失业率上升了一倍，但这个几乎是那个时代最具潜在危险的金融崩溃被避免了。然而，这场灾难同时也导致伍德罗·威尔逊(Woodrow Wilson)总统于 1913 年签署法令创建了美国联邦储蓄系统对银行和金融机构进行监管。尽管这个系统并没有先进到足以避免大萧条的程度，但它仍然是未来 50 年里世界上最具威力的经济机构。

私人解决方案的终结

到 20 世纪 20 年代，似乎所有人都已经忘记了那些曾经发生过的经济恐慌而开始大力投资于一个快速发展的金融市场。这是一个经济帝国的黄金时代，这个帝国已经年过百岁，并且刚刚取代英国成为世界上最大的经济体。在一个快速发展的私人领域的驱动之下，任何事情看起来都是可能的。社会达尔文理论在美国和欧洲的影响力越来越大。斯科特·菲兹杰拉德(Scott Fitzgerald)在自己的作品中就对那种惹怒了全世界的过度和富裕的生活方式进行了描述。

在这股浪潮中，卡尔文·柯立芝(Calvin Coolidge)和胡佛相继被选举为美国总统。胡佛以压倒性优势当选为总统尤其是对自由市场和私人领域的信任的一个有力证明。再一次，经济理想主义被转化为政治意识形态。因为许多人信奉垂滴理论(trickle－down)[①]以及更多人坚信自己总有一天也会变得富裕，对富人的征税被削减了。道琼斯工业平均指数在 8 年里上涨了 500%，尽管通货膨胀仍然保持疲软。

胡佛在 1928 年以压倒性优势赢得总统选举，尽管他以前从未担任过公职。胡佛盲目信奉自由市场，这使得他不能认识到迫在眉睫的经济灾难。

美国证券市场在经历了 8 年内上涨 500%的美好时光后终于在 1929 年遭遇了大崩溃，而且这场崩溃的受害者并不仅仅局限于富裕的金融家们。对数百万在 8 年牛市中曾经不断借钱以购买更多股票的小投资者来说，这也是一场灾难。当 1929 年 10 月股市开始调整时，许多小投资者被迫抛售自己股票以维持自己的保证金贷款(margin loans)。这些小投资者们的被迫抛售使股票市场的一次调整演变成为一场大崩溃。

我们很容易就可以判断出美国股市的崩溃导致美国这个经济帝国和大多数发达国家陷入了大萧条之中。确实，仅仅一年之后，美国股市的市

① 2012－051－008

值就比1929年下跌了90%。

与此同时,美国银行的倒闭潮再一次出现,这加剧了经济崩溃的进程。美国的银行数从20世纪20年代的30000家减少到大萧条时期中期的15000家,数以百万计的家庭失去了他们的生活储蓄。一个恐惧笼罩的经济导致消费者和生产者都停止了消费。

危机中的人们通常采取的做法就是关上自己家的大门。实际上,国会在经济危机爆发一年以前就通过了《斯穆特·霍利关税法》(Smoot Hawley Tariff Act)以便维持国内经济增长,而此时美国正因为金融生产压倒了实物产品和服务而感到束手无策。这部法案旨在用来阻碍进口,并且刺激国内需求。但是,就像重商主义者的所有努力一样,它遭到了其他国家的报复。最终,大家两败俱伤,全世界的贸易额在5年里下降了三分之二。

与此同时,胡佛总统非常不愿意动用联邦政府来对私人领域的经济进行干涉。胡佛总统的功劳在于他最终拨款给各州以避免裁员和启动了一些大型的联邦项目,其中最著名的就是胡佛大坝。总的来说,胡佛总统的行动远远不够,并且来得太晚。

一个得到验证的预言

在胡佛政府的末期,美国的工业生产下跌了几乎一半。大约有1000万人失业。像以前发生过的经济危机一样,这次经济危机也充满了黑暗和恐惧。压力重重的生产者不得不解雇工人,直到他们能够卖掉自己的存货。此外,消费者的购买欲望一落千丈,因为人们害怕失去自己的工作,而这反过来又使生产者销售存货的难度进一步加大。需求减少和失业率上升导致了持续的需求减少和解雇浪潮,因为生产者和消费者不得不勒紧自己的裤腰带。这个恶性循环是一个得到验证的预言的结果,大萧条时期的经济学家约翰·梅纳德·凯因斯(John Maynard Keynes)称之为"节俭的悖论"(The Paradox of Thrift)。同时,银行家们则夹在中间两头受气。

这次经济危机是人类历史上最受关注和研究的经济事件。但是,在当时，还没有理论可以对这一正在慢慢开启的经济和人类悲剧进行解释。

当时的经济学家信奉萨伊定律(Say's Law)这样一个古典经济学原理。萨伊定律以19世纪法国政治经济学家让·巴普蒂斯特·萨伊(Jean Baptiste Say)的名字命名，该定律认为商品和服务的供应创造了它自己的需求。借用微观经济学上的平衡(equilibrium)概念，该定律认为商品的生产创造了工人的收入，而这些工人因为有了收入而创造了对商品的需求。如果宏观经济可以被视为微观经济学的集合，并且如果在微观经济中供应创造了它自己的需求，那么宏观经济就不可能长期表现不佳。

结果，这个占主导地位的理论不但使政府在应对经济萧条时束手无策，而且使政府在让一个疲软的经济重上正轨方面无所作为。

凯恩斯在那个时候还没有对自己的可以推翻萨伊定律的凯恩斯理论进行全面的论述。凯恩斯认识到人的心理已经被排除在经济学模型中。尽管凯恩斯也认为收入创造消费，并且所有的收入和消费在总数上是处于平衡状态的，但他认为消费者和投资者、政府和国际贸易商业也发挥了重要的作用。

凯恩斯还认为，如果全部人口的1%拥有所有财富的40%，那么某些人的消费模式就会对其他人产生强烈影响。他认为，由于财富的这种集中状况，一个广泛但是不稳定的中产阶级不可能进行必要的消费来将美国和全世界从历史上最严重的经济萧条中解救出来。

对金融政策的不认同感进一步强化了对来自于焦急的消费者和生产者的需求下降情况的不了解。尽管美国在20年前就已经创建了一个中央银行体系，但联邦储蓄委员会并没有在对宏观经济进行广泛了解的基础上作出一个连贯一致的政策。大萧条的灾难同时也导致了一个积极主动的政府和一个积极主动的联邦储蓄委员会，这个政府运用各种财政政策应对经济危机，而这个联邦储蓄委员会在平时对通货膨胀进行抑制，在艰难时刻对失业进行抑制。

除了将萨伊定律从神坛上赶走外，美国还放弃了从建国之初就坚持的自由放任经济学模式。

强盛的果实成为衰亡的种子

正如镀金时代所证明了的社会动荡一样，政府很难对自由企业的每一个错误的创新尝试进行预料和控制。一个经济帝国终于认识到自己的病症，这个病症引发了一系列足以拖垮帝国经济的问题。但是，每当一个有问题的经济创新被点燃和熄灭，就会有另外一个新方案迅速地破壳而出。

一个发展迅猛并且担当了世界最大经济体角色的年轻国家也被证明具有致命的漏洞。快速演化的资本主义大大超出了政府管制能力的范围。尽管自由企业更喜欢自我管制，但当一个经济体变得足够复杂时，就算是更坚定的自我管制企图也会失败。

当政府在对经济进行管制时，它必须认识到由此所产生的一系列问题，这就好比在一个美妙的聚会上把饮料盆拿走。自由市场观念一次又一次地成为障碍。但是，自由市场的特性同时也领导经济走向一个新高度。

第三编

新重商主义

经济帝国的成长建立在自由市场原则的基础之上。但是，经济帝国的优势还建立在重商主义理论的基础之上。这一理论在20世纪20年代被进一步的坚持，并且帮助引发了大萧条。正如我们将要看到的那样，这种新重商主义会采取各种办法把自己伪装起来。

第十章
消费者就是国王

“所以，炫耀着双重的豪华，在尊贵的头衔之上添加饰美的谀辞，把纯金镀上金箔，替纯洁的百合花涂抹粉彩，紫罗兰的花瓣上浇洒人工的香水，研磨光滑的冰块，或是替彩虹添上一道颜色，或是企图用微弱的烛火增加那灿烂的太阳的光辉，实在是浪费而可笑的多此一举。”（威廉·莎士比亚，《约翰王》，1595 年）

权力和地位曾经是贵族们的特权。确实，法国国王路易十四（1638—1715）把炫耀财富、权力和地位当做自己统治的一个实质性要素。贵族们对财富进行炫耀有双重目的，一是为了在国王的王宫里显示王室及领主们的相对地位，二是为了耗尽那些较小贵族们的财政资源（这些财政资源可能会被用来与国王或其他人进行竞争）。

路易十四发展出了许多繁冗的制度以便在自己的王宫里显示贵族们的相对位置。这些制度使得他能够在长达 72 年内（1643—1715 年）实现对法国的顺利统治，因为贵族们被迫把大量的资源投入到相互攀比中而不是用来挑战国王的权力。

这种奢侈的传统被路易十六所沿袭，他于 1774 年开始统治法国，但到 1792 年被推翻。我们可以毫不夸张地说，这种炫耀性消费的传统最终诱发了法国大革命，并且导致路易十六被推上了断头台。这种奢侈的风气也导致当代很多富裕的国家将精力集中在消费方面而不是生产方面。

炫耀性消费

那些积累或者赚取了大量财富的人不可避免地会以一种被某些人认为是炫耀的方式进行消费。这种炫耀性消费上的快速转变是不稳定的，路易十四对奢侈来者不拒的态度和这些炫耀性消费对精心建构而成的社会层次结构的平衡状态造成的不稳定影响导致他为社会和经济发展制定了一系列规则。

尽管莎士比亚在路易十四出生前 22 年就去世了，但他的名句"把纯金镀上金箔，替纯洁的百合花涂抹粉彩……实在是浪费而可笑的多此一举"还是可以用作对路易十四王宫的评价。这种炫耀性消费使得国家把重心从生产转向其他人展示的成果。我们一点也不奇怪美国镀金时代的那些炫耀性消费将把美国的注意力从效率转向公平，就像一个世纪以前法国大革命中对进一步平等的呼吁一样。

占据主导地位的新古典主义模式经济学假定家庭会通过自己对商品和服务的消费而获得幸福、满足或者效用。我们可以直观地将其理解为对现在收入或者未来储蓄的消费来源于商品或者服务满足我们需求的能力。但是，经济学理论无法排除一个不那么功利的解释。某个人购买商品和服务很可能就只是为了向其他人表明自己的社会地位。

尽管这些炫耀性消费很可能不会提供实用性功能，但它所代表的消费模式与经济学理论并不抵触。19 世纪著名经济学家托尔斯坦·凡勃伦在其著作《有闲阶级论》中就首次对这种消费模式进行了论述。他的理论将成为我们后面对炫耀性消费的现代模式进行论述的中心。

需求层次

并没有哪种经济学理论要求消费者一定要优先考虑那些更有实质意义的、有益社会的和实用性的消费。社会学家和心理学家认为那些能够满足人们需求的行为是可以分为层级。亚伯拉罕・马斯洛(Abraham Maslow)在1943年发表的《人类激励理论》(A Theory of Human Motivation)一文中指出,人的需求存在着一个层级或者金字塔式的结构。

在这个金字塔结构中,层级最低但是最基础的需求是生理需求,其中包括对呼吸、食物、满足性本能和寻求基本身体舒适的需求。如果这些需求得不到满足,那么焦虑就会产生。

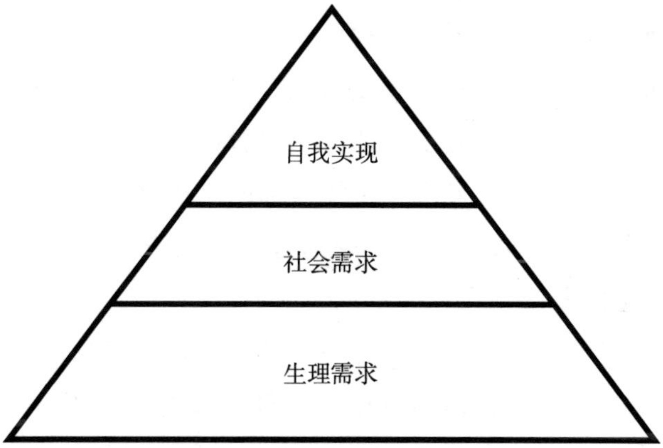

图七　马斯洛的需求层次理论简图

随着基本的生理需求得到满足,人们就会把自己的注意力转向对健康和安全(其中包括人身和财产安全)的需求。这些长期性的需求导致人们把重心转向未来生存。如果某个人的这些长期性需求不能得到满足,那么他就会产生担心和焦虑。

接下来的就是能够满足人类情感的关系和其他社会需求。人类渴望对家庭或者群体的归属感。这些群体可以围绕一个共同的信仰或者精神、对某种体育活动共同爱好或者甚至是像一起观看电视秀或者电影这样的对某个较大活动的共同参与而组织起来。如果人们的这些需求得不到满足，就会产生一种孤独和压抑的感觉。

现代经济体使参与者能够满足当前的生理需求，并且能够为了未来而进行储蓄，这就让参与者充满信心，因为未来的生理需求也可以被满足。社会也提供了一种能够让所有参与者都乐在其中的文化。这种文化和分享遗产和命运的感觉使个体具有了归属感。

一旦一个经济体和一个社会能够很容易地通过生产和机构来满足这些基本需求，那么人们就越来越希望知道自己在社会中的地位是受尊敬和有价值的。这种来源于个人价值和对社会机构有所贡献的自豪和自尊是与一个更具多样性和完整性的社会中日益复杂的社会情况相匹配的，这个社会能够满足最绝大多数成员的较为基本的需求。没有这种匹配，该社会的某些成员就会感到自己被压制了。

对尊重的需求可以被进一步划分为对成就、名声和地位的需求。这些需求需要外部验证和依赖于其他人如何看待某个人。那些能够超越这些较为粗俗的需求的人对来源于个体内部的自尊更为依赖。根据马斯洛的理论，这些内在的能力比那些必须通过外部验证得到满足的需求更具效率，同时危险性更低。

最后一种需求是自我实现的需求。这种位列金字塔结构最顶端的需求是指如果一个人能够认识到自己已经最大限度发挥了自己的潜能，并且满足了自己的内在使命感。尽管这些使命感因人而异，并且对某个人来说也可能因时而异，但自我实现的达成会给人一种更高境界的归属感。

特殊利益集团的必然性

一个处于不断发展中的经济体会沿着这个需求金字塔不断向上攀登。当人类从游牧文化发展到农耕文化，家庭会发现自己对食物和居所的基本需求更容易得到满足。劳动的专业化进一步推动家庭获得更多的盈余和为未来做谋划。农业经济还使社会更容易创建各种群体，并且使这些群体的规模不断扩大。

对安全的基本需求和创建群体的能力驱使家庭把注意力转向更高层次的需求。随着人口的增长，一个经济体会生产出更多种类的产品来最大限度地满足家庭的需求。这也导致了对较小的社团和群体的效忠。这些较小的群体降低了人们对较大群体的忠诚度，并且还为满足每个成员的特殊需求提供了一大堆社团。

当较大群体变得越来越不注重个体的特性时，这种从较大群体中分离出来的趋势和对某个特殊利益群体的效忠就是不可避免的了。群体有时也可以通过宣扬可以使一个国家团结起来并且使所有人都具有归属感的爱国热情而得到重建。

当民族主义热情和一个经济帝国联合起来时（例如二战中英国人通过丘吉尔所说的“热血、辛劳、汗水和眼泪”团结在一起），这个国家可以为了一个更广泛的利益而把特殊利益搁在一边。但是，如果没有一条将一个不断壮大的群体维系在一起的纽带，经济体最终会演化成为一个各种特殊利益的集合体，而不是一个以国家利益为中心的集体。

一个更为基础的标准

一个成功的经济体不会把自己成员的那种千方百计将自己和其他人进行比较的念头打消掉。尽管在一个很容易就可以辨别出某个人成就的联系紧密的小群体中衡量这个人的社会价值和尊严是一件比较简单的事情，但这在一个较大的群体中却是比较困难的。

随着交通和通讯领域的创新不断涌现，与某个人联系最紧密的群体往往并不是与这个人相邻近的群体。当一个国家的经济在不断发展时，人们之间的联系受地域的制约性会越来越低。一个人会效忠于自己所在的城镇甚至是街道，但很有可能它并不认识这座城镇或者这条街道里的大多数居民。

这种与邻里之间的疏远并不会改变人们对受他人尊重的需求。但是，如果那些对我们的成功知之甚少的邻里很难衡量这些成功达到了怎样的程度，那么一个人怎样才能够证明自己取得的成就呢？

这种衡量成功的标准必须要与精神、文化或者经济成就联系在一起，并且必须要很容易被其他人所感知。一个家庭可能会修建一个与自己精神有关的神龛来向他人展示自己在精神启蒙方面的成就。其他家庭也可能会展示自己在文化启蒙方面的品味和高雅。但是，并不是所有的旁观者都会理解这些更高雅的精神或者文化标志，尤其是当这些标准不为大众所熟知时更是如此。

表示某人已经取得经济成就的方法则是一个所有人都知晓的标志。因为所有家庭都会参与市场，所有人都了解货币的价值。一栋好房子、一辆好汽车、一块好草坪和孩子们读书的贵族学校都向其他人昭示着这个家庭在经济上所取得的成功。这些炫耀性消费实际上是在向其他人申明自己的经济成功。

成功的象征

成功人士的消费不仅仅是为了个人享受，更是为了引起他人的羡慕和尊重，这并不是什么新鲜的事情。摆阔就是一个被富人和贵族常用的手段。

当一个经济帝国进入兴起阶段时，这种炫耀性消费对那些很容易就能够满足较低层次需求的中产阶级来说就变得更能够负担和更为重要了。中产阶级用来彰显自己成功的活动演变成为炫耀性消费。在这个过程之中，一个经济体会把重心从生产领域转向消费领域。

而这种转变是经济发展不可避免的必然后果。经济发展很少能够带来分配平均。相反，在经济发展过程中存在着赢家和输家，或者大赢家和不怎么成功的人。这种收入差距的增长自然就导致人们之间相互攀比。这种情况造成了经济帝国的分裂，就好像路易十四发现那些积极进取的贵族们打破了他在自己的王宫中所建立的那种平衡一样。

某些文化还禁止社会不同阶层之间的流动。例如，印度的种姓制度从一个人一出生开始就限定了其社会地位。种姓制度的批评者们认为这种制度的根本在于使人们对自己的社会地位认命，并且对人们上升到更高层次阶层的努力进行阻止。

暴发户

当凡勃伦开始对第二次工业革命和镀金时代的暴发户们那穷奢极欲的生活进行论述时，他还对范德比尔特（Vanderbilts）[①]的豪宅、大游艇、盛大聚会和其他一些被认为是暴发户标志的事物进行了描述。在1899年，凡勃伦还不能预料到一个新兴的中产阶级浪潮很快就将涌现出来。

当然，最富裕人群的奢华生活要比那些达到中产阶级标准的劳动者们所能够负担的奢侈性消费要更为光鲜。但是，一个经济帝国中数千万的中产阶级人群在总数上远远超过了那些能够负担最奢华生活的最富裕人群。

在现代社会，中产阶级成功的象征物已经不在局限于豪宅。那些流行时尚品的购买者正用一种温和的方式向其他人表明自己已经取得了成功。某个人有可能负担不起一栋豪宅。但是，他还是可以用穿着时尚、在昂贵的餐厅进餐和开豪车等方式来向其他人表明自己的成功。只有他的那些邻居们才有可能知道真实情况。

斯坦利（Stanley）和丹科（Danko）所著的《隔壁的百万富翁》（The Millionaire next Door）一书对富人觉得没有必要炫富进行了论述。真正的富人能够超越从其他人那里获得尊重的需求，并且能够因为自己已经在某个领域取得了成功而认识到了自我尊重。

这些层次较高的富人会更加谨慎地打理自己的财富，会谨慎地将自己的财富投资于长期利润而不是短期的奢华生活，他们常常过着比较低

---

① 2012－051－008

调的生活。与此同时，他们的某些邻居常常会陷于债务危机之中和不能偿付自己的按揭贷款，但这些人却驾驶着运动型多用途车(SUV)并且居住在一个更豪华的房子里。

约翰·斯图尔特·密尔这位曾经对第二次工业革命兴起之时涌现的中产阶级进行过评论的经济哲学家认为有必要对奢侈品进行征税以避免炫耀性消费造成的腐蚀性和非生产性效应。密尔于1848年在自己的《政治经济学原理及其在社会哲学中的应用》(Principles of Political Economy with some of their Applications to Social Philosophy)一书中指出，应当公平征税，但是对那些奢侈品有必要额外征税：

"某些间接税必须被排除。为增加政府收入目的而对商品进行征税不能被认为是政府的一种保护职责，但政府必须对本书所囊括的所有商品进行公平征税，无论这些商品是在国内生产还是从国外进口。政府也不能对生活必需品及其生产过程中的原材料和设备进行征税。这些税收往往会增加生活必需品的价格，侵占普通人连健康的生活都不能维持的收入。并且从最有利的假设来说，即使为了劳动者因为这些税收而增加的负担将劳动者的工资上涨，这也是一个对企业利润的额外征税，这对整个国家的财富来说是不公平和有害的。那些应当保留的税种是对奢侈品的征税。之所以这样建议是因为以下几点理由。首先，这些税种绝对不会涉及那些所有收入只能用来购买生活必需品的人。尽管这些税种涉及的人群也对生活必需品有需求，但这些人会将自己的收入用于奢侈品。其次，这些税种只有在一个有用并且是唯一有用的节约法令(sumptuary law)[1]所规定的条件下才能适用。我并不是在宣扬任何形式的禁欲主义，并且也绝不希望看到任何对沉溺于奢侈品的行为(这种奢侈来源于奢侈品本身的名副其实的倾向性和享受性)进行限制(与人们使用奢侈品的方式和义务一致)的法律或观点；但是许多国家里的富人和中产阶级中的很大一部分人以及英国的绝大多数人并没有因为其追求享乐而支付金钱

① 2012－051－008

的行为受到制约，但是从某些人的观点可以得知，这些奢侈品是社会地位的一种附属品；并且我认为这种对奢侈品的消费是一个最可观的税收来源。如果通过征税来限制奢侈品的消费，有很多好处，如果不限制，也没有什么坏处。因为这些税种的对象是那种因为炫耀的动机而让人陷入疯狂追求的物品，所以没有人会认为这些税种有问题。当人们不是因为实用性而是因为高档性而购买一件商品时，那些便宜货是不被推荐的。西斯蒙弟(Sismondi)指出，那些便宜的用于满足人们虚荣心的物品所带来的后果并不在于它使这些物品的购买者花费了较少的钱，而在于购买者能够用其他价格更高或者相同价格下质量更好的物品来取代这些便宜的炫耀性消费品；并且当人们追求的炫耀性物品价格昂贵却质量低劣时，没有人会愿意为了购买这些物品而纳税：这是一种为了公共收益而进行的征税，没有人会因为这些税种而受到损失。”

凡勃伦那本名为《有闲阶级论》的论著沿袭了由密尔及其他人开启的这个讨论主题。尽管凡勃伦将自己的论著作为一篇社会学评论文章，但他对我们社会中存在的契合炫耀性消费的制度所做的分析使他的这篇社会学论文变成了一本现代商业教科书。例如，他对某些职业体育进行了考察，而这些体育曾经作为一种运动而形成了某些群体，并且还象征着这些体育运动的观众足够富裕以至于他们可以欣赏和从事这些休闲运动。他还曾经挖苦银勺，认为它价格昂贵，但用起来却不如普通的勺子方便。

凡勃伦认为礼貌和礼仪是无用和低效的无聊之举的观点使得某些人将他的作品当做一种对社会的讽刺而不是经济学著作。他认为商家的服务除了从真正的生产者和消费者那里榨取收入之外并不具有任何功能。

事实上，凡勃伦的观点更受社会学家而不是经济学家的拥护。但是，他的论证过程同许多经济学家相同。他对那些不直接有助于消费和有助于满足人的基本需求的制度进行了探究。在他写作的时候，马斯洛关于人的需求层次的研究还没有出现。

我们可以用本章开头的一个例子加以说明。路易十四在他的贵族们中引发了一场奢华的竞赛，以免这些贵族们去追求更具破坏力的其他目标。在一个炫耀性消费的比喻中，一场让每个人都筋疲力尽的昂贵的奢华竞赛实际上并没有一个真正的获胜者。相反，这场竞赛可以被视为一场很不幸的白费力气。

其他类似的昂贵竞赛可能是军备竞赛，也可能是驾驶那种更大但是在维护安全方面实际上效率更低的汽车，但这种竞争产生的唯一后果是所有人都驾驶着更大的汽车却并没有带来额外的安全，或者进行军备竞赛的国家的生产能力被耗尽。上述这些行为孤立地看是必要的，但从长远上来看却不能提供任何成果，并且成本高昂。

这种竞争将会通过那种能够提升经济福利及效率或者人的卓越性的竞争而得到分化。一场获得专利保护回报的创新竞赛或者一场产生更优秀运动员的体育竞赛都能够提升国家或人的价值。

税收的基本原理

密尔还对炫耀性消费造成的腐蚀性经济影响进行了分析。他认为炫耀性消费的非生产性甚至是破坏性属性导致国家以奢侈税的形式对其进行抑制。

经济学家们认为税收有两种目的。税收的第一个目的是为了提高政府的财政收入，因为有一些产品和服务只能由政府有效地提供。税收的第二个目的是为了纠正市场失灵。市场生产或消费有时会大大低于实际需求。这种生产不足或者消费不足会要求国家进行补贴。但是，在另外一些时侯，一个国家会生产或者消费某种能够产生不幸后果的产品。香烟、酒精以及其他一些不良消费品迫使整个社会都赞同用税收的方法来抵御其负面的“外部性”并且纠正这些消费品带来的不良后果。

密尔建议对炫耀性消费征收奢侈税。他认为，通过这种奢侈税，奢侈品的竞赛会得到抑制，甚至受到处罚。这种利用税收来纠正奢侈的观点成为征收累进所得税的一个依据。如果更多的财富是与更多的奢侈行为紧密联系在一起，那么这样一个对财富征收的税种就是合乎情理的。

但是，这个税种可能会存在某种程度上的错位。这个税种更应当适用于那些被认为是最无聊的消费品之上。更准确地说，我们认为这个税种应当适用于被认为是奢侈的商品之上，例如昂贵的汽车或者游艇。

强盛的果实成为衰亡的种子

一个国家在不断繁荣发展的过程中也伴随着人口和多样性的增长。反过来，该国的民众也日益将自己与特殊利益或者较小的群体紧密联系起来，而这些特殊利益或者较小的群体与较大群体之间日渐疏远。尽管国家的经济繁荣使得广大民众更为基本的需求能够得到满足，但日益严重的社会分裂使得民众对他人尊重和自尊的需求很难得到实现。

某些人通过自我实现的方法来克服这种社会分裂。但是，还有很多人则通过寻求某种被较大的群体所熟知的标志物来表明自己已经取得"成功"。这场为获得他人尊重而进行的竞赛中的某些标尺如财富的多少、房子的大小或者游艇的奢华程度实际上是不必要的。

最终，炫耀性消费或者财富的多少(而不是对幸福的追求)成了一种徒劳的行为。将重心从生产转向消费会对国家的发展形成误导。从短期来看，以这样的方式来促进消费可以维持一个国家的经济发展。但是，从长期来看，炫耀性消费并不会导致与新兴经济权力联系紧密的效率与创新。

富裕的经济帝国落入了炫耀性消费的陷阱之中。那些富裕的帝国并没有把注意力放在将资源投入到最大化的生产上，而是将注意力放在对炫耀性消费品的生产上。增长受到了损害，最终人们生命的质量也受到了损害。

第十一章 新殖民主义

“在播种的时节学习，在收获的时节讲授，在冬天享受。”（威廉·布莱克，《天堂与地狱的联姻》，1793 年）

经济体的主导地位会带来一种新殖民主义。这种殖民模式不再依靠军事实力来得以维持。经济实力（必要时以军事实力作为后盾）成为一国扩张和具有全球影响力的工具。

但是，我们将看到这种经济实力就像那种在全球化的渗透之下很容易就跨越国界的金融资本一样转瞬即逝。那些有抱负的国家很快就吸取了那些能够让它们充分利用自己生产能力的经验和教训。

持久的不发达

经济学家们很早就认识到一国的经济增长率与该国的基础设施和市场的发达程度有着紧密的联系。在能够对财产权利和合同履行进行保护的法律制度出现之前,是不可能存在一个能够高效地提供剩余产品的市场的。

我们直到今天仍然可以看到这种现象。海地(Haiti)这个曾经是充满了异国情调的度假胜地因为腐败的独裁者把经济搞得一团糟而陷入了混乱和贫困状态之中。此时,金融资本已经损失殆尽,并且当投资者们可以在那些更成功的新兴市场进行投资时就极少有人愿意在海地进行投资。法律制度和新的经济基础设施的缺乏导致市场和经济活动陷入衰退之中。

那些不发达国家之所以长期陷入不发达状态之中是因为它们不能提供增长所必需的经济基础设施。但是,一旦人们可以在市场上交易自己的剩余产品,生产就会迅猛增长。紧紧伴随着这种生产的是商品和服务的销售者开始增多,生产要素的提供者如企业家、矿产主和人力资本所有者也开始增多。

良性循环

这些由市场所创制的盈余创造了财富。在一个期望得到快速增长的国家里,这些盈余又被重新投入到经济中,因为人们期望随后生产出更多的剩余产品。

最终,增长是与期望和增长能力紧密联系在一起的。不发达国家和新兴经济体分享着同样的经济资产。在这些国家里存在着大量的失业或者劳动力就业低的现象。有时这种未开发的资源十分庞大,就像20世纪下半叶的印度和中国不断增长的人口一样。这种资源也可以通过进口而获得,比如美国在19世纪晚期和20世纪初期就吸纳了大量的移民,这些来自于全世界的移民移居到这块充满着机遇的土地并参与到美国梦之中。

生产的其他一些要素可能同样重要。加拿大、俄罗斯、巴西和澳大利亚等国的人口较少,但是拥有广大的土地和丰富的自然资源,这些国家也可以保持较高的经济发展,因为他们的资源被集中在要素市场上。

其他一些国家则得益于一种企业家精神。英国是一个人口相对较多的小岛国,它的企业家们将第一次工业革命中的创新成果带到了市场上和它的殖民地中,稳定的市场和供应链对英国崛起为一个经济帝国同样重要。

最后,某些国家被赋予了巨大的金融资本。例如,石油输出国组织(The Organization of Petroleum Exporting Countries,简称 OPEC)就积累了大量的投资资本。

但是,自然资源受到地域范围的限制。同样,企业家和人力资本在国家之间的自由流动也受到限制。但是,金融资本在国家之间的流动则相对容易。

如果存在法律制度、市场基础设施和未开发的能力,金融投资就会流向将资源运往市场的传统基础设施建设。对道路、供应链、煤矿和油井、耕地和森林的投资将增加它们的价值,并且能使自然资源变为适销产品。教育也能够增加人力资本的价值,这同样也有益于市场。企业家也可以经过培训而变得更足智多谋。

国家可以获益于这些资源,并且将产生的盈余投入到更大的投资和生产之中,这就会产生一种良性循环或者正反馈循环(positive feedback loop)。

正反馈循环的胜利

正如我们将要看到的那样,反馈循环是经济成功和失败的关键。正反馈循环是一个借用于物理学的概念,它是指一种现象产生了某种副产品,而这种副产品会进一步地促进这种现象。如果这种"正反馈"足够强大可以克服任何调节或者抑制趋向,那么这种现象就会被扩大或增强。

例如,全球变暖已经和从第二次工业革命开始就日益增长的碳氢化合物燃烧紧紧联系在一起。碳氢化合物必须与氧气结合在一起才能够燃烧,并且不可避免地会积累大量的二氧化碳。由于人类的经济行为或者自然趋势所导致的二氧化碳浓度不断加大使得地球上空形成了一个隔热层,这个隔热层能使太阳短波辐射到达地面,但地表向外放出的长波热辐射线却被大气吸收,这样就使地表与低层大气温度增高。

这导致的直接后果就是全球平均温度的升高。但是,这种全球平均温度升高导致了另外一个后果。不断升高的温度融化了覆盖在地球两极地区的冰雪,而这些冰雪本来可以帮助将太阳能量反射回宇宙中。

这种正反馈循环导致地球不断变暖,而两极地区冰雪的融化进一步加深和导致了全球变得更暖。直到两极的冰雪停止融化或者其他的调节能够抑制这种反馈循环,这种正反馈循环才会停止。

那些新兴的发展中经济体也存在着正反馈循环,直到那些驱动了反馈循环的要素因为其他力量而被减弱和被抑制,或者自己衰退。

新兴的发展中经济体的正反馈机制不可能有效地发挥其功能,除非该经济体有充足的产能与这个机制共同运作。但是,如果存在增长的潜力,生产过程所创造的盈余可以被重新投入到传统经济基础设施的建设中去。从这个角度看,增长引发了更多的增长,并且这种经济增长能够迅速结合起来。

确实,这种正反馈循环可以强大到足以抵御经济风暴的侵袭。开始于 2008 年的全球金融崩溃导致绝大多数发达国家都陷入了大萧条状态。发达国家的经济衰退与中国在这一时期虽然有轻微下滑但仍然惊人的经济增长态势形成了鲜明的对比。在其他国家处于经济衰退时,中国却继续进行基础设施建设,这样中国就可以继续提供新的就业机会,并且为未来的经济复苏播下更大的经济潜力种子。尽管其他国家为了应对经济衰退也投入了前所未有的公共资金,但中国的生产盈余和国家领导人所表现出来的继续投资的意愿为其未来的发展提供了一个更为坚实的基础。

资本的全球化

盈余再投资的最佳标志就是国民储蓄率。储蓄是国民收入在满足基本消费需求后的积累。这些超越必要消费品的生产盈余使得国民们把自己的收入从储蓄转移到可贷资金市场上。如果这些可贷资金被重新用于投资、各种生产或者基础设施建设,那么国家的经济产能就会得到扩张。

当然,国民的储蓄并不必然与实际投资在刺激未来增长的生产设备、基础设施和创新等方面的资金等同。储蓄和投资市场(例如证券市场、风险投资基金或者银行储蓄账户)推动了消费的投资意愿和投资者的生产意愿之间的契合。这些消费者—投资者(consumer— investors)和投资者—生产者(investor—producers)在一个快速增长的市场里是充满活力的合作伙伴。

有趣的是,在现代资本全球化流动的过程中,消费者—投资者并不需要和那些播下了未来繁荣种子的投资者—生产者居住在一个国家里。尽管消费者从长远看能够获益于他们的投资,但获得了生产和基础设施方面投资的经济体能够获得最长远的利益。

增长的承诺和随之而来的强劲消费必定足以克服普通消费者关注现在而不是未来的自然倾向。经济学家逐渐认识到市场心理也是一个很重要的因素。

例如,一个经济体在主要债券市场发生震荡之前和之后并没有太大的区别,除了突然出现的市场恐慌和市场悲观之外。很明显,市场是一个经济体,但同时也是一个心理活动主体。投机泡沫中的盲目乐观及市场崩溃中的盲目悲观和沮丧所产生的心理力量对经济增长的发展和可持续性来说都是很重要的因素。建立在实体经济生产增长基础之上的持续和真实的经济增长能够提供足以促进持续投资和进一步经济增长的信心。

正反馈的反转

有时，投资者即使是在市场上存在着大量产能过剩和经济机会时也会保持悲观。例如，在一个严重的经济萧条的中期，有大量的失业和低就业人口以及生产资源处于闲置之中。尽管存在着利用这些闲置资源来获得利润的机会，但投资者对在一个处于衰退状态中的经济体进行投资往往还是抱有一种谨慎的态度。

这也是一个正反馈循环。经济衰退导致了悲观情绪，大量的资本外逃而不是投向生产。这种悲观情绪和资本外逃又导致了进一步的经济萎缩，从而进一步加剧了悲观情绪。正反馈可以双向运行。

在这样一个环境之中，被逼无奈的投资者可以迫使投资和生产方面发生某些转变。凯恩斯学派的经济学家们已经告诉我们，可以运用扩大政府开支的措施来应对经济衰退。

如果一个经济实体只能够给失业者们提供收入让他们进行消费，那么这种转变就只会部分发生。要想刺激更大规模的消费，就必须让生产者们的产品得到持续销售，而这些生产者们就会重新雇用更多的劳动者。一个正反馈循环可以被用于扭转经济萎缩，而这个经济萎缩正是由于另外一个正循环反馈所导致的。

那种希望导致一个有益的正反馈循环的想法需要运用公共资源来纠正市场失灵。这些公共资源必须在未来的某个时间以更高税收的方式予以偿还。但是，如果这种策略得以运用，国家将会拥有更多的盈余和财税收入来充实国库。

政府可以被视为一个长期性机构，这个机构能够克服普通投资者的短期或者短视决定。通过展望未来，一个机构可以为投资和经济增长创建基础，并且能够克服对消费和现状的偏见。

温和的影响

这种正反馈机制能够被各种不同的方法打乱。首先，如果没有足够的过剩产能来向投资者提供可以确保良好回报的“低垂果实”，就不足以产生一个可以促进储蓄和再投资的有吸引力的经济回报。

其次，消费者—投资者也不愿意冒与自己的投资不相称的风险。一个危险的投资环境（建立在外部经济威胁、投资者的悲观情绪、管制的不确定性或者新兴全球力量的基础之上）可以降低投资的预期回报和减少投资。

第三，一个为了在未来能够更多的消费而在现在勒紧裤腰带进行储蓄的人。普通人对现在和未来之间的关系有一种偏见，如果他们现在大肆消费的话，那必定要通过对未来的正回报承诺和未来的更大消费潜力进行补偿。

如果投资回报不够高或者存在较大的风险，消费者更愿意将注意力集中在消费而不是投资上。这种投资的缺乏会导致很强的消费品需求，但是从长期成本来看，这将有害于未来的经济增长。投资者—消费者必须通过当前的投资来决定当前的消费程度以及未来的消费程度。

现在与未来之间的权衡可以通过我们个人的储蓄和投资行为加以论证。理财专家们建议我们在年老时投资要更稳妥一些。这种通过较低风险的投资行为获得较低投资回报的决定是一个面对较短时间范围的自然反应。这种较低的回报也标志着未来消费的减少。当一个经济帝国变得更安全、更富裕、更具有短期导向并且更害怕未来的不确定性时，它就会采取更保守的投资决定，更少地储蓄但是更多地消费。

只有那些没有什么可以失去的人才会愿意进行一场赌博，把重心放在对未来的投资上。一旦某个国家变得更富裕时，它就会变得更具消费导向和更加依赖于消费，并且更加受消费者的驱动。一个到达了创新浪潮巅峰的新兴经济体所具备的活力和兴奋不会有助于消费主义和维持现状。

第四，由于盈余增长和一个经济体由生产导向转为消费导向，政府也会变得不热心推动新经济活动，而是更醉心于维持现状。政府的财政收入和支出逐渐增加，以至于在很多国家里政府部门已经成为了经济体中的最大部门。如果消费者—投资者们开始信奉消费主义而购买很多不必要的商品和服务，政府也就会变得具有消费者导向，不会重视经济发展所必需的基础设施投资。

如果政府的支出超出了政府的收入，他必然会在日益减少的可贷资金供应中争取越来越多的份额。当消费者的储蓄减少和投资更为保守时，政府发行的国库券会因为风险较低并且其回报不需要通过收益来偿付而是通过政府对子孙后代的征税能力来偿付而在借贷市场上占据主导地位。一个陷入了支出大于收入的困境并且关注于短期目标的政府会放弃动态投资和创新经济，并且会发现很难筹集资金和创造经济增长。

总而言之，我们对一个发展周期进行了考察。在这个发展周期中，最不发达国家不能维持经济增长；一旦正反馈循环运作可以增强基础设施和投资，新兴市场国家就会增长迅速；第一经济世界中的发达国家则因为自己从生产导向转为消费导向而保持一个长期稳定但是很平常的增长率。从下图我们可以看出，最不发达国家的经济增长率几乎为零，第二世界中最具活力的新兴经济体维持了10%～20%的两位数增长率，那些消费者导向的发达国家的经济增长率则为2%～3%：

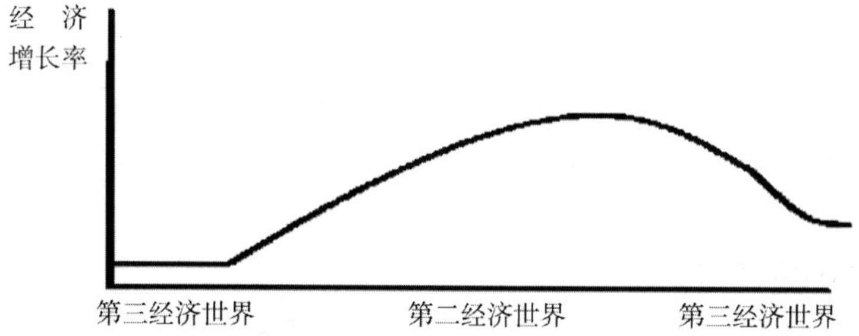

图八　不同发展阶段的增长率

平等先于效率

与此同时，经济学家们也观察到经济转向过程中出现的经济不平等现象。

一个长期处于贫困状态的国家中存在的不平等现象相对较少。在这个国家中可能存在着少数富人，但绝大部分民众处于贫困状态之中。从总体上看，不平等的现象相对较少。从经济上看，几乎所有的人都处于同等的悲惨境地。

另一方面，一个国家经济的迅猛发展并不意味着平均增长。英格兰的第一次工业革命创造了暴发户资本家阶层。美国的第二次工业革命中的奢华和富裕使得这一时期被贴上了“镀金时代”的标签。由于一个国家仍然会进一步发展，并且会采纳像民主和收入分配这样的该国以往不能承担的奢侈品，收入差距会再一次缩小。

诺贝尔经济学奖获得者西蒙·库兹涅茨(Simon Kuznets)观察到了这一现象。库兹涅茨在《经济增长与收入不平等》一书中指出，从以生存为导向的农业经济向工业经济的转向将使得那些最有活力的企业家获得差异化的报酬。这种经济的快速增长是以日益严重的收入不平等为代价的。

但是，由于经济增长是已确定的，并且劳动者们从低效率的农业部门转移到较高效率的工业部门，所以这些劳动者就有了更大的动力来投资于自己的人力资本。当劳动者通过教育或者进一步的现代化方式提升了自身价值后，他们具备了更高的技能并且能够赚取更多的盈余，于是收入不平等的情况就日益减缓了。

最终的调平器

由于一个国家达到了一种更加富裕和更加稳定的状态，日渐缩小的收入差距创造了一个庞大的中产阶级。随着民众的知识素养更为平均并且取得了一个更高层次的成功，一个不断发展的政府也开始迎合广大中产阶级对民主的需求。以往被民众视为奢侈品的收入平等、健康和环境变成了他们能够负担的生活必需品。

随着一个以中产阶级为中心的社会逐渐民主化以及中产阶级消费需求的重要性逐渐超越资本家阶层，2%～4%的经济增长伴随着人口的增长和生产效率的提高。这种现象是收益递减经济规律的一个必然结果。当一个国家经济成熟时和未开发的经济机会很少时，经济增长的速度就会下降。

悬而未决的大辩论

保持长期持续增长的关键是什么？这是一个仍然处于激烈争论之中的大难题，因为这场辩论的参与者们都有种不同的设想。

科学家们和民众们认为相当数量的生产是建立在固定生产要素使用的基础之上。这些要素包括土地、矿产、化石燃料和水，所有这些要素的供应都是固定的，并且随着人口和经济活动的增长而日渐枯竭。

他们对稀缺资源有限性的观察的真实性是毋庸置疑的。但是，他们对稀缺资源的枯竭后果过于悲观了。如果经济增长率为3%，这并不意味着所有资源正在以相同的增速被消耗。

我们可以用农作物的产量为例来进行说明。美国农业部估计农作物产量将从1950年的每英亩40蒲式耳(bushel)提高到2030年的每英亩200蒲式耳以上。这种增长可以在不增加对我们最珍贵资源投入的条件下实现。

同样，美国农业部报道，尽管美国在1900年有41%的劳动力从事农业生产以满足该国7600万人口的食品需求，但在2000年只有1.9%的劳动力来满足该国29100万人口的食品需求。

农业生产效率的提升证明了另一个重要的原理。美国的国民生产已经从以工业制成品和农产品生产为重心转向以服务导向为主导。前任美国经济顾问委员会主席爱德华·拉齐尔(Edward Lazear)在2007年指出,服务业在美国出口中的份额已经从1840年的4%上升到77%。这些服务业部门属于劳动密集型,它们对那些在制造业生产中被广泛使用的固定生产要素的需求较低。但是,服务业较高的收入仍然允许城市劳动者们通过购买工业制成品和需要更多能源的方式来消耗大量的固定生产要素。

经济学家约瑟夫·熊彼特(Joseph Schumpeter)曾经通过事实来论证创新随着时间的推移在不断地发生。这种反复发生的创新周期使得一个经济体能够维持相应的增长。

经济学家保罗·罗默(Paul Romer)是一位现代熊彼特主义者,他为了证明熊彼特的观点而在美国最负盛名的斯坦福大学辞去了自己的职位。

罗默的注意力集中在不发达国家的模范城市和地区的创制上。他希望通过创建一个可以引导生产的制度来证明生产可以通过提高质量而不是提高产量的方法来获得增长。他坚信不断涌现的新观点或者创意可以持续推动社会前进,尤其是那些因为缺乏高效的引导生产的机构而陷入困境的贫困国家。

那种认为地球资源的枯竭将约束经济发展的观点忽略了生产效率提高这样一个因素。批评者们指出,这种效率的提升最终必然导致收益递减,除非突然出现一种几乎是无限的能源,例如热核聚变。强化经济管理的呼声仍然很强大,关键之处应当是何时和如何管理,而不是该不该管理。

尽管这个经验观察的结果可能与那些最关心地球资源枯竭情况的人的观点不符,但全球发展的稳定模式已经证明了这个结果的可靠性。但是,尽管我们希望整个社会要注重对创新研究的投资,但还是有少数人希望将自己的未来押在通过日益高效的资源消耗所推动的稳定而引人注目的生产增长之上。

强盛的果实成为衰亡的种子

发展周期是制度形成的自然结果，首先是规模收益递增，紧随其后的是规模收益递减和规模报酬递减、生产和制度的民主化以及消费主义的高涨。那种认为引人注目的经济增长（在新兴经济体中已经得到了证明）能够永久持续的观点是愚蠢的。那种由正反馈循环而引起的经济增长并不是无限的。

正反馈循环是因为更多的生产导致更多的盈余而引起的。如果盈余的持有者对增长的持续性有足够的信心，那么这些盈余将会被重新投资到未来经济能力中去，从而推动进一步的经济增长。

这种正反馈循环关键取决于盈余持有者的再投资意愿。当盈余被集中在那些几乎所有需求都已经被满足的人手中时，这些人就会将自己的盈余再投资到更高的未来生产能力中去。

但是，一旦这些盈余被一个庞大的中产阶级掌握时，那么几乎所有的中产阶级都会试图提高自己的消费水准。

最终，正反馈循环能够自我反转。国家的更加富裕导致储蓄和投资下降，一个规模不断扩大的政府也开始超越效率和短期目标而将关注点放在平等上。这种储蓄衰减和可贷资金消耗殆尽的结果导致金融资本逃往别处。

幸运的是，对新兴国家来说，金融资本是流动的，而且能够很容易地流动到一个重视生产、拥有良好的职业道德并且愿意保护财产和投资的国家中。不幸的是，对一个经济帝国来说，这种让一个国家取得引人注目的增长和到达经济实力巅峰的正反馈循环经常会以一台巨大的经济调平器的方式被反转。

第十二章
依赖经济学

“恕我冒昧，从内战中解脱出来的美国正在跨过大洋对英国形成挑战，如果英国还想保持以往殖民贸易中的优势地位，它就必须觉醒。”（英王乔治五世，1865—1936 年）

当一个经济帝国到达自己的巅峰，并且将重心从生产转向消费时，进一步的增长就必须依赖于效率提升和人口增长这两者的结合。

曾经有一段时间里人口增长与经济增长同步。在一个经济帝国成熟和能够为所有人提供社会福利之前，这个大家庭对经济安全的需求是必需的。不断增长的人口也可以为一个渴求资源的工业部门提供服务。

但是，随着国家变得富裕，它在消费模式上会发生转向。马斯洛所界定的层次较低的对住房和食品的需求很容易被满足，并且人口增长不再被视为一条通往繁荣的道路。此外，一个新兴的帝国认识到人口增长加速了自己的经济崛起。

一个已经取得成功的经济帝国会反过来寻求保护自己的边界。移民到该国变得更加困难。越来越多的城市居民开始倾向于组成较小的家庭

(这种家庭更有助于集中和保持他们的丰富资源)而不是较大的家庭(这种家庭支撑了农业经济)。

在这一点上,一个经济帝国的视野必须超越本国那个成熟市场的边界。新殖民主义对于创建和控制海外市场(同时不向潜在移民开放边界)有着艰巨和不一致的目标。

殖民主义之所以能够在第一次工业革命时期取得成功主要是因为有军事实力作为实现目标的手段。跨越国界和大洲的全球供应链条使得建立在武力基础上的殖民主义过时了。这些日益增长的自由的供应链条同国际条约结合在一起,使经济帝国失去了以前享受过的诸多利益。

新殖民主义和帝国创建

某些人认为一些帝国中仍然留存着新殖民主义的某些痕迹。确实,美国、法国、英国和前苏联被指责以武力为后盾将殖民主义作为创建帝国的工具。

但是,要想使政府还将武力视为经济扩张的一种手段已经不太可能。更有可能出现的是下面这样一种趋势,即公司迫使政府通过运用国家机器来支持它们的产业政策。新殖民主义的根源就在于跨国公司们的全球策略。

例如,尽管海地离美国很近而且曾经是美国人心目中的旅游天堂,但它现在仍然是西半球最贫穷的国家。海地与多米尼加共和国(Dominican Republic)共居一个海岛,但美国联邦调查局 2008 年的一份报告指出,海地的人均收入只有其邻居多米尼加共和国的 15.9%。

与多米尼加共和国相比,海地缺乏公共和商业基础设施以及一个强大和坚实的政治法律体制。海地还受到美国这个邻近经济帝国的故意忽视,主要原因就是为了保护跨国公司的利益。

海地并不是唯一一个能够生动说明某个经济体对公司利益的追求重于对国家直接利益追求的例子。在一个被国家作为经济增长手段的自由投资时期里，由直接国家干涉转向反映公司利益是一个很自然的结果。《纽约时报》(The New York Times)曾经对让·贝特朗·阿里斯蒂德(Jean－Bertrand Aristide)这位试图推翻杜瓦利埃(Duvalier)家族对海地的长期统治的民粹主义改革家的政治悲剧做过报道：

罗伯特·马奎尔(Robert Maguire)这位批评美国的政策根本不涉及海地穷人的海地学者指出："阿里斯蒂德在海地引起了一场信仰转变，一场向民粹主义的转变。很快，他就被海地的强权势力视为一种危险。"

阿里斯蒂德呼吁征收营业税，提高最低工资标准，并且对美国在海地的影响力进行挑战。克里斯托弗·多德(Christopher Dodd)在接受《纽约时报》的采访时就乔治·W. 布什(George W. Bush)总统及其父亲乔治·布什(George Bush)总统的海地政策指出："我们在海地这个国家拥有诸多利益，而阿里斯蒂德正在对这些利益形成威胁。"

主权国家的领导人们已经不再致力于保持军事实力的优势。而且，更高层次的意识形态和经济原则被视为对主权国家进行干预的原因。帝国们很少再运用武力和地理优势。相反，经济帝国们会对本国公司的跨国利益进行保护。

市场失灵

全球帝国的创建过程中所产生的经济效率低下情况可能比通过其他方式来扩张自己的主权范围所产生的经济低下情况更严重。

为了对此进行说明，让我们将以经济联盟的方式扩张和以经济主宰的方式扩张进行比较。

欧洲经济联盟(The European Economic Union)当初是作为一个经济共同体而被创建的，尽管它现在也像追求经济协调一样追求社会协调。欧盟的所有成员国在商议和决定它们共同的经济政策时都有自己的代表到场。这些政策都被设计为用来推动所有成员国的利益发展，尽管某些政策会对某些成员国有利，对其他成员国不利。

在这个经济联盟参与体制中，任何成员国都可以退出联盟，如果一个成员国认为联盟成员资格所带来的不利已经超过了该资格所带来的利益。所有成员国在制定政策上的权力是相同的，并且该经济联盟的目标是使这个体制中的最大经济效率被挤榨出来。

与这种松散联盟形成鲜明对比的是由一个经济大国及其关联经济体组成的模式。让我们假设一下某个国家的力量仅仅被设计为提升一个在关联经济体开展业务的本国公司的利益。前述克里斯托弗·多德的话使我们了解了这些经济利益是如何得以实现的。

那些把自己的触角延伸到关联经济体的公司很明显是要为自己的产品创建一个潜在市场。但是，在关联经济体开办工厂的主要优势就在于能够生产出更低成本的产品，而这些产品最终会被提供给经济帝国。如果这个国家变得与经济帝国一样富裕，则工人工资就会太高，那就还不如在经济帝国本国进行生产。反而言之，经济帝国的公司只会在那些具有某些运输或者国内市场优势的国家开办工厂。

更进一步来说，在一个关联国家进行离岸生产的优势在于较低的要素成本（主要是劳动力成本）和经济不平衡。

游移不定的平衡

离岸生产的成本优势会随着时间的推移而变弱。确实，这就是市场发挥了作用。通过在关联经济体创造了新的经济活动，工人有了收入，购买力也增加了，转而促进了相关行业工作机会的增多。经济学家将这种放大初始利益的现象称为乘数效应（multiplier effect）。

例如，如果一个公司设置在另外一个国家，它会创造出一些直接就业机会。它还将产生对其他必要生产要素的需求，而这些生产要素最好是由本地进行供应。一个纺织厂会雇佣工人，并且会为相关行业创造出就业机会，这些工作包括织布或者染布、棉花种植或者为最终产品的运输制造箱子。这个新工厂所创造的间接就业有时可以和它创造的直接就业一样多。

此外，来自于直接就业或者间接就业的收入还会刺激一些第三产业活动，这些活动所提供的产品或者服务包括烘焙师、教师和房屋建筑工人等，它们都是一个发展中经济体所需要的。

当然，这恰恰说明了一个经济体是如何发展壮大的。只要在本地经济中存在着充足的产能过剩，并且只要由此所产生的新工作比它所取代的旧工作具有更高的质量，经济就会增长。

单一作物农业把糖放到我们的茶中

这种伴随着某些技术转移和最佳实践的经济发展最终将创造出一个切实可行的产品市场。在这种情况下，在海外发展和在国内发展并没有什么区别。成功都是来之不易的，竞争非常激烈，利润率也不是很高。

但是，如果一个公司能够保持自己的买方垄断权，就会产生更多的利润。为了达到这一目的，就必须要阻止外围地带经济体的经济发展。当外围地带经济体中的工人工资和其他要素成本能够被保持在较低水平时，宗主国就可以赚取更多的利润。而如果宗主国能够在两个处于相同情况的外围地带国家或者公司之间挑起竞争，则它的利润会更高。

我们在前面的章节中曾经对这种买方垄断模式进行过论述。为了保持要素的价格处于较低水平，一个公司必须对要素所有者的经济力量进行限制。现代公司可以通过运用一系列策略来达到这一目的。它们可以通过维持低水平的工资来使得利润处于高水平。这种策略同时也会带来减少后续就业机会和降低外围地带经济体的经济多元性的后果。

一项私人利益最优的企业策略也将会使得一个企业通过尽可能从其他经济体(包括其母国)提供其他生产要素的方式来减少由此所产生的工作。例如，可口可乐公司(Coca Cola)可以坚持所有的原浆都必须由美国国内提供。一个纺织品公司可以确保所有的棉花都来自于另外一个国家。相反，一个电子装配厂可以将在其他不同国家制造出来的零件组装起来。为了做到这一点，这家公司必须尽可能保证其位于外围地带经济体的工厂对母国公司的依赖性，并且尽可能为了母国公司的利润而生产。

当然，一个企业可以在整个生产环节负责某个细小部分的国家运用同样的策略。通过在两个外围地带经济体培育两个离岸工厂（这两个工厂在生产环节中负责的部分都相同），母国的公司可以在这两个工厂之间创造一种竞争，从而有助于保持低成本。

这种策略同样在母国被广泛运用。一个母国可能拥有许多州，这些州往往会为了争取到一个将要雇佣许多本地居民的工厂而彼此竞争。某个州或者本地政府会提供税收优惠、便宜的土地、基础设施、铁路线甚至是对工会进行限制的法律，所有这些努力都是为了吸引这个企业在当地落户。

一旦这些州或者地方政府所赋予的优惠政策到期，公司就会另寻他处。这种渴求工作机会的小城市对大企业的依赖性丝毫不亚于某些发展中国家对离岸工厂的依赖性。

这种流回到母国公司的专营利润也会阻碍外围地带经济体的财富积累。

值得注意的是这些策略在那些发展健全的国家里并不一定有效。这些策略并不是什么阴谋诡计，它只是利用了经济力量、财富、多样化和发达程度的不对称来获取利润。这些策略只不过是经济理论的结果。经济帝国有时会鼓励（至少是不限制）这种经济策略。

无谓损失

这些垄断策略能够压制整体经济对劳动力的需求，并且使得处于买方垄断地位的雇主将工人的工资水平保持在低位。但是，这些垄断政策因为其产生了无谓损失而与良好的公共政策相悖。

公共政策对垄断利润形成了威胁，其中包括有助于外围地带经济体的多样性、提高工人工资和征收营业税。所有这些措施都将降低垄断行为的利润，并且能够制止某些奢侈行为。

只有那些相互制衡的力量或者广泛的管制才能够平息这种垄断潮流。单个公司或者帝国非常愿意维持它们内部利益中的权力失衡。这并不是一个道德问题——它只不过是一个为了使股东财富最大化的企业策略。

这种失衡经常遭遇政府的管制。反托拉斯法、有权组织工会的法律、专利保护的限制和其他政策都是为了提高一个国家的竞争和减少无谓损失而被设计出来的。但是，这些法律对母国公司的离岸工厂并没有管辖权。因此，外围地带国家的国内法也必须与时俱进。

这种更多的利益会寻求某种经济或者政治响应。例如寻租这种现象就是为了维持那种能够提高利润的权力失衡而出现的，它也产生了同样的无谓损失，这一点我们在前面已经论述过了。

经济发展可能是一个缓慢的过程。外围地带国家经常陷于对就业机会的渴求之中，即使这些工作受到了母国公司企业策略的精心控制和限制。这些就业机会一定优于当前的工作。否则，这个公司不可能取得成功。

但是，除非一个外围地带国家能够将不断增加的财富投入到能够促进快速发展和多样性的经济基础设施中去，否则它就很难对自己在跨国公司策略中的地位进行重新定义。特别是在某些跨国公司将自己的部分利润用于收买某些当地政治家的情况下。

甚至是贸易协议也能够维持这种不平衡。通过两个相关国家之间不平等的贸易协议，外围地带国家和（中心地带之外的）其他国家之间的贸易在某种相对的基础上被限制了。

另一方面，自由和公平的贸易协议（这些协议能够保护工作环境和童工）、国际合同法、有利于环境保护的公约以及要求成员国尊重知识产权的条约都能够为经济发展创造良好的环境。但是，上述这些文件有时也会对那些流回到经济帝国的利润进行特殊保护。

强盛的果实成为衰亡的种子

经济学理论长久以来就认识到利润会流向那些具有较大经济力量的经济体。那些组织良好而先进的公司可以应用一系列公司策略来维持甚至是增强自己的经济力量。尽管国家的政策为了达成一个健全的国内公共政策体系有时可能会试图抑制国内爆发的经济力量不平衡，但这并不能阻止那些跨国公司跨越国界来开拓这种不平衡。

那些来自于某个经济帝国的公司们可以应用一系列工具。为了避免经济帝国最低工资法律或者组织工会法律的法律管辖权，这些跨国公司利用外围地带国家本国的生产要素或者来自于其他海外子公司的生产要素进行生产，并且将在海外获得的利润带回本国，这些方法都能够被用来维持经济帝国的经济力量。

在一定程度上，某个经济帝国可能会为了维持这种关系而与跨国公司相互勾结。尽管现在经济帝国已经很少运用军事力量来达到这一目的了，但它还是能够运用其他更为微妙的方法来帮助那些总部位于本国的跨国公司维持经济力量。

只有一个最有远见的政治制度才可能抑制这种进行经济寻租的自然意图。但这些努力同时还必须克服跨国公司们通过政治游说来创建一个友好的贸易气候的自然倾向。只有一个最深思熟虑的政治制度才可能采取一种最佳的经济发展模式，并且把经济活动投入到更高的多样化和日益增长的独立性中去。

但是，由于越来越多的国家达到了那种要求它们在其他地方寻找可供持续增长的资源的发展水平，发展中国家会发现自己有了更多的追求者。就如同发达国家认识到拥有一个经过良好教育的中产阶级的国家能够使权力结构达到平衡一样，发展中国家现在也认识到了这一点。

新兴国家力求加入富裕国家俱乐部的行为与这些富裕国家当初的行为之间同样并没有什么不同。经济帝国试图将自己的标准强加于新兴国家的难度日益加大。

尽管某个国家能够创建一种法治环境(这种法治环境对培育和促进可持续的经济增长是必需的),但最大的不同在于创建了这些相同原则的国际公约很难被新兴国家所接受。这种不同发展阶段的国家对价值和问题的解决方案都有不同的看法,而这些不同看法很难在国际公约中达成一致。

一个经济帝国纠结于两种力量的撕扯之中。随着帝国的发展,帝国中的公司通过自己的跨国策略而不断培育和维持自己的垄断或者独家买断力量。这些策略有利于经济帝国。但是,一个帝国不可能独自成长。这些策略起初可能会促进他国的经济发展,但随后就会降低他国的经济发展。一个经济帝国在一个国家共同体中的成员资格要求它必须追求国际合作而不是保有一种国际家庭中的家长作风。良好的国际公民与产生经济帝国的力量之间是相互冲突的。

第四编

新兴国家

到20世纪60年代,美国这个经济帝国正在逐渐达到其新重商主义的巅峰。它已经征服了太空,并且已经成为全球贸易的中心。但是,它的地位在20世纪70年代受到了来自于国内外的挑战。20世纪70年代是一个欧佩克石油危机和欧洲美元的年代,大量的财富流往美国之外,这主要是因为不断上涨的石油价格,也是因为日本制造业的崛起。

与此同时,其他一些国家很不情愿购买美国的产品,因为这些产品已经落后于日本的创新产品了。美国开始认识到重商主义的局限性了。这迫使尼克松这位不受大众欢迎的美国总统开始调整美国的自由贸易政策和开启同中国的交往之门,而中国很快就要成为下一个经济帝国了。美国由无可争议的全球技术中枢转变为从其他国家购买技术的国家的速度非常之快。我们接下来将论述为什么在一个全球化的环境中一个经济帝国的创新不可能被长久维持。

第十三章
技术转移

“授之以鱼，不如授之以渔”（中国古谚）

在印刷术及其带来的文字民主化之前，信息是一种被统治集团牢牢把持的权力。一门共同的语言、能够阅读和书写的能力以及能够像运输人和货物那样迅速地传输思想的传播系统，意味着思想和发明不可能再被统治集团牢牢把持了。信息的民主化具有重要的意义。

我们在前面已经论述过一个经济帝国为了维持自己的经济力量而使用的手段往往与垄断或者买方垄断企业使用的手段相同。这导致技术转移不可避免地成为平衡经济帝国与新兴国家之间的力量的重要调平器。尽管垄断或者买方垄断企业为维持自己的经济力量而进行的种种努力并不是什么新鲜事，但技术创新还是不可避免地和迅速地导致了技术转移。

这种迅速和前所未有的技术转移意味着一个国家的经济优势将越来越短暂。

最佳范例

技术本身能够成为一种维持经济力量的手段。“技术”这个词意味着某种能够被公司用于维持其经济力量的手段。经济学家们用“技术”这个词来描述某种体制。在这种体制之中，各种投入(即生产要素)以一种特殊的方法糅合在一起，从而能够高效地生产出产品。某些“技术”可能是某个公司在自己的生产过程中应用的独一无二的体制。这种技术可能涉及某个公司的专有供应链，这个供应链能够在全世界范围内在正确的时间和正确的地点将商品和服务运送到生产过程中的每一个环节。

这种技术也可能涉及某种被用来生产产品的专有机器或者像肯德基(KFC)或者可口可乐这样的公司用于制造自己的食品和饮料的秘密配方。

确实，相对于某个公司所在的产品市场而言，这些技术和体制应该能够更准确地界定这个公司。例如，沃尔玛(Wal－Mart)在2008年成为世界上最大的公司。沃尔玛在2009年的营业额超过了4000亿美元，这个数字足以让该公司在全球国内生产总值排行榜上位居第26位。但是，尽管绝大多数人都认为沃尔玛是一个零售公司，但还是有某些人坚持认为沃尔玛是一个拥有令人难以置信的复杂系统的物流公司。这套系统确保商品能够快捷地到达沃尔玛的各个门店，从而使沃尔玛能够拥有不可取代的竞争优势。

某些人指出沃尔玛公司之所以能够拥有优越的市场力量是因为这套快捷的物流系统使沃尔玛能够从其供应商那里获得其竞争对手无法获得的买方垄断优惠。沃尔玛的这套系统在全世界竞争最激烈的市场上购买商品和服务，并且以最快的速度将这些商品和服务运送到一个消费者导向的国家，从而使自己成为世界上最赚钱的公司。

沃尔玛的某些优势来源于其供应链系统，而这条供应链系统可能会被其他先进的物流供应者们所复制。其他买家同样也在那些让沃尔玛获利丰厚的新兴国家里建立了复杂的购买关系。确实，其他公司也可能以同样的效率销售自己的产品。但是，没有任何一家其他的公司能够像沃尔玛那样进行令人难以置信的大规模采购，这种大规模采购使得沃尔玛在批发市场上形成一个自然的买方垄断，并且在零售市场上具有自然的垄断力量。

因此，可能有某家公司能够复制沃尔玛的系统。但是，如果不同时对沃尔玛的采购规模和随之而来的市场影响力进行复制，任何一家公司都不能够成功地挑战沃尔玛。

一种自然垄断

经济学家们将某个公司在不实施一个(人为地维持其经济力量的)策略的情况下就可以维持一种垄断状态和获取垄断利润的情形称为自然垄断。在某些情况下，沃尔玛的系统和规模是发掘和维持其利润的竞争利器。

如果说沃尔玛是靠其专有供应链条技术来维持其经济力量的，那么其他一些公司是通过发明创新、一种独一无二生产要素的所有权或者一个独一无二的市场推广力度来获得经济力量的。

例如，美国就曾经推进过国家氦储备(National Helium Reserve)计划，该计划使得美国在氦领域获得了全球垄断地位。苹果公司(Apple)通过不断发明出 IPhone、IPod 和 IPad 这样的新产品来维持自己的垄断。像卡尔文・克莱恩(Calvin Klein)和苹果这样的公司则因为其领导人的人格魅力而获得了某种垄断力量。

这些都是自然垄断的鲜活例子，这种自然垄断给某些非常稀缺和高价值的生产要素赋予了租金。另外一些垄断则通过某些不高尚的手段来维持。这些不高尚的手段包括抵制竞争对手、与自己的竞争对手相勾结、购买那些有可能威胁到自己垄断力量的专利并将其隐藏不用或者在劳动合同中限定工人不得结社与雇主进行斗争等。

上述这些人为策略都是依赖于限制竞争策略而不是技术发明来作为

自己的武器。实际上,自然垄断企业没有必要应用这些人为策略来获得自己的垄断利益。

某种保护

这些(通过发明或者创新而导致的)自然垄断企业具有一个重要的垄断利润和经济力量源泉。但是,尽管这些企业的系统日益先进,但也在逐渐变得越来越容易被复制和模仿。正所谓成也技术,败也技术。

有一种名为“反向工程”(Reverse Engineering)的程序就可以达到这一效果。如果一个复制的生产程序被称为黑箱(black box),即输入转变为输出的过程是不透明的,这个转变过程可以通过观察输出黑箱之外的事物来被“反向工程”。一个反向工程能够随后模仿出这个程序,这种模仿既可能与原始设计者的方案相同,也可能是一个比原始设计更有效的新方案。

这种对复杂过程进行模仿或者反向工程的能力随着生产机器、工具和软件的日益先进而不断增强。反向工程给那些大型的复杂程序造成了更多的困难。

这种再发明正在变得更加普遍,这主要是因为富裕的经济帝国必须依赖于新兴国家公民的知识能力。

当爱因斯坦(Einstein)在 1905 年构建出相对论时,据说当时全世界只有极少数物理学家懂得这一理论。爱因斯坦生活在一个人类知识能力的范围非常狭小的年代。很少有人和爱因斯坦一样站在知识的前沿,因而也就很少有人能够了解爱因斯坦的相对论。

现在,人类知识能力的范围变得越来越广,越来越多的科学家和工程师正在进行最前沿的研究。再没有人能够像爱因斯坦那样独自进行科学研究工作。确实,知识的进步常常需要大团队、大预算和大机构。在民间个人通过发明和创新来解释科学秘密的活动变得很稀有。一个高度机密的研究机构和实验室能够带来竞争优势,但这种竞争优势往往只能够延续几个月，最多也就延续几年。

即使是一项能够成功获得专利权的创新也仅仅只能在20年的期限之内宣称自己的垄断权力。这种等同原则（the doctrine of equivalents）的保护也被应用于以基本相同的手段实现基本相同的功能并产生了基本相同的效果的相似程序上。但是，专利保护也需要对专利技术或产品的信息进行详细公开，这赋予了竞争对手们一个让自己的方案有别于专利技术或产品的机会。

这种专利保护机制在激励创新与一个发展中的经济体享受这种创新的成果之间达成了平衡，发明者及每一个人都可以因为这些创新而获益。专利公开制度则播下让垄断力量稍纵即逝的种子。

爱因斯坦和爱迪生

现在的经济文明已经过于复杂以至于不能再像以前那样能够依赖于爱因斯坦或者爱迪生的单枪匹马式创新而进行发展了。在一个世纪以前那个较为简单的时代里，爱因斯坦因为怀疑自己能够在大学里学到什么东西而闻名。爱迪生这位人类历史上最伟大的发明家（他在1869年至1933年间以自己的名义获得了1093项专利）甚至没有接受过正规的学校教育。

现在，绝大多数重大创新都被企业、实验室或者大学所拥有，并且都是日益专业化的研究和教育的成果。复杂的体制和设备需要日益复杂的研究和开发设施。

尽管这种复杂性可能会导致更多的独占性研究，但这种日益增加的复杂性是一个自然调平器。

今天，那些开发出了新的开拓性产品的科学家和工程师正在通过一个高度发达的教育网络来锻造自我。这个拥有高质量科学和技术方案的网络在主要研究型大学里已经成为许多创新者的标志。

大学是一个生产和传播知识与创新的企业。为了做到这一点，大学就必须吸引全世界最优秀和最聪明的学者。最成功的大学必须具备全球资源。那些能够最好地培育基础研究并且将其转化为成功产品的国家将很有可能成为经济帝国。

一个帝国只有吸引和保有全世界最具才智的头脑才能获得一个稳定的创新浪潮。但是,它不能阻止其他国家也发展高质量的大学、研究实验室和生产设施。它同样也不能阻止那些学者们连同自己头脑中的所有知识产权从一个暮气沉沉的经济帝国返回自己的祖国。

第一经济世界正在对第二经济世界的公民们进行教育。这些新兴国家将更高质量的教育视为一条通往现代化和第一经济世界成员资格的知识道路。第一经济世界的教育向第二经济世界的输出是一个快速的加速融合过程。甚至连那些到第一经济世界求学的国际学生们在毕业之后也越来越多地返回自己的祖国,因为他们能够在祖国的快速经济发展过程中获得更多的机会。

互联网

这种知识的民主化现象在互联网上表现得尤为突出。现在,信息就在那些无所不在的有兴趣的学者和创新者的指尖。这种传播知识的能力几乎不需要成本,并且能够在瞬间做到在一代人之前只有少数梦想家才能够想到的事。现在的一代人认为很少有事物是被独占的,也没有什么事情是秘密的。由于信息的获得是如此容易,一个公司很难保有自己的秘密。

互联网还使得公司可以更有效率地进行国际联系,并且能够即时与身处公司内外的股东进行联系。它可以让媒体记者们相互进行快速地联系,也可以让任何人通过博客来与其他人分享自己的思想。

这种思想和知识的民主化是一场革命,它可以阻止某一个孤立的群体长时间地控制某种知识。它可以使任何一家公司在任何一个地方采购或者销售任何一种产品。一家公司没有必要再对某个发展中的市场在策略方面进行过多的投入。而且，现有的已经进入了成熟市场的公司们将不再拥有它们曾经享有过的优势。

例如，中国的创新家马云于 1999 年在杭州创建了阿里巴巴（Alibaba），这家公司的业务是以互联网为基础进行电子商务、在线零售、在线付款和数据及软件存储。在短短 10 年时间里，这家公司已经在全世界范围内拥有了几乎 5000 万注册用户。

中国对全球供应链的楔入程度可能已经超过了其他国家。中国通往全球市场的能力已经被其显著的增长速度所证明。据报道，中国在 2009 年的经济增长速度超过了 9%，其国内生产总值约为 46000 亿美元。与此同时，据世界银行在 2008 年估计，当年日本的国内生产总值约为 49000 亿美元。但世界银行在 2009 年又对这一数据进行了调整，将其下调了 6.6%。

让我们对中国的经济增长进行回顾。中国的国内生产总值在 1999 年约为 10830 八百三十亿美元，在全世界各国中位居第 7 位。美国的国内生产总值为 92160 亿美元，位居世界第一。在 10 年之内，中国的排名从第七位上升到第二位，国内生产总值达到 46000 亿美元，尽管美国仍然排名世界第一，其国内生产总值为 142610 亿美元。

在过去 10 年里，中美两国的名义增长比为 14.5%∶4.4%。如果持续保持这种增长速度，中国将在 2021 年底超越美国成为世界第一大经济体。中国 1991 年的国内生产总值位居世界前十名，它只用 30 年的时间就将成为世界第一大经济体。在这 30 年里，与中国的快速增长紧密相伴的是互联网和电子商务的迅猛发展。

后台办公室

一个正在迈向巅峰的经济帝国的居民们的抱怨之一就是帝国的发展果实被其他地方的人们分享了。削减成本的必要性、日益激烈的全球竞争和通过外包来维持利润使得将工作迁往帝国之外成为糟糕透顶但是又不得不进行的策略。

与此同时，那些使得帝国降低了自己成本的国家成为了帝国的技术蓄水池，而正是这些技术构建了这个经济帝国。爱尔兰和印度这样有着强大教育设施的英语国家在 20 世纪 90 年代满足了美国对于电话服务、软件编写和医学影像阅读等方面的需求。10 年之后，这些后台公司例如印度的印孚瑟斯（Infosys）和塔塔（TaTa）已经成为软件编写、财务软件和医疗诊断方面的世界领跑企业。这种技术转移是不可避免的。最终，新兴国家从这些新技术中所获得的利益是令人震惊的。

第十四章
经济模范是最由衷的赞美

“孔子认为我们可以通过三种方式来学习智慧:第一种方式是通过思考进行学习,这是最崇高的方式;第二种方式是通过模仿进行学习,这是最容易的方式;第三种方式是通过经验进行学习,这是最辛苦的方式。”(孔子,中国古代政治哲学家,公元前551—公元前479年)

正如一个国家不可能对创新和发明进行抑制一样,它也不可能阻止模仿者对其创新成果进行复制。企业不可能就一个经济或者贸易体制申请专利。正如人们可以自由地追求幸福一样,他们可以自由地追求任何创新,正是这些创新使他们的生活变得更为舒适或者使餐桌上的食物变得更为丰富。

同样,自由市场的扩展是不可避免的。随着一个更有效率和更能够激发积极性的经济体制在全球范围内的扩展,这个经济体制的早期采纳者所占有的优势正在逐渐被削弱。

经济思想流派的演变

经济思想流派与经济帝国的主导体制并道而行。当然，经济帝国的成功可以促使他国对其高效的经济体制进行模仿。在现代经济时期，第一个引发模仿潮流的经济体制是第一次工业革命时期的重商主义经济哲学。

重商主义源于资本主义模式的初步成功。这种资本主义模式出现于第一次工业革命之中，此时巨大的盈余产品和财富被集中到相对较少的资本所有者手中。这些巨大的财富常常被重新投入到其他一些企业中，并且导致了这样一种观念，即资本的供应（而不是国际贸易）是经济成功的基本要件。在一个崇尚武力的时代里，这些财富也可以被用于资助海军。这种资本积累理论作为经济发展的一种措施也会导致国家对贸易平衡的重视。这种重商主义的贸易平衡理论要求出口高于进口，这样金融资产（主要以金银形式表现）就能够被集中到帝国手中。

这种囤积硬通货的经济哲学作为经济发展的一种措施在第一次工业革命早期也导致贸易方面出现了某些不利的情况。鼓励出口（包括对殖民地的出口）和限制高价值商品的进口使得财富和资本集中在宗主国手中。这些资本使得宗主国可以负担一支强大的海军，并且有能力支撑一系列殖民扩张战争。

这种重商主义理论在文艺复兴时期欧洲的扩张过程中也发挥了重要作用。贸易路线的扩张和来源于贸易的财富资助了海军和战争。这种模式与罗马帝国和希腊帝国在其帝国创建时期所采用的模式并没有什么区别。宗主国对战利品的囤积并不是一个新概念，虽然这个概念可能已经被用于推动宗主国和新的外围地带之间的贸易发展。

如果说重商主义似乎是某种新事物的话，这可能是因为第一次工业革命对资本形成和财富集中的重视导致了对计算盈余和科学地创造盈余的热情。17 世纪的西班牙帝国和 18 世纪的大英帝国需要不断发现新资源、创建新市场（这对将财富集中到宗主国手中来说不是很难）和有利于帝国创建需求的新银行及金融机构。

当法国、英国、德国、西班牙和美国等进入19世纪时，国家在经济帝国创建中的作用仍然很强大。确实，美国宪法的签署人之一和美国第一任财政部长亚历山大·汉密尔顿(Alexander Hamilton)在他于1790年和1791年向国会提交的三个报告的基础上发展出了这样一项经济政策。

他的第一个报告是关于如何应对美国联邦政府在独立战争中所欠下的公共债务。他的第二个报告是关于在美国建立一个国家银行以促进政府财政和整个银行体系的发展。并且，汉密尔顿在他的第三个报告中呼吁政府应当在广泛经济成功所必需的基础设施创建中发挥强大的作用。

汉密尔顿正在尝试为一个新国家制订一个经济理论。重商主义(具有重视贸易逆差和不利的贸易条件以及将盈余转变为国内投资和生产的特点)是英格兰、西班牙、法国、意大利和荷兰的殖民主义模式存在的理由。这种殖民体制后来被资本主义和美国流派所代替，尽管这个肇始于镀金时代的转变过程延续了一个世纪才结束。

在这个转变过程中，前苏联对共产主义和重商主义进行了嫁接，而中国和日本则在自己的亚洲及最近的非洲势力范围内践行了重商主义。尽管现代重商主义已经不再试图将黄金集中在宗主国手中，但这种仍然被某些国家践行的发展经济学新模式建立在一个进口来自于外围地带国家的低价值资源商品和出口来自于宗主国的高价值制成品的贸易顺差基础之上。

重商主义的基础

重商主义和早期经济帝国创建理论之父是奥地利人菲利普·威廉·冯·霍尼克(Philipp Wilhelm von Hornick)。冯·霍尼克在1684年出版的《奥地利富强论》(Austria Over All, If She Only Will)一书中指出了通往经济帝国之路的九点计划：

1. 一国的土地应当全部用于农业、采矿业和制造业。

2. 一国的自然资源应当用于增值的国内制造业以集聚财富。

3. 一国的国民应当尽可能多地加入劳动力队伍。

4. 禁止一切黄金和白银的输出，把纸币当做国家的通用货币。

5. 不鼓励进口外国制成品。

6. 如果必须要进口，就应当用国内产品进行交换，而不是用黄金和白银进行交换。

7. 应当将进口限制在原材料领域，这样帝国就能够享受到将这些原材料加工成制成品而获得附加值盈余。

8. 如果国内可以制造某种产品，相同产品的进口就应当被禁止。

9. 帝国应当寻找一切机会将本国的制成品出口到其他国家，以此来换取黄金和白银。

这种经济哲学试图利用一切办法来寻求盈余和租金，尤其是在损害其他国家利益的情况下。它将贸易视为一个常和博弈，认为一个经济帝国如果以损害其他国家的利益为代价就可以得到最好的发展。该哲学的早期鼓吹者们忽略了这样一个问题，即如果同一时期的每一个经济帝国都依循这个发展模式的话，它们是不可能发展起来的。

确实，一个处于鼎盛时期的经济帝国并不担心竞争，并且将世界视为一个各方都能够得到发展的正和博弈。当一个帝国对经济发展形成威胁和响应那种回归保守主义和孤立主义的呼吁时，它就会陷入一种常和博弈或者至少是负和博弈(negative sum game)状态。

斯密学派的观点

重商主义的孤立主义和非对称原则遭到了很多批评。亚当·斯密就反对这种非对称原则。他还认为如果市场这只看不见的手不受到在民族主义情绪影响下而颁布的政府管制法规的干扰，市场的功能就会得到最好的发挥。他认为，就像水往低处流一样，政府管制施加的控制和配额只会鼓励黑市经济的发展。还有其他一些人对重商主义者们从其他国家手中攫取租金的动机提出了质疑。与斯密学派将贸易视为正和博弈相反，重商主义持有一种常和博弈的世界观。

英国哲学家大卫·休谟(David Hume)和约翰·洛克也认为市场能够自由地实现买家和卖家施加在商品之上的相对价值。后来，经济学家大卫·李嘉图(David Ricardo)对互利贸易(尤其是国际贸易层面)的成果进行了更为具体的讨论。他认为，自愿贸易对贸易双方都有利。这个结论揭示了将贸易视为一种常和博弈和寻租游戏的谬误。相反，贸易是一种对双方都有利的正和博弈。

最终，斯密学派来源于《国富论》的逻辑体系胜出了。亚当·斯密自由放任的贸易促进哲学和正和博弈观点在 19 世纪中叶引发了一场反对管制的运动，这场运动一直延续到今天。

美国的体制

镀金时代和第二次工业革命引发了一个新经济学流派。尽管这个流派在很多方面遵循了斯密学派的传统，但是这个自由市场的新学派也不得不放弃那种亚历山大·汉密尔顿于 19 世纪初在美国所鼓吹的美国学派的观点。这种新重商主义建立在这样一种观点的基础之上，即某些产业必须通过对特定商品征收选择性高关税的方式来获得保护。某些幼稚产业也要通过政府补贴的形式来进行经济鼓励。这些补贴(最著名的就是作为应对大萧条的一项措施而被实施)要经过几十年之后才被废除。

政府还通过对交通提供高效公共资金的模式来投资于经济基础设施。在 1801 年至 1813 年间担任美国财政部长的阿尔伯特·加勒廷(Albert Gallatin)曾经对一个遍及全美的铁路和运河网络进行了展望，这个网络能够为这个新兴国家实现贸易跨越，并且能够将自然资源由开发中的西部边疆运送到东部。

更早之前，汉密尔顿作为美国第一任财政部长(1789—1795 年)就已经呼吁建立一个能够为这些基础设施投资提供资本的国家银行。这些为自由市场提供经济基础设施的种种构想被认为是促进一个新国家繁荣昌盛的必由之路。

政府对经济基础设施进行培育和补贴的意愿和一个生机勃勃的第二次工业革命资本主义体制的结合形成了一种混合经济，这种混合经济被冀望能够实现重商主义和自由放任体制的最佳结合。确实，这种体制使得美国这样一个相对较新的国家能够在20世纪初在经济规模和影响力上超越英国。

经济学家亨利·凯里（Henry Carey）在其1868年出版的《利益和谐：农业、制造业和商业》（The Harmony of Interests: Agricultural, Manufacturing, and Commercial）一书中鼓吹经济繁荣可以通过创建一个和谐的无阶级的社会而得到最佳提升。尽管凯里的方法与约翰·斯图尔特·密尔相似，但他的观点建立在美国体制比英国体制相对强势的基础之上。他指出：

“世界以前存在着两种体制。一种体制着眼于增强贸易的必要性；另外一种体制着眼于增强力量来维持贸易。一种体制着眼于压榨印度人，并且希望将世界上其他人降低到印度人的水平；另外一种体制则着眼于将所有人的标准提高到我们的水平。一种体制着眼于贫困、无知、人口减少和野蛮；另一种体制着眼于增加财富、舒适、智慧、联合行动和文明。一种体制寻求普遍的战争；另外一种体制则寻求普遍的和平。一种体制是英国体制，另外一种体制我们可以自豪地称之为美国体制，因为这是唯一一种为了使世界上所有人的状况达到平等而设计的体制。”

凯里的思想对林肯总统产生了重要影响。林肯总统大幅度提升关税，对美国的铁路建设进行补贴，并且把货币重心从金银硬通货转向法定货币。

尽管这个进化的新重商主义路径呼吁增强经济基础设施和保护幼稚产业，但它在目的和方法上与工业革命时代的每一个帝国所宣传的政策并没有什么不同。这种建立在以邻为壑哲学基础之上的体制不可能为一个全球化经济提供一个逻辑一致的基础。

但是，对一个政府大力支持基础设施和关税，甚至在某些情况下对制造业进行直接补贴的混合体制的信仰通过富兰克林·罗斯福总统应对大萧条的方案得以延续。这种新重商主义路径在汉密尔顿提出奠定美国学派的三个报告之后100多年的时间里一直盛行着。

新美国体制

于1969年至1974年间担任美国总统的理查德·尼克松（Richard Nixon）最终通过大幅度减低美国关税和大胆地融入自由市场制度而疏远了重商主义。他对关税和贸易总协定（General Agreement on Tariff and Trade，简称GATT）“肯尼迪回合”[①]的贯彻实施很好地满足了美国经济在20世纪后20多年里不断变化的需求。

一旦抛弃关税保护和采纳了相对不受政府管制侵扰的自由市场原则，美国体制就拥抱了亚当·斯密早在200年前就已经提出的这项原则。

新美国体制与为保护劳工或者使较小经济体免受自由市场美国强大力量摧毁而设计的欧洲模式相反。欧洲模式要求较多的管制，而新美国体制则要求政府应当尽量减少对市场的干涉。欧洲模式为劳工和劳工团体提供了更多的保护。与此同时，美国的许多州宣布自己为“劳动权利法”（right－to－work laws）州[②]，从而在美国掀起了一场对美国锈带（The Rust Belt）[③]地区的工会化企业进行打击的运动。

如果说这个新美国模式对亨利·凯里的对普通人进行提升从而使他能够实现美国梦的哲学进行了歌颂，那么它还抓住了一个所有人都赞同的目标。在利润将被同样地授予管理层和劳工的假设之下，这个新美国模式的重点在于盈利的企业。对利润的重视也将确保公司努力通过创新来增加收入和通过不断提高经济效率来减少成本。任何一种方法都使得

---

① 2012－051－008

② 2012－051－008

③ 2012－051－008

竞争力得到增强，并且这种竞争力的增强也将最终有利于那些生产产品的企业。

这个重视利润、效率和竞争力的新美国模式的一个巨大优势在于它很简单。一种建立在水涨船高假设基础之上的思想意识已经成为全球化进程中的主流模式。确实，伴随着无数国家议程的全球化进程将会迷失于它缠绕在其他任何一个体制上的责任之中。全球文化具有太多的多样性，并且全球供应链具有非常无情的效率，这些都导致了任何更细微或更复杂模式的茁壮成长。

这个新美国模式被指控一味追求利润而践踏了公民和劳动者的权利、国家主权和生活质量。正如我们将在后面所论述的那样，这些问题应当受到关注。

文化规范的作用

国家必须在参与全球经济体制的过程中表明自己的文化和社会需求。国家还必须对一系列消费重点进行应付，这些消费重点是全球经济模式在一个富裕年代的必然产物。但是，与殖民主义和帝国主义不同，有些人会错误地宣传这种新全球体制是经济帝国们的一个阴谋。而且，还有人认为新兴经济体们正在遭受与以往那种殖民主义和帝国主义类似的剥削。恰恰相反，这个新全球经济体制已经演化成为应对全球化进程中所暴露的文化冲突的一种途径。企业们已经学会通过将大家的焦点集中在利润之上来与其他人进行获利性贸易。但是，大家还没有就其他一些影响贸易条件的假设达成共识。为了对一个新的全球化进行界定，我们必须把关税和贸易总协定、联合国的一系列决议、双边和地区条约以及主权国家的法律综合起来。全球化还必须对其他国家和其他人群的目标进行关注。这看起来似乎是在设想一个比利润原则更崇高的全球经济团结原则。我们将在后面的章节中对国家间竞争观念的紧张状态进行讲述。

与此同时，擅长于使股东价值最大化的美国商业模式已经成为了全球主导商业模式。筹集大量资金（往往通过美国证券市场或者那些模仿美国市场原则而建立的证券市场来进行）的必要性已经迫使大型上市公司都像美国企业那样进行运作。正是这种通过筹集金融资本来推动全球扩张的非常必要性导致美国模式被推广到全世界。

连带外部效应

这种美国模式在全世界的扩张毫无疑问应当归功于美国这个经济帝国的非凡成就。美国的帝国地位意味着它的金融市场规则已经成为全世界模仿者们约定俗成的标准。美国模式的扩张就是通过成功孕育成功来进行的。其中的一条道路就是通过一种连带外部效应来进行的。

对连带效应的分析是借用于系统工程。用经济学家们的话来说，当一个人的需求直接受到其他消费者购买决定的影响时，就有了连带外部效应。连带外部效应可以是正外部性，也可以是负外部性。[①]

由网络的建设和发展所赋予的诸多经济优势在互联网创新的社交网站 Facebook 和面向企业的社交网站 LinkedIn 中得到了体现。同样着眼于在线信息交换的网络形式还包括博客和像 Monster. com 这样的在线就业网站等。

这些知识和专业化交换市场的现代版本只不过是 20 世纪和 21 世纪贸易交流的最新表现形式而已。例如，股票、债券和商品期货合约等形式长期以来就被用于满足证券买家和卖家的要求。这些最初以电话、电报和自动记录纸等形式表现出来的网络现在已经随着拥有即时传播能力的互联网而发展得更为复杂和先进。

与此同时，现代网络的非个人特质导致了信息的民主化和标准化。尽管股票的交易已经变得更为容易和更具可预测性，但它还是对股票的包装和交易强制性施加了一些特定规则。由于在一个更广阔市场的创建

---

① 2012－051－008

过程中参与者的多样性是在不断增加的，这迫使这些网络采纳简化和统一的目标。更广阔的企业目标可能更适用于一个紧凑或者所有权更严密的上市公司。但是，一旦一家公司被列入了公开交易名单，这家公司所具有的神秘感就会消失。相反，我们必须对信息碎片予以必要的关注，这些信息碎片很容易通过网络拼合在一起。

这种网络效应可能在增加流动性和提高股票价格方面具有正外部性，但也可能会在因为一个统一和容易沟通的企业目标而片面强调短期利润方面具有负外部性。

网络效应的其他例子包括电子商务或者电子贸易。这些网络使得批发产品市场和要素供应市场更为广泛和更具地域多元性。它们还迫使产品具有某种程度的标准化和舒适化。这种标准化是非常必要的，因为这些市场必须迎合亚群体的需求和更多的潜在市场参与者的规格。

这种市场的民主化也意味着非标准化商品和个性商品的市场变得更小。事实上，商品潜在质量或者精妙之处的淡化可能正是网络效应最明显的负外部性表现。

强盛的果实成为衰亡的种子

由赢家来制定游戏规则是惯有的情况。这在某种程度上是因为成功孕育了模仿。美国经济体制的最初成功使得它在国际舞台上显得突出而具有地位。尽管美国经济体制是通过采纳亚当·斯密的自由市场原则和亨利·凯里为了适应一个迈向无阶级经济的时代而修正了的重商主义而开启的，但当其他国家还在坚持重商主义时，这种混合经济模式被证明是成功的。

在全球化背景之下，这种混合经济体制让位于一个更被普遍接受的对利润和股东价值的关注。但是，如此一来，全球体制就含蓄地接受了经验主义的新模式。成功、利润和国内生产总值成为了公司之间和国家之间衡量好坏的标准。我们将看到这些简单的标准也不是没有严格的限制。

第十五章
赫克歇尔和俄林

“美国应当感谢移民们对它的帮助。正是移民们使得美国在人口、农业和艺术方面都有了迅猛发展。”（詹姆斯·麦迪逊，美国第四任总统，美国开国元勋）

尽管一个流行的全球经济模式从 20 世纪 60 年代关税和贸易总协定(GATT)肯尼迪回合谈判开始就出现了，但并不是所有的国家都同样能够或者愿意采纳这一模式。确实，大多数国家还是不能够充分利用这种以生产要素、产品和服务以及跨越国界的资本自由流动为基础的模式。

为什么有很多国家不能采纳一个统一的全球经济模式？其首要意愿在于每一个国家在文化、人口、要素禀赋、财富、资本资产以及法律体制上都存在区别。这些区别使得国家们在利用全球经济模式上的路径也不同。经济体制允许每一个参与者通过运用自己的资产和禀赋来使自己的比较优势达到最佳。在这一原则的指导之下，某个特定的国家可以对那些能够把某些崭露头角的国家带到全球经济巅峰的优势进行运用和预测。

某些曾经被视为一个国家累赘的事物现在被视为一种新资源，中国和印度的人口就是如此。国家们已经深知要发挥富裕人口禀赋的作用，而它在其他时候曾经被视为一个累赘。劳动力的显著过剩为增长提供了广阔的空间。关键在于要使这种人力资源在具备巨大的数量优势时还要具备相同的质量优势。与此同时，一个富裕的帝国还应当通过谈判来达成对自己有利的贸易条件，并借此优化自己的资产。

确实，所有的国家都试图在全球条约的谈判中使本国利益最大化。这是因为人的天性如此。

比较优势

经济学家大卫·李嘉图在19世纪早期较早地对重商主义进行了挑战。他观察到一个国家会生产那些赋予其最佳成本优势的产品。这种优势并不会使一个国家成为全世界成本最低的生产者。它只是产生一种相对于其他产品的最佳成本优势。

李嘉图运用了英格兰和葡萄牙在布料和葡萄酒生产上的例子来进行说明。葡萄牙由于其气候有利于葡萄和棉花的生长而在布料生产和葡萄酒生产这两个方面都具有绝对成本优势。但是，葡萄牙在葡萄酒生产方面的优势较大，而在布料生产上的优势较小。因此，这使得葡萄牙将自己的资源投入到葡萄酒生产中，而英国则将自己的资源投入到棉花和布料生产中，并且这两个国家就自己不生产的产品进行相互贸易。

比较优势的另外一个例子就是律师和律师助理的区别。律师可能很擅长法庭工作和法律调查。如果律师助理是一个称职的法律调查者，但对法庭工作则没有什么经验，那么让律师同时做这两个方面的工作就不具有良好的经济意义了。相反，律师在法庭工作方面相较于律师助理而言具有最大的比较优势，所以他会将自己的时间投入到法庭工作方面。而律师助理则会将自己的时间投入到法律调查方面。尽管律师在法庭工作和法律调查方面都具有绝对优势，但其在法庭工作方面的优势相对较大。所以律师会考虑自己从事法庭工作而雇佣律师助理来从事法律调查。

律师这样做的原因部分在于法庭工作的技能和专业知识比较稀缺以及具有更高的价值。同样，某个国家在某种产品上具有比较优势是因为该国在生产该产品所必需的某种稀缺和有价值的要素禀赋方面十分富裕。如果这种要素很难跨越国界进行运送，一个国家就可以运用自己的珍贵资源来生产出同样珍贵的产品。

一个国家可能拥有某种丰富的低成本的资源，而这种资源是其他国家所不具备的。在这种情况下，这个国家可以将这种丰富的资源用于生产某种密集地使用这种资源的产品。因而，这个国家可以充分地利用其低成本的资产以比其他地方更低的成本进行某种生产。

知识产权和劳动者就是两种这样的要素。一个拥有众多受过良好教育的劳动者的国家应当将自己的劳动力投入到知识资本产业（如教育、软件设计、法律和金融分析、写作和其他知识追求）中。这个国家的劳动力可能也会满足于农业方面的工作，甚至可能在这方面拥有相当熟练的技能。但是，另外一个拥有众多的教育程度较低的劳动者和同样高质量土地的国家将自己的劳动力投入到农业生产中会更好。

赫克歇尔和俄林

瑞典经济学家伊莱·赫克歇尔（Eli Heckscher）和他的学生贝蒂·俄林（Bertil Ohlin）通过对下列情况进行观察而对李嘉图的贸易收益理论进行了阐述，即一个资本富裕的国家将趋向于生产和出口某种生产过程中需要相对较多资本的商品，但一个劳动力丰富的国家将生产和出口那些劳动密集型产品。在自由贸易缺失的情况下，资本密集型产品的过剩将驱使该产品价格下降，而其他国家里的劳动密集型产品也会在这些国家里产生一个较低的价格。一旦这两个国家之间的贸易被允许，它们相互交换那些它们自己认为生产的相对便宜的产品就是有利可图的。

重商主义对进口施加关税的本能对那些通过贸易而获得的利润形成了障碍。如果该关税很高的话,一个资本密集型国家会发现从劳动密集型国家进口其他较为便宜的产品就会无利可图。因而,这将会促使这些资本密集型国家在本国生产劳动密集型产品,而这些产品本来是可以更高效地从国外购买的。一个国家将被迫将自己的部分劳动力从更具生产效率的资本密集型领域转向投入到劳动密集型领域中去。

尽管运用这样一个孤立主义策略看起来似乎有利于创造更多的就业机会,并且这种贸易保护主义策略在经济衰退时期具有一定的吸引力,但运用这种策略却会导致资源从资本密集和盈利部门中流失掉。其结果就是资本密集型国家将要生产的产品的价格上升。出口领域进而也会因为关税阻碍了进口而受到损害。

赫克歇尔—俄林理论的扩展

最显著的是,如果一个国家因为将其劳动力转投到劳动密集型领域而减少了资本密集型领域的生产,资本密集型领域产量的减少将导致其实物资本流向其他地方。在一个对进口施加高关税却不对资本的全球流动进行控制的环境中,就会出现一个资本从国内生产中流出进而流向其他国家的生产中的潮流。由于资本具有流动性,自由贸易国家将会由此而受益,但那些贸易保护主义国家却会由此而受损。

资本倾向于流向那些能够获得最大回报的地方。在 21 世纪的全球经济中,金融资本能够在瞬息之间流到世界的几乎每一个角落。但是,如果金融资本是流动的,并且制成品能够相对顺畅地跨越国界,但劳动者却受到国界的束缚,资本就将流向那些具有较低的劳动力或者生产成本(而其他条件相同)的地方。资本富裕的国家也因为劳动力的流动受到了国界限制而存在劳动力成本较高的情况,将会出现一股工作机会和生产从资本密集型国家转移到那些具有同样生产效率的劳动密集型国家的潮流。

我们看到了这种向低劳动力成本国家进行外包的全球趋势。但是，这种外包过程也有其局限之处。由于大量的工作机会从国外涌入，而且劳动力的需求和价值都在不断增加，这导致新兴国家劳动者的工资和收入水涨船高。而较高的工资就会减少对外包的激励。此外，较高的收入会导致新兴国家的资本不断积累。久而久之，生产和技术向新兴国家的转移会在工资和资本回报之间形成均衡，资本和工作机会从相对富裕的国家流向新兴国家的情况将会停止。

把必然性延缓

换句话说，自由贸易作为经济财富的调平器减少了一个经济帝国的优势却增强了一个新兴国家的地位。一个经济帝国面对这种(针对资本的流动性和进口商品与服务的)贸易保护主义存在的必然缺陷(这些缺陷将更进一步地损害这个帝国的经济)时几乎束手无策。

比较优势和生产要素价格均等原则是不可避免的，但它们可以被延缓。一个经济帝国可以因为建设更多的先进基础设施和获得更多的技术来做到这一点。剑桥大学经济学家张夏准(Ha－Joon Chang)在2002年出版的《踢走梯子：历史眼光下的发展策略》[①](Kicking Away the Ladder—Development Strategy in Historical Perspective)一书中认为，经济帝国有时会对经济发展最好状态中的必要成分或者经济发展最坏状态中的微妙挫折显示出一种家长式的和有缺陷的认识。

张夏准的基本假设是：一个拥有巨额优质资本、资本密集型产业和能够在自己的生产中运用多种技术的劳动者的经济帝国能够对延续其优势的富裕和资本积累进行调节。

与此同时，劳动密集型的发展中国家的低水平工资妨碍了这些国家在维持温饱的基础上继续发展。财富的单极化在经济帝国的保护主义和

---

① 2012－051－008

干涉政策下得以维持。

张夏准认为，自由贸易已经对贫困的发展中国家形成了阻碍。他还指出，新兴国家甚至也在模仿这些保护主义政策，因为他们要和经济帝国进行斗争。

善良的恶意？

无论是现在还是未来，经济帝国对培育自己的贸易伙伴的发展都有一定的道德义务。尽管鼓励其他国家的发展可能与经济帝国的目标存在冲突，但这种发展援助也为帝国的产品创造了稳定的市场。

一个经济帝国能够用它最熟悉的范例即它自己来鼓励其他国家的发展。通过鼓励其他国家依循已经在该帝国得到良好运转的路径进行发展，人们自然就会推断发展中国家也可以依循相同的道路获得同样的成功。

例如，经济帝国们最近正在对知识产权保护和环境保护议题进行争论。对一个充满活力的经济体来说，对企业家的创造性进行保护是其基本要素之一。如果没有这种保护，企业家们会将大量精力用于对自己的创新进行隐匿和保护之上，就不会有足够的精力投入到后续创新之上。最终，专利保护被视为对知识产权进行保护的一个基本要件。

价值观的出口

我们在此前已经对创业热情进行过论述，这种创业热情往往超越了帝国发展充分的法律或者经济基础设施的能力。例如，一个帝国能够很快地建立知识产权法律保护制度，但它要经过几十年的时间才能够建立足以惩罚违法者的司法和执法体制。

一旦这些法律或者法规体制被建立起来并且得到很好的理解和遵循，这些规则就被冀望于出口到不发达国家。毕竟，经济帝国已经通过对知识产权的保护而使本国的经济得到了良好发展。

同样，一个富裕的帝国也将对环境规则进行优化，使其适应于自己发展的每一个阶段的需求。一个富裕的国家会将医疗保健置于优先位置。经济帝国也会有这样一类居民，他们能够很容易地满足马斯洛需求层次中的基本需求，并且开始将更多的注意力投向更高的需求。对一个能够使居民生活质量更高和寿命更长的更健康和更清洁环境的追求就是这样一个更高的期望。

环境因其所涉及的这样一个高贵的价值而被经济学家称为奢侈商品。当一个国家变得更为富裕时，它的居民对环境管理的要求要比他们以前在不发达时期对环境管理的要求高很多。这并不一定是说富裕的居民比他们在不发达时期的先人们更重视清洁空气或清洁的水。这只不过是因为他们能够更好地负担纯净的环境这样一个奢侈品。

不幸的是，富国们并不明白一个穷国怎样才能采纳富国关于穷国应当采纳更严格的环境标准的声明。这些声明可以被比作这样一个例子：当法国王后玛丽(Marie Antoinette)听说贫民们因为缺乏面包而挨饿时，她说出了这句著名的话，“让他们吃蛋糕”。

当然，一个发展中国家会选择性地采纳一个经济帝国家长式的意见，从而使自己也具备很高的环境标准，但前提是这个发展中国家能够承担这些标准。对经济帝国们来说，不幸的是，如果它们对自己过去的历史进行回顾，就能够很容易找到与它们今天强烈反对发展中国家的环境违法行为相同的事例。然后经济帝国就会反驳：“听我的劝，别跟我学。”

最终，经济帝国们经历了对国内市场的重商主义保护阶段和资本囤积阶段(这些资本通过出口导向的发展而快速增长)。对幼稚产业直接和间接的保护以及旨在鼓励国内充分就业的进口替代政策在它们早期发展中通常都被运用过。

经济帝国的演化

英国经历了不对称贸易政策时期，这一贸易政策旨在通过损害殖民地的利益来促进宗主国的利益发展。这一政策也正是引发美国独立革命的动因。同样,亚历山大·汉密尔顿的重商主义政策(后来被林肯总统的贸易保护主义政策所遵循)在美国一直占据主导地位,直到20世纪60年代的关税和贸易总协定的肯尼迪回合才将自由贸易列为主导地位。

经济帝国的演化过程看起来是在遵循一个自然地朝向自由贸易、环境保护和财产保护体制的步骤。随着对全球贸易伙伴的更强的期望,未来经济帝国的演化进程可能会更迅速。但是,过去那些经济帝国之所以能够蓬勃发展是因为这些帝国承担了必要开发周期的时间。经济帝国并不是从一开始就能够承担经济基础设施的巨大成本,这一状况直到国家有能力从事这方面投资才有所改观。

为了创建一个公平的竞争环境,经济帝国往往试图向新兴国家输出自己的已经发育完好的体制。但是,从新兴国家的角度来看,经济帝国充其量是在试图锁定一个能够最好地为其工作的体制。甚至有些新兴国家指控一个富国正在将其他国家不能承担的标准施加在自己身上。正如法王路易十四那穷奢极欲的宫廷旨在耗尽财富一样,繁重的标准也可以被新兴国家视为同样的事物。新兴国家的抵制甚至斗争是能够理解的。

为了达到公平,经济帝国要正视过去,并且愿意和新兴国家进行大辩论。这样一个不否认的直接路径将是一个能够让经济帝国和新兴国家都能够接受的路径。

这种和解可能需要某些财政优惠。毕竟,环境恶化是没有国界的。如果发达国家对新兴国家的环境政策予以合理关注,那么发达国家就应当为援助新兴国家环保的增强而做准备。在经济帝国为新兴国家环保的增强付费和经济帝国要求新兴国家为将其环保标准提升至与经济帝国一样而自己付钱之间存在着某种折衷的解决方法。

同时我们还必须克服某些文化障碍,但这是另外一章的主题。这些文化分歧(例如在知识资本的保护、人权和民主等方面的分歧)将耗费大量的时间和财力才能够得到克服。对这些文化障碍的认识会加速和解过程和加快新兴国家的成功。

强盛的果实成为衰亡的种子

自第一次或者第二次工业革命以来的各个经济帝国都经历了相似的经济发展阶段。它们都鼓吹创建一个国内经济基础设施来促进私人部门的生产。它们也都实施了以邻为壑的新重商主义模式，这种模式强调出口但限制进口，并且对国内产业进行保护。

尽管到20世纪60年代人们对重商主义的内在逻辑矛盾的理解日益加深，但通往自由贸易的道路仍然还很漫长。当不同发展阶段的文化分歧在关税和贸易总协定及其他国际贸易谈判中遭到掩盖时，也会自然地引发某些障碍。这种多边会谈的并发症迫使经济帝国和新兴国家都将焦点首先集中在自由贸易上，正如它们的国内经济可能将焦点放在共同的利润目标上一样。

真正被忽略了的是代表了不同文化、不同发展阶段、不同要素禀赋甚至是不同法律政治制度的种种细微之处。我们要看到经济帝国和新兴国家的发展路径之间的细微差别。在一个国家的特定时期能够得到良好运作的原则很可能对另外一个处在不同发展阶段的国家完全不适用。

经济帝国试图建立一个最符合自己需要但对其他国家来说可能效果不佳的全球贸易标准。在这个过程之中，经济帝国会使新兴国家处于边缘化，反之亦然。

第十六章
工作变动的渴望和意愿

“一个帝国的寿命几乎不会超过三代。帝国的第一代保持了自己的游牧特性以及对待生命的残酷和野蛮方式；他们习惯于艰辛、勇敢、凶残以及彼此共享名声，这些部落成员依靠下面这些办法来保持部落的稳定：他们的剑时刻保持锋利，他们的攻击令人胆颤，他们的邻居四散逃跑。

而帝国的第二代则有所改变。由于拥有主权和财富，他们从游牧转变为定居生活，他们的生活有艰辛转变为舒适和富足。

而到了帝国的第三代，先辈们在荒原中颠沛流离的生活和艰辛的生活方式被遗忘得一干二净，因为第三代从未经历过这种生活。在这一阶段，人们不再热衷于光荣和爱国主义，所有人都学会了依附在主权者武力的羽翼之下，并且如此热衷于奢侈生活以至于他们变成了国家的负担。”(14 世纪阿拉伯历史学家和经济学家，伊本·卡尔敦)

尽管所有的国家都会尽自己最大努力来创造平等的机会，但这些国家之中都还是会存在穷人和富人的区别和不平等。但是，国家之间在人均收入和工作激励方面还是不可避免地存在着差别。

一个在财富、种族、技能、文化、信仰和政治方面具有同质性的国家将会比较容易管理。而一个国家中的不同特殊利益群体则常常依循贫富标准进行划分，这一点在第一经济世界复杂的富裕国家中表现得尤为明显。第一经济世界和第二经济世界在财富上的差别也导致第二经济世界国家为了成为第一经济世界俱乐部的成员而进行努力。

对实现富裕的渴望是那些第二经济世界国家期望成为第一经济世界成员的强大动力。富裕也解释了为什么一个经济帝国很难长时间维持自己的主导地位。

穷人、富人和不同的要素禀赋

李嘉图和赫克歇尔—俄林的模型解释了为什么人口稠密的新兴国家们的工资水平很低以及出口劳动密集型的产品，而那些更富裕的国家为什么出口资本密集型的产品。我们现在会深入到导致新兴国家和经济帝国在收入分配上形成差别的力量上进行讨论。

在任何一个经济体中，四个生产要素——人力资本、企业资本、实物资本和资源资本——被结合起来进行商品和服务的生产。我们假定这些商品和服务的售价要高于生产成本。生产成本和售价之间的差价（即利润）归属于运用其余三个资本从事商品和服务生产的企业资本家。

在一般情况下，这些企业资本家们还拥有或者租用例如机器、厂房、技术和生产线等实物资本。这些企业资本家还租用人力资本，以及租用或者购买资源资本。

企业家购买多少上述资本取决于相对价格。例如，如果人力资本十分昂贵，企业家就会通过购买更多的机器或者更多的资源来节约人力租金。换句话来说，依据技术经济学家关于生产函数的黑箱理论，企业家可以用一个生产要素来代替另外一个生产要素，并且这样做将取决于它们之间的比较成本。

这意味着精明的企业家将对最昂贵的生产要素进行较少的购买或者租赁，转而运用那些更丰富和价格较低的要素进行替代。

划归于一个国家生产要素的收入可以用许多方法进行衡量。一个富裕的国家以一个高水平的人均收入来衡量。这种人均收入是将一国一年内所有的商品和服务生产制造的总价值除以这个国家的居民总数。另外一种可替换和等同的衡量方法是以企业家的利润、雇员的薪水收入、机器所有人的租金和自然资源的偿付款之和除以居民总数。

任何一种方法都会产生一个经济体中每一个居民所赚取的人均收入值。但是，没有哪一个人的收入会恰好等于这个平均值。大多数人的收入都低于这个平均值，只有少数人的收入会高于这个平均值。

我们可以预测哪一个部门的收入较高或者哪一个部门的收入较低。企业家、雇员、机器所有人和资源所有人的相对收入依赖于这些市场要素的供应和需求。

稀缺价格

尽管需求很复杂，并且依赖于某个要素的价格以及其他要素的相对价格、对一个国家生产的总体需求、从其他国家购买和进口同样生产要素的能力，但每一个要素的供应更为基础。

要素的供应最终与其稀缺性密切相关。如果某种资源的需求量很大但供应量匮乏，那么这种资源的价格就会相应上涨。此外，如果某种要素的需求量很大但它很容易被创造出来，那么它的价格就会接近于创造更多该要素的成本。

尽管如果需求量快速上升则所有的要素从短期看都会处于供应短缺的状态，但某些要素从长远看能够被更容易地创造出来。例如，实物资本如机器、厂房、设备和高技术等常常能够被相对迅速和容易地创造出来。机器生产的扩展相对容易，并且某种机器或者设备的国内短缺可以通过在国外进行购买和进口的方式得到解决。最终，这种资本形式的价格将会相对快速地趋向于其长期价值。

另一方面，如果一个经济体随着时间的推移对熟练劳动力的需求日益强烈，它可以通过对不熟练的工人进行培训的方式来创造额外的熟练劳动力。这种熟练劳动力的成本将是不熟练劳动力的成本加上对不熟练劳动力进行必要培训的成本之和。

相反，如果一个国家存在着不熟练劳动力短缺的情况，这个国家会鼓励生育或者允许和鼓励向本国移民，美国在镀金时代和第二次工业革命时期就采取了这样的措施。

假以时日，随着这些措施的成效慢慢发挥出来，劳动力的成本会趋向于一个足以让该国的公民选择工作而不是休闲的收入水平。一个使本国公民的基本需求能够得到较好照顾的富裕国家需要有一个较高的工资水平才能够吸引自己的公民参与工作。

为了获得利润，创业者不得不向金融资本家借钱来购买机器和技术、租赁劳动力和获取资源。这些创业者获得的回报必须与其承担的风险相称并足以激励其从事自己的工作。

在一个不发达的国家中，只有极少数人拥有创业技能、向金融资本家进行借贷的优先权和协调生产所必需的网络。最终，发展中国家的创业者们获得更为稳定的回报是非常不容易的。在这些富裕创业者的榜样作用之下，那些有抱负的穷人认识到如果对教育进行投资并进行储蓄，自己也可以成为成功的创业者。

一种独特的资本形式

自然资源资本与其他形式的资本不同。某个国家可以相对容易地制造出更多的机器，甚至可以通过鼓励生育、教育和金融资本的供应等方式创造出更多的劳动力和创业者。但是，它不可能创造出更多的资源。自然资源（例如土地、石油和水）的供给都是固定的。它们可以被循环使用，但它们不可能被创造出来。出于这个原因，它们被认为是稀缺的，因而可以被高价销售。

在一个发展中国家里，这些要素的回报与它们随着时间的推移而能够被扩张的程度直接相关。鉴于这些要素的相对稀缺性，一个发达国家付给机器生产者和劳动力提供者的回报将低于它付给那些最稀缺要素例如杰出的发明家、体育明星、高端技术人才或者例如土地、矿产、石油和水这些随着我们的需求不断扩张而变得日益稀缺的资源所有者的回报。

由于这些原因，经济学理论预测土地、矿产和其他固定供应的要素的价值会随着生产的增长而迅速增长。但是，劳动者的收入将增长得更为缓慢，并且将与生产经济整体的平均价值更为相称。

例如，随着人口增长和经济发展，生产的总价值也大致按比例增加。但是，靠近人口中心的好地块变得日益稀缺，这意味着它在生产收入中所占的比重更迅速地增加。一个开始感觉到受限于可用土地的国家将会看到土地价格随着国家的发展而飞涨，这将导致这样一个结果，即靠近生产中心的土地是一个发展中经济体最好的投资。

事实上，正是这些最为稀缺的要素篡夺了一个发展中经济体不断积累的大量盈余。而且，这些自然资源例如土地和矿产的所有者获得了最大的回报和收入。随着人口的增长，我们看到劳动者收入与资源所有者收入随着时间的推移而日益悬殊。

我可以为这种财富再分配效应提供一个确实的例子。在第二次工业革命结束时的 20 世纪 50 年代，在绝大多数发达国家中，家庭中唯一的劳动者就可以满足整个家庭的财务需求。开始于 20 世纪 60 年代的第三次社会和工业革命驱使更多的女性走上了工作岗位。但是，尽管一个家庭的收入很可能增加了很多，但他们的生活质量并没有实质性提高。相反，住房的价格由以前相当于一个劳动者两或者三年的收入迅速地上涨到相当于两个劳动者三或者四年的收入。与此同时，那些只有单一收入来源的家庭发现自己几乎不可能买得起住房。

这个例子说明了一个因为参与劳动者的增加而迅速扩张的国家所积

累的额外盈余是如何通过使得资源所有者这个部门变得更好而吸收收益的。与此同时，工薪阶层这样一个更大的部门发现自己更加难以实现收支平衡了。

换句话说，这样一个增长的经济体并没有实现平均增长。相反，一个飞速发展经济体中所必须的企业家、资源所有者和金融资本家在该经济体扩张过程中所获利润的比例更大。其他人的收入也会增加，但如果物价上涨更为迅速，他们收入的购买力将会下降。与此同时，富人和穷人之间的收入差距将随着时间的推移而日益扩大。

这种因为稀缺资源供应紧张而导致的收入差距日益扩大的自然倾向可以通过旨在将富人的收入转移给穷人的累进税而得以缓解。

100%的税

这种财富的再分配可以通过其他方法得以实现。例如，19世纪经济学家亨利·乔治(Henry George)就推荐了一种对土地价值征收100%的税的方法。他的理论依据在于土地价值的增加并不是因为土地所有者的任何努力，而是因为它是一个国家经济发展的一种自然产物。

乔治认为一个国家之所以发展是因为社会对事关该国经济发展未来的基础设施进行了投资。因而，一个100%的土地税将对政府就经济基础设施而进行的投资进行补偿。他还认为这样一种土地税将避免对土地投机炒作的行为，还可以使土地变得更为实惠。

但是，乔治并没有建议对土地改良资本进行征税。他只是建议对作为物质实体的土地本身进行征税，以此来补偿政府的支出。他在一个政府规模较小的时代提出了这样一种税收。政府在那个时代并没有在各个纳税阶层之间进行转移支付。因此，政府有可能通过对土地征税来弥补自己在经济基础设施上的支出(正是这种支出导致了土地的增值)。

这种税收也可以缩小一个发展中经济体里存在的收入差距。发明创造者的收入和体力劳动者的收入之间的差距仍将存在。但是，通过减少所有国民在经济基础设施上的负担并且将这种负担集中到生产固定要素所有者身上，劳动者的平均收入将会增加。他们不再是为了投机目的购买土地的能力也会增加。

一个必要的鸿沟

人们期望沿着马斯洛构建的需求层次金字塔不断向上攀登。因为他们的平均收入增加，他们更容易满足自己对食物和住房的基本需求。然后，他们寻求满足更高层次的需求如财务安全和未来的基本需求。他们随后将目光投向教育、成就感和例如自我实现和自尊这样更难以买到的其他需求。

在某些时候，人们对不断增长的财富的渴望并不是出于满足自己基本需求的目的，而是因为人们彼此之间在进行相互比较。拥有财产和其他固定要素的富人和一无所有的穷人之间的财富鸿沟提供了一个进行发明、创造和生产的动机。收入在绝对意义上来说并不重要。人们之间的相对收入差距是一个重要的人类动机。

当然，这个推动经济发展的动机能够爆发出双倍的力量，一种力量致力于满足人们的基本需求，另一种力量则认识到社会实现的重要性。那些没有财产需要保护的人会致力于对经济未来进行安全保障。渴望和成长空间对改变和工作来说是一个很大的诱因。

另一方面，当一个经济体中的绝大多数人已经拥有足够的财富时，他们会在自己主要的经济决策中变得日益保守。他们的财富导致他们趋向于维持对他们有利的现状。这种对现状的维持导致了自满和经济停滞。

动机还受到边际收益递减（diminishing marginal returns）这一经济法则的影响。如果劳动者们迫切需要满足自己最基本的需求，那么低水平的工资和对经济发展现实的乐观结合起来可以产生一个强烈的工作热情和努力。紧随这种满足基本需求的努力之后的就是那种尽可能实现自己愿望的进一步努力。但是，正如一个发展中国家起初会高速增长，然后会开始比较稳健的增长一样，由于个人收入的提高，个人获得更多财富的机会也会逐渐减少。

如果我们把因为收入提高而导致的前进动力的减弱与因为收入提高而导致的对财富保护的重视两者结合起来，我们得出这样一个结论，即收入越高，成功的动力就会越减弱。用另一句话说，一个对经济增长最渴望的国家将要比一个已经处于经济力量巅峰的国家更能够支撑较大的增长。

强盛的果实成为衰亡的种子

一个人口众多的大国或者一个能够吸引一支勤奋努力和积极进取的劳动队伍的国家拥有很大的增长机会。这样一个国家将承担一个具有竞争力的工资水平，并且能够相对便宜地生产出劳动密集型产品和服务。这种生产使得劳动力资本的所有者掌握了收入，创造出一个强大而坚实的中产阶级，并且使得经济增长更为顺畅。

这种成功缩小了所得收入与应得收入之间的差距。收入的提高降低了比较优势，并且还降低了进一步增长的动力和能力。当一个国家处于经济力量和规模的巅峰时，进一步的增长就变得更为困难。

一个国家进一步增长的能力由于以人力资本为基础的生产转向以实物和金融资本为基础的生产而变弱。但是，商品和服务以及实物和金融资本能够很便捷地跨越国家边界。它们会流向那些拥有基本的经济基础设施、较低成本、积极工作的劳动力队伍和快速增长能力的国家。

最终，一个富裕和成熟的经济帝国在技术进步和人口增长的推动之下也许能够维持一个百分之二到百分之三的温和增长率。与此同时，一个新兴国家能够在几十年里维持百分之八到百分之十的惊人增长率，这一切都建立在其国民的积极性和未充分就业劳动者的未变现能力基础之上。

劳动者的积极性、经济增长的未变现能力和自然的发展周期为新兴国家创造了一个巨大的发展机遇。同样,它们对那些经济帝国来说是一个巨大的调平器。这种调平效应是不可避免的,并且只是一个与边际收益递减经济法则相结合的成功结果而已。

第五编

成长的烦恼

在20世纪后半叶，一个经济帝国正在显现裂痕。美国的经济变得运转不灵。生产已经变得过于复杂和难以协调，尤其是随着美国承担了世界上唯一的超级大国和自由市场的灯塔这样的角色之后。混沌理论(Chaos Theory)认为指数式增长也会导致一个最佳经济轨迹中的分歧呈指数式增长。与此同时，各种机构也会变得大而不倒(too big to fail)。一旦一个帝国到了这个地步，它就开始遭受赢家的诅咒。

第十七章
复杂的经济体制

“在别人需要时给予帮助，他日当你有需要时，别人也一样会帮助你。”（哥林多后书 8:14）

自由放任经济学的优势同时也是其最大的弱点。无数经济参与者的不协调的努力（通过市场进行引导并且通过市场这种看不见的手进行定价）制造了能够刺激惊人经济增长的动机和创新。这种人类行为的混战也会导致严重的协调失灵。

所有现代经济体制中最严重的失败发生在大萧条时期。有趣的是，那一时期中央计划经济体制的捍卫者苏联并没有遭受到与自由市场经济国家同样的衰退。是什么导致了这些自由市场经济国家遭受了这种经济冲击？怎样才能避免这种经济危机呢？

自由放任主义的面纱

现代经济的最伟大创新之一就是运用货币和市场来使经济活动分

散。自由市场的参与者不再需要亲自寻找交易对象。这种“双向需求耦合”通过作为双方价值交换媒介的货币和为全体需求者以及全体生产和服务的供应者提供了一个平台的市场而得以解决。

在一个比较简单的经济体制里,劳动者和工厂主被告知生产什么和何时进行生产,并且这些劳动者同时也是消费者。货币和市场的重要性和作用在这样一个简单的中央计划经济体制里被最小化。

在一个更加复杂的自由市场经济体制里,人们更加难以精确地界定生产什么和消费什么。相反,一个中央计划经济体制可以确保生产出来的厕纸数量与销售的厕纸数量一致。这种自由市场之外的特别的分配机制确保供应和需求之间的契合。

但是,我们只知道在自由市场和货币体制下供应可以被转化为需求,因为我们对市场这只看不见的手可以形成使供应和需求等同的正确价格抱有信任。这种信任被认为是由参与了19世纪重商主义大辩论的法国经济学家让·巴蒂斯特·萨伊(Jean-Baptiste Say)所创造。萨伊在其著作《政治经济学概论:财富的生产、分配和消费》(A Treatise on Political Economy — Or, The production, Distribution and Consumption of Wealth)中指出:

已经明白了生产越发达则产品越畅销这一道理之后,我们可以不必再费心机地研究把生产力用于何种生产行业才最有利的问题。产品所引起的需求因各个国家的需要和风俗的不同以及资本、劳动力和自然资源的多少而有所不同。需求最迫切的商品由于买者的竞相购买而给资本家带来了最丰厚的利益,给冒险家带来了最大利润,给工人带来了最高工资。这些优厚的利益必然诱使这些人把个别的服务贡献给回报最大的生产行业。

萨伊认为,生产在一般情况下被消费紧紧跟随着。他还对那些为了使一个经济帝国的财富最大化而试图使该帝国的经济体制孤立的贸易保护主义者进行了反驳。他用这个论点来解释为什么从其他国家购买产品会导致一个类似的国内生产需求和双边国家的消费需求。他还认为,尽管货币会促进这些交易，但它不应当掩盖这种对交易双方都有利的互利交流中的聚合效应。这一理论最常被表述为“供给创造自己的需求”(supply creates its own demand)。但是，“供给创造自己的需求”这一理论的支持者常常忽略了萨伊在前面段落中的提醒：

单纯地鼓励消费对商业没有益处，因为困难不在于刺激消费欲望，而在于供给消费的手段，我们已经看到，只有生产才能供给这些手段。因此，激励生产是英明的政策，鼓励消费是拙劣的政策。

约翰·梅纳德·凯恩斯大概是现代最有影响力的经济学家，他以一种革命性的路径对萨伊的理论进行了展示，使其在大萧条处于巅峰时期得到了广泛认识。

一种凯恩斯主义的信仰

凯恩斯反对萨伊的理论而支持这样一种理论，即要为消费者、生产者、政府和国家贸易商的消费心理留有余地。这使得我们认识到现代经济可能招致恶性均衡，尽管它在绝大多数时间处于良性均衡状态。凯恩斯提出的“动物精神”(animal spirits)改变了我们对宏观经济的看法，并且最终使得我们确信政府有必要对经济进行干预。

凯恩斯认为政府对货币供应的管理会影响到家庭的投资决策，也同样会影响到生产者。在正常情况下，货币是一种润滑剂，它可以确保有足够的通货来支持消费者购买产品。在其他某些时间里，货币的供应会变得低效，因为家庭选择将自己的现金持有起来而不是将现金重新注入到家庭和公司之间的收入循环流动之中。

凯恩斯看到了一条让一个原本分散的经济体制走向中央经济协调的康庄大道。他认为，如果家庭不愿意消费，更大的货币供应量将允许这些家庭继续持有某些现金，但它们还是会将剩余部分的现金花掉。货币供应量的增加会诱使人们将多余的现金重新注入银行体制之中，而银行则会将这些新增加的储蓄借贷给那些希望进行扩张的生产者。

尽管这种通过高效的货币控制来刺激投资和生产的方法在大多数时候都是有效的，但在某些时候也会失败，尤其是当我们最需要政府对一个失控的经济体进行调控时。在我们论述这种协调失灵之前，首先让我们论述一下为什么政府的协调没有必要填补生产什么和应该生产什么之间的鸿沟。

让我们假定某个经济体的生产和消费低于最佳工作数量和生产量。如果这个经济体的当权者能够创造出一个新就业机会，那么这个新就业机会所赚取的收入将被用于创造新的消费，并且这个新消费随后就需要该经济体中其他地方的新就业机会对其进行满足。那个最初的就业机会所带来的收入将会对整个经济体产生连锁效应。

凯恩斯认为，创造一个新就业机会最终将生成更多的新就业机会。尽管就业机会的准确数量取决于很多经济因素，但可以公平地说，最终就业增长的因素不止一个，但低于十个。

乘数效应

一个就业机会引发其他间接就业机会的能力使得政府开始扩大就业缺口而不是填补这些缺口。在通常情况下，政府通过偶尔的刺激或紧缩来调控经济的能力被有规律地运用着。这种能力在最困难的时刻也受到了挑战。

政府所具备的通过创造一个单独的就业机会来引发其他更多就业机会的能力允许政府以通过财政政策支出和通过中央银行的货币政策刺激的方法对经济进行微调。确实，中央银行几乎每天都在做这种微调的工作。通过鼓励银行们持有更多的现金，中央银行能够抑制银行向那些希望扩张生产的企业进行贷款。

反过来，通过鼓励银行们向那些创造了就业机会的企业进行贷款，中央银行能够鼓励生产和就业。无论中央银行通过自己的货币政策来鼓励或者抑制就业，这都会对整个劳动市场产生乘数效应。

中央银行通过运用利率和银行现金储备来调整就业的能力是一个最佳案例情况。银行们不得不通过扩张贷款来进行合作。如果它们拒绝这样做，货币当局即中央银行就会失去自己的效力。当这种情况发生时，除了政府通过直接财政政策来更直接地创造就业机会外别无他法了。

协调一个经济帝国的失败

为什么货币协调会失败？原因有很多。

首先，中央银行通过调整利率迫使银行们转变财政投资组合中的现金余额和短期计息资产平衡。如果中央银行以低利率向商业银行提供贷款现金，商业银行就会被鼓励向其顾客进行贷款。这种借贷使得在银行系统的某个地方产生了新存款，这反过来为其他银行进行进一步的贷款提供了新现金。换句话说，银行拥有自己的存款扩张乘数，这种乘数允许它们吸收中央银行提供的某些现金，并且创造十倍于中央银行注入的原始现金的存款和贷款。

但是，尽管我们能够牵着一匹马来到水边，但我们不能够强迫它喝水。如果一个谨慎的商业银行业在任何情况下都拒绝放贷，那么中央银行就会变得无效率。

如果对商业银行来说存在着其他投资机会，这些银行会在其他更有希望的经济体中进行投资。即使这些商业银行选择对国内产业进行放贷，它们也会以从其他国家购买资本设备的形式存在，这将减弱旨在创造国内就业机会的国内货币政策的最终成效。

即使货币政策在创造国内就业机会的第一轮回合中有效，随后的几轮通过乘数效应创造就业机会的回合要求消费者进行消费。这些谨慎的消费者还是会因节俭悖论(the paradox of thrift)而感到不舒服。在现实生活中，这些消费者会把现金藏在自己的枕头之下，而不是响应当局(为了创造更多就业机会而将自己所有的新收入花掉)的号召。

最终，当政府支出直接用于抵消这些衰退时，政府不可避免地要增税或者增加债务。如果增税的话，则消费者用于消费的收入就会减少。此外，如果联邦债务增加的话，当局必须提供更高的利率来确保这些额外资金的安全。这种更高的利率也会抬高商业贷款的利率，从而在公共投资增加时会将私人投资“排挤”掉。

总而言之，这些倾向中的任何一种都会降低一个经济帝国的领导者所实施的创造就业机会政策的效率。

自动的经济稳定器

政府还可以落实一些无需任何激进的干预措施而起到稳定经济活动的政策。例如，某些社会福利网（例如失业保险）可以确保消费者即使是在失业率上升的情况下还能够继续消费。同样，收入下降导致纳税额下降，这也让消费者有更多的收入继续消费。

这些干预能够降低经济衰退的严重性。同样，在一个处于经济好转期的经济体里我们会看到随着收入的提高税收也在稳步地提高。这些稳定器甚至可以超脱商业周期的高峰和低谷，并且让一个经济体在较低的不确定性和循环运动中实现增长。

但是，这些安全网所带来的某些益处也在面临着一系列挑战。由于能够对劳动者因失业而产生的不利影响进行补偿，一位失业的劳动者就不太情愿去寻找工作。这些稳定器的提供可能会导致经济学家所称的道德危机问题。当一个经济帝国承担私人领域的风险时，私人领域的个人在做决定时是不会对他们施加给整个国家的风险进行考虑的。相反，那些旨在让失业者返回工作岗位的政策可能比那些允许个人维持失业状态的政策更为有效。

时间问题

尽管我们已经了解到我们的领导人为了阻止经济衰退偶尔会运用一

些激进政策，但政策制定者们仍然分裂为两派。所有的人都同意对宏观经济来说存在着一个重要的心理层面。此外，所有的人都同意当权者能够对我们的现代经济体制（这种体制已经变成了自由市场经济和计划经济的混合体）中的某些经济活动进行命令。

但是，某些人认为一个混合型的经济会减少私人领域的回报。混合型经济也会演化成为一种公共投资占据更大比重的经济。绝大多数经济学家都相信，如果有足够的时间，一个经济体将会自我治愈。但是，经济学家们并没有就一个经济体自我纠错能力的速度或者效率达成一致意见。

如果一个国家通往平衡的探索之路花费了太多时间的话，激进主义的支持者就会呼吁政府应当发挥更大的作用。但是，激进主义的反对者就会更加坚定对自由放任路径的信心或者仍然对政府是否具备把事情办好的能力持怀疑态度。确实，有些人认为计划经济占据的比重越来越大会不可避免地导致私人领域受到伤害。因此，他们会承受经济活动中的暂时性偏移直到经济能够在不受干预的情况下重返平衡。即使是在大萧条时期的最严重时刻，还是有些人对政府干预持怀疑态度。

今天，所有的国家都接纳了其政府采取的某种经济行动。如果不再存在真正的自由放任经济，那么公共计划领域和私人市场领域就在我们的混合经济体中占据着相对比重。

强盛的果实成为衰亡的种子

国家越小就越容易协调，尤其是最小的国家。小国家中的生产者们很容易就能够知道该国消费者们所需要的商品和服务的范围。如果生产者提前知道了消费者需要的商品和服务，他们愿意雇佣劳动者从事相应的工作。这种较小的体制被称为自我协调（self－coordinating）。

相反，即使是一个很大但是中央计划的经济体也可以通过系统的方法进行协调。中央计划者只需要求劳动者将自己的劳动投入到特定的行动中去就行了。从总体上来说，中央计划者能够确保有足够数量的人力资本、实物资本和自然资源资本投入到他认为是必需的商品和服务生产中去。中央计划者还能够按照代表其居民必需的消费标准来分配生产出来的产品和服务。

简单的自我协调经济体和中央计划经济体都很稳定。当没有什么变化时，这些经济体会得到最好地运转。他们在创新或者活力方面的缺陷通过在商业周期方面的可预测性和安全性得到了弥补。

另一方面，自由市场体制之所以具有创新性是因为它是由无数聪明的企业家进行推动的，每一个企业家都希望发现每一个消费需求的产品是什么。自由市场体制还允许人们在广泛的商品和服务中进行挑选，这其中的很多商品和服务是一个简单经济体或者一个中央计划经济体都无法提供的。

如果衡量的标准是创新、效率和以最优价格生产出消费者需求的产品和服务的能力，那么自由放任体制应该大幅度地优于其他体制。生产的多样性和规模经济的效率是自由市场体制的标记。

但是，一个将自身的可持续增长归功于自由市场体制的经济帝国也会更容易遭受到经济冲击、经济衰退和经济萧条的打击。一个更大的经济体也需要一个更强大和更先进的监管体制，尤其是涉及货币供应和其他货币政策方面的体制。

此外，一个与其他国家联系紧密并且依赖于其他国家的经济帝国影响到其贸易伙伴的成功，并且也受到其贸易伙伴成功的影响。2009 年的全球金融崩溃之痛证明这一点。这场金融崩溃还证明了一个经济帝国的财富在同样的培育了其经济成就的全球贸易互动基础之上为什么能够发生如此显著的改变。

第十八章
混沌理论

“一个伟大的文明不会被征服，除非它从内部自我摧毁。”（威廉·詹姆斯，历史学家，1885—1981）

美国气象学家爱德华·洛伦兹（Edward Lorenz）曾经观察到这样一个现象，即十二种参数中的某一个参数发生了看似很细微的变化（其变化幅度不超过千分之一），但这一变化却会使自己的模型预测结果产生显著变化。他将这一现象命名为“蝴蝶效应”（The Butterfly Effect），即一只南美洲亚马逊河流域热带雨林中的蝴蝶，偶尔扇动几下翅膀，可以在两个星期后引起美国得克萨斯州的一场龙卷风。

洛伦兹描述了复杂系统的致命缺陷，即复杂系统中的细微变化随着时间的推移可以导致巨大的震荡或者变化。可能除了地球的生物系统和天气系统之外，再没有系统会比现代经济更复杂了。一个国家的经济有数以亿计的都在追寻自我利益的人参与，其拥有的财富是由数以百万计的企业聚合而成。

混沌理论的基本结论显示，随着时间的推移，一个混沌系统的初始条件上的细微差别会发生指数增长，对其未来状态会造成极其巨大的差别。李亚普诺夫指数(Lyapunov Exponent)描述了一个复杂系统中的轻微偏离是如何能够随着时间的推移而导致数律的分离。换句话说，一个细微的震动就可能对一个复杂的混沌系统产生令人震惊的巨大效果。

帝国的增长应当和自己的人口数量、自己居民、生产者和各类机构所作出的经济决定以及机构的规模保持同步。但是，帝国机构的庞大规模导致了规模不经济、官僚混乱和容易受到冲击。

从效率的提高到官僚的瘫痪

那些足够小的组织不需要蓬勃发展的官僚机构。对这些小型组织来说，对自己的活动进行协调并不困难。但是，随着组织体系的发展日益复杂，那些特定的管理技术或者相对简单的程序和政策被证明是远远不够的。

所有王朝和帝国的历史都表明，官僚体制对所有机构来说都是一个必要但是经常招致非议的因素。从"官僚"(bureau)的词根来说，它的意思是办公室(office)，一个官僚体制是复杂性组织执行政策和组织管理资源的必要功能的集合。那些以营利为目的和不以营利为目的大型机构以及政府需要这样一个结构化组织模式来跟踪和协调自己的内部资源并且管理其对外关系。

官僚体制所招致的非议之一在于它是大量彼此差别很大的机构必须聘用官僚的一个结果。例如，税务员对政府的创建来说是一个必要因素。为了最大限度地减少腐败，税务员必须依循那些旨在相对客观的估值和征收的刚性原则和政策。但是这种必要的刚性规则会排除税务员的个人自由裁量权，当刚性规则不能预料到所有可能情况时，税务员就不可避免地会犯错。

官僚体制所招致的另外一个非议之处在于一个组织的内部功能并不通常受到外部市场力量的约束。尽管一个小型组织的所有功能都受到市场需求的冲击，但一个大型组织会将许多以往可能在一个特定的基础上运转或者外包给市场的功能内部化。

尽管这些功能的内部化旨在催生节约和规模经济，但它失去的是有效率的市场经济纪律和命令。市场的交易要受到质量、价格和成本等因素的限制。而同样的内部交易则不会受到如此严格和客观的限制。

例如，如果某个组织将自己的记账功能外包给本组织之外的其他机构来履行，那么这个外包合同就需要详细而明确的价格和成本。但是，一旦这个功能被内部化，它就失去了进行外包或者就这项服务进行招投标的机会。相反，一个内部会计办公室的预算需要在内部通过定期重新谈判来达成。具有讽刺意味的是，这个预算的数额往往要高于其通过外包所需要支付的价格数额。

在官僚体制中，用来驱动效率的利润动机被丢失了，取而代之的是一个部门主管让本部门的收入和工作人员得以维持和最大化的动机。这些替代措施解释了一个官僚主义部门是如何在组织内部进行竞争或者同其他部门进行比较的。

服务行业

组织发现自己很难将那些不容易量化的活动进行外包。因此，企业经常将这些服务内部化。相反，当某个商品的价值在自由市场上很容易进行衡量和交换时，一个组织体的该商品生产活动就更容易被外包。

对服务生产领域官僚机构的效率进行测算更为困难。某些方法（例如服务的客户数量、审查文件的数量和雇佣工人的数量等）掩盖了对所执行任务质量进行有意义的定性测算。因此，通过价格（即用总成本除以提供服务的总数量）来进行测算的方法被官僚机构忽视了。

卡尔·马克思抨击官僚机构的出现是一个细分市场的机构。马克思于 1843 年在《黑格尔法哲学批判》中指出：

“官僚政治是一个谁也跳不出的圈子。它的等级制是知识的等级制，上层在各种细小问题的知识方面依靠下层,下层则在有关总体的理解方面信赖上层,结果彼此都使对方陷入迷途。”

马克思认为官僚机构自己不会生产。相反,它们对有形财产及市场需要的产品和服务的生产进行监督和协调。尽管这种技术专家的作用是必面的,但技术官僚们试图在使利润最大化的同时使自己的劳动最小化。

这种关注本身的创建而不是发挥自己协调职能的紧张局面导致官僚机构为了更多的预算和更大的组织职权而进行争斗,就像一个多元化公司里的所有生产线一样。但是,与市场导向的生产线不同,除非是一个公司或者政府机构出现寻求成本削减之道而万不得已的情况,官僚机构是不会受制于市场力量的。

对生产的信仰

德国经济学家和政治学家马克斯·韦伯(Max Weber)常常被认为是现代社会学之父。他在1905年撰写了一系列最具影响力的论文。这些论文的合集就是《新教伦理与资本主义精神》(The Protestant Ethic and The Spirit of Capitalism)。这本书为追逐生产和利润提供了一个宗教基础,这与马克思认为资本主义取代信仰的观点不同。韦伯认为,一位企业家的自豪可以被比喻为一位修道士对宗教的虔诚。韦伯以苏格兰长老会(Scottish Presbyterian)将工作视为一种对上帝和人类的服务展开论述,他的亲资本主义观点与马克思关于资本主义非人性化效应的观点截然相反。

但是,韦伯也对官僚体制的非精神性效应进行了批评,他指出:

“清教徒想在一种号召下工作,而我们的工作则是出于被迫。因为当禁欲主义从修道院的斗室里被带入日常生活,并开始统治世俗道德时,它在形成庞大的近代经济秩序的宇宙的过程中就会发挥应有的作用。而这种经济秩序现在却深受机器生产的技术和经济条件的制约。今天这些条件正以不可抗拒的力量决定着降生于这一机制之中的每一个人的生活,而且不仅仅是那些直接参与经济获利的人的生活。也许这种决定性作用会一直持续到人类烧光最后一吨煤的时刻。”

韦伯的批评并不仅限于企业家精神和企业。更准确地说，它是一个对因组织规模过大而对其劳动者产生的破坏性影响的责难。他认为，人力资本必须感受到它与自己的产品和自己的组织之间存在着相互依恋，但官僚体制和大规模生产阻挠了这种依恋。

韦伯认为官僚机构落入了一个不幸的模式。例如，某个组织中的裙带关系或者政治斗争能够取代竞争与效率而成为规范。他还担心一个规模日益增大和复杂的组织中不断增强的专业化趋势势必会导致该组织的信息流变得孤立和不畅。

韦伯对官僚体制的批评已经被许多作家和社会评论家所发展，这其中包括乔治·奥威尔(George Orwell)发表于1949年的《1984》(Nineteen Eighty—Four)和发表于1946年的《动物庄园》(Animal Farm)以及约瑟夫·海勒(Joseph Heller)发表于1961年的《二十二条军规》(Catch—22)。

失败的回归

人类生产上的这种非人性化效应已经使得大型组织开始探索分权和回归更为简单的组织阶层。例如，为了对日本小汽车制造商的感知优势进行复制，通用汽车公司(General Motors)这个世界上最大的汽车公司在1985年决定创建“一个完全不同的轿车公司，一种完全不同的轿车”。

这个巨型汽车生产公司的创新体现在一个小工厂生产的小汽车上，这个小工厂与通用汽车公司设在密歇根州的老厂完全不同，它代表了管理者和工会之间的一种新合作。工会成员将参与管理决策的制定和监督，并且劳动者被鼓励学习从事生产线上的多种岗位工作以便于他们可以对整个生产过程有一个更广泛的了解。

有趣的是，通用汽车公司所试图模仿的日本制造哲学实际上来源于一个美国人，他就是爱德华兹·戴明(Edwards Deming)。为了帮助日本在第二次世界大战后进行重建，戴明受美国陆军部的委托对日本的公司高管进行培训。戴明的生产效率和质量控制哲学在日本被广泛传播和接受。但是，戴明的哲学于50年之后在他的祖国也受到了广泛的认同。

通用汽车公司是最早采纳戴明质量控制模式的美国公司之一。经过10年的努力，通用汽车公司的新产品土星(Saturn)汽车成为该公司销量最大的产品。但是，不到15年之后，这家与众不同的轿车公司也变得与通用汽车公司的其他分公司一样了。当通用汽车公司在2009年因全球金融崩溃而面临破产时，它被迫减少了自己生产的汽车种类。通用汽车公司最终抛弃了土星轿车的概念。

企业家精神

大型组织最无奈的地方在于所有外部市场关系都被迫在一个不断发展的基础之上调整其价值。但是，组织内部的政治活动拥有相对不受定期审查和问责影响的内部功能。因而，官僚体制倾向于不断扩大自己的规模。偶尔，一个组织也会决定分权和将自己本身分解为更小、更灵活和更自主的组织。但是，这种"更小就是美"的情况很少发生。

对规模过大和过于单一化的官僚组织的批评并不局限于现代企业。确实，企业需要对一个需求良好价值和高质产品的市场负责。这种对企业效率施加的不间断检查并不能被公共领域的官僚机构所复制。选民们有时会对某一个特定政党的领导人表示支持。但是，公众不可能定期和有效地表达其对公共机构和部门的不满并且期望任何有形的结果。如果说市场只是偶尔迫使某个企业对自己的官僚结构进行重新评估，那么很少有公共机构会被迫收缩。因而，公共机构的增长速度经常会超越人口增长速度和整体经济增长速度。

一个公共领域的官僚体制会受制于委托—代理(principal—agent)问题。在经济学上，委托—代理结构就是某人作为委托人(例如公司的股东、纳税的公民或者某个诉讼当事人）雇佣一个代理人来追逐自己的利益。通过这样做，委托人推测代理人能够用足以抵消雇佣该代理人的额外费用的更高的效率和更低的成本履行委托人交办的任务。

在理想状态下，代理人将这种关系内部化来确保它可以为了委托人的利益最佳化和价值最大化而行动。但是，一个理想的委托—代理关系只有在满足某些特定条件的情况下才能达成。首先，代理人的报酬应当与代理人对委托人交办任务的实现程度直接相关。其次，必须有足够透明的信息来确保委托人很容易了解到代理人的行为和努力。最后，如果代理人的行为背离了使委托人的价值最大化的最佳行为目标，委托人必须对代理人的行为进行调整。

尽管绝大多数科层和雇佣关系都可以被定义为委托—代理关系，但这种关系很少能够运转良好。这一问题在那些含有大量相互竞争目标的大型组织中表现得尤为明显。

例如，一个部门的雇员可能会将自己对顶头上司的责任优于自己对某种产品的责任。大学教授会认为自己对某个系的责任要优于对学生的责任。一个警察可能会将自己对某个警察主管的责任优于对自己曾经宣誓进行保护的公众的责任。一个政治家可能会将与某个政党领导人的目标协调一致的责任优于对自己选民的责任。

随着组织规模的不断扩大，它们发现使自己的组织目标保持一致变得越来越困难。在伴有无数代理商的内部行动的同时，常常会有一个外部的日益全球化的市场被强加给一个组织。正如混沌理论假设来源于可预测路径的分歧随着时间的推移会保持与规模和指数相当的增长那样，日益复杂的组织随着时间的推移会逐渐偏离效率最大化所必需的那种创造性、创新性和反应灵敏的结构。

这种不一致经常导致组织精心设置某些规则来规制自己内部的行为，但这些规则经常会最终失调。这种内部的刚性导致某些评论家将官僚体制定性为天生低效。

例如，米歇尔·克罗齐埃（Michel Crozier）在 1964 年对韦伯所描述和弗雷德里克·泰勒所实践了的企业组织结构理性化进行了论述。他在自己的《科层现象》(The Bureaucratic Phenomenon)一书中抱怨到:

"缓慢、沉闷、无聊和复杂化的程序以及对官僚组织的不适应都是他们必须要满足的。"

"官僚组织是这样一个组织:它不能够从自己的错误中吸取教训来纠正自己的行为……它不仅是一个不能吸取前车之鉴的体制,它还是一个(在没有危机的情况下)在面对工业社会的加速演化时过于僵化而不能调整的体制。"

克罗齐埃曾经对法国的某个特殊的官僚形式进行过评论。又例如,一本最近在法国最畅销的书就将焦点对准了当很少或者根本没有工作被实际执行时的工作幻象的创建艺术。这本书就是科琳娜·马耶尔(Corinne Maier)于2004年出版的《你好,偷懒:跳下企业的阶梯》(Bonjour Laziness: Jumping off the corporate Ladder)。这本书对现代官僚体制和企业进行了冷嘲热讽。

尽管马耶尔的态度听起来有点无政府主义,并且注定要导致公司极力要避免的混乱局面,但她还是呼吁那些感觉同自己的雇主分离的雇员们利用这种觉醒使自己觉察到顶头上司们的偷懒合理化。尽管她致力于公平,并且致力于为一个不那么僵化的企业世界发现和强调一个共同目标,但她的书和《迪尔伯特》(Dilbert)[①]系列漫画还表达了对组织化的不满。

克罗齐埃比马耶尔和《迪尔伯特》系列漫画的作者斯科特·亚当斯(Scott Adams)走得还要远。克罗齐埃认为,从社会学角度而言,官僚体制与人类社会活动中的任何一个群体并没有本质区别。他指出,所有这类群体都会屈服于那些从群体的目标转向自己利益的人:

"每个群体都会致力于维持和扩大自己拥有某种自由裁量权的范围,试图限制自己对其他群体的依赖,并且只有当这种依赖性是一种保障时

---

① 2012—051—008

才接受它……如果除了屈服之外没有其他选择，它们宁愿退却。”

他的结论是根本性的。尽管它理想性地假设一个组织的结构能够以某种方式使该组织的目标与这些原则保持一致，但最终这些目标还是与该组织的文化保持最强的一致性。

克罗齐埃谴责群体们陷入了一系列权力斗争之中，那些较大的组织也有同样的情况。

“组织的官僚体制的主要特征是存在一系列相对稳定的恶性循环，而这些恶性循环是由集权和非人格化所造成的。”

克罗齐埃进而用四个不断进化的原则论述了这种官僚体制的特征。第一个原则是非人格化规则的创建（这往往体现在详细的程序手册之中），这种非人格化的规则通过内部测试成绩、资历以及（可能是）裙带关系来控制个人与企业之间的关系。

这种非人格化规则的创建无意中创造了一个集中决策体制。在这种集中决策体制之下，那些颁布官僚政策法令的人通过宣称他们只是在遵循规则而得到保护。结果，进行良好决策所必需的创造力和反应能力消失了。

克罗齐埃还看到了官僚体制生长过程中泛滥的政策。广泛而非人格化的政策以及集中决策体制导致了组织内部的隔离感和分层感。个人不再对组织整体有较大的影响力和支配力，也不再因组织不承认他们的贡献而感到失望，也不再相信他们对组织的成功拥有较多的责任和义务。这时，委托代理关系已经破裂，并且个人开始感到与自己同一层级部门中的同事（而不是组织整体）拥有更强的共同特征和联系。

最后，由于缺乏一个贯穿机构各层级的强大而统一的组织目标，工人们将自己限定在层级部门中，并且将自己的行动组织起来以实现自己在本阶层中的力量最大化。通过这种方式，他们能够用一个更为坚实但是局限于层级部门的政治效能实现在组织整体中的雄起。某些人可以借此把自己由大水池中的小鱼转变为小水池中的大鱼。

最终，这些平行的权力结构为了组织内部的影响力而相互竞争。这些平行权力结构并没有增强组织整体的效能，但是它们为了争夺其他部门的资源而相互竞争。事实上，这个事关一个高效组织的正和博弈已经被转变为一个组织内部各个部门之间的常和博弈竞争。

确实，如果这种不同部门之间的权力结构和竞争不能够转变为发展组织整体目标的力量，官僚体制就会转变成一个整体小于部分之和的负和博弈。

当一个组织达到了这种机能障碍的地步时，只有把组织分裂为更小的部分才能够挽救组织的价值。许多大企业中都出现了权力下放运动。在这一策略之下，单个单位变成了隶属于一个更大总体控股公司的半自治单位。

强盛的果实成为衰亡的种子

确实，复杂系统能够增加多样性和不确定性。它们也能够因为它们的非常复杂性而导致令人震惊甚至有时是灾难性的后果。另一方面，微妙而认真的协调政策能够创造巨大而显著的良好经济利润。其中的诀窍在于对复杂性系统进行掌控并且使其体制分散。

较大的组织要冒混乱增加和官僚体制机能障碍的危险。当这些问题发生时，组织常常诉诸将组织结构分解为生产产品的回报更为清晰回报的自治组织。

但是，随着时间的流逝，组织壮大和机能障碍自然会导致组织的衰败，随之就会产生某些权力下放的情况。那些能够在某种程度上阻止由于规模扩大所导致的僵化和鼓励较小组织创造力和委托代理反应能力的组织是最有发展潜力的组织。

第十九章
大而不倒

"不合情理的是，世界经济的命运将会与极少数巨型金融公司的命运联系如此紧密。"（美国联邦储备委员会主席本·伯南克，2010年3月）

产生了经济帝国的规模经济可以达到十分巨大的规模。帝国可以通过自己创建更好或者更多有效率的 mousetraps 的能力或者通过各种能够在与自己的全球竞争对手的竞争中获得比较优势的生产要素的自然禀赋（例如劳动力）而得以形成。但是，混沌理论告诉我们，经济的不确定性随着规模的扩大而与日俱增。

最棘手的问题在于，这种经济不确定性何时会导致经济危机蔓延、经济衰退和萧条。有讽刺意味的是，当一个强大而具有破坏力的经济冲击波使一个帝国面临危险时，这个帝国为了摆脱危险别无选择，只能向那些当初引发了经济危机的机能失调的大型机构提供紧急财政援助。

组织理论出了差错

官僚理论和混沌理论告诉我们两件事情。根据官僚理论,我们发现分层机构变得政治化,并且寻求使本机构的利益最大化。在一个组织内部,这些利益应当包括组织内部的权力。机构还会寻求通过控制更多的资源、更多的工作人员或者更多的预算来提高自己在全体机构中的声望。由于缺乏明确和以市场为导向的回报,上述这些措施构成了机构的影响力。

机构还会寻求外部回报。例如,公共机构的部门负责人会寻求社会威望,例如成为当地警察局的局长或者当地慈善机构的领导人。这种外部威望与该机构能够在多大程度上深刻影响个人或者群体密切相关。

在缺乏更明确的市场导向回报时,这种对外部威望的追求将会明显地传染给更多的机构代表,而这些代表对甚至是极少数的外部个人或者群体有着很强大的影响力。

相反,一个能够影响许多人的政府机构在某些时候并不能获得一个同等量的外部威望和回报。例如,一个主管大量社会福利支票发放的人获得外部威望就不能与一个银行主管因为少量的高价值抵押贷款和银行贷款而获得的外部威望相比。

混沌理论也告诉我们,由于经济冲击波会随着组织规模的发展而变得更强大,不确定性和失误的重要性也是如此。随着经济风险的升高,一个经济帝国会发现自己的某些组织变得大而不倒。

领先一步

我们先前已经论述了一系列打断了世界上最早的经济帝国的演化进程的经济衰退。所有的衰退都说明了管制机构是如何在创建对一个经济体日益增长的复杂性进行管理的环境方面陷入失败境地的。

这些管制机构的失误几乎是不可避免的。一个经济体通过释放劳动者的创造力而增长。如果管制措施过于保守，它就会阻碍增长。此外，如果管制措施过于宽松，那么它就会解放增长。但是，一个复杂的管制环境将被证明并不足以阻止严重的经济失败。

历史已经证明，管制失败经常发生在经济波动之时。放松管制往往紧随着经济增长（这种增长有时甚至超出了经济谨慎的边界）。偶尔会发生巨大的经济失败。当这些经济失败发生时，经济帝国的幕僚们必须决定该如何处置失败的组织或者企业，并且必须制定一个计划以确保过去不会在未来重演。

一个不受约束的市场提供回报给那些与经济规模发展最相适应的成功者。当然，潜在的损失也会日益增多。一个经济帝国所面临的问题在于它是否能够承担这种发生在大型经济体中的巨大损失。有时，经济领导人会认为这些损失太大而不能被承受。

大而不倒这个概念是一个来源于混沌理论的产物，它是指复杂性日益增加的体制能够经受越来越大的波动，并且根据网络效应，更大的体制能够影响更多数量的利益相关者。在这些力量的综合影响之下，某些经济组织就变得大而不倒了。

财政援助的历史

经济历史充斥着给予那些与经济帝国的领导人有着最密切政治联系的组织财政援助与政治援助的情形。例如，英国给予东印度茶叶公司的援助就保护了一些作为社会上层人士的股东的利益，但这却是以英国国民被迫为自己所喝的茶叶支付更多的钱和殖民地被迫从事有利于宗主国的贸易为代价的。确实，这个“大而不倒”的例子引发了一场政治和经济革命，仅仅在一个世纪之后，大英帝国的经济帝国地位就被它的前殖民地取而代之。

美国这个经济帝国本身也经历了一系列的财政援助和企业强制兼并。这其中最臭名昭著的就是致力于有悖于公共利益的垄断和破坏性竞争的铁路行业。在镀金时代方兴未艾之时,经济力量是绝不会被丢失的。相反,它能够被其他更具力量的企业吸收或者合并。一个依赖于某个行业来建立起遍及全国的铁路设施的国家是无法负担铁路巨头们撤回投资的后果的。

到了 20 世纪,美国的经济基础设施已经很完善了。但仍然还有一些主要的企业保持了大而不倒。例如,尽管通用汽车公司鼓吹对通用好就是对国家好,但是作为雇佣了数十万工人的美国三大汽车公司之一的克莱斯勒(Chrysler)公司仍然在梦想大而不倒。在经历了欧佩克石油危机以及随后的与日本同行竞争失败的历史后,克莱斯勒公司的失误因为于 1979 年被政府注入 15 亿美元的贷款担保后而被宽恕,而这 15 亿美元同时也是美国纳税人的血汗钱。

就在克莱斯勒公司被给予联邦财政援助仅 10 年后,私人投资公司长期资本管理公司(Long－Term Capital Management,简称 LTCM)又使得这个日益依赖复杂的金融机构的国家面临一个严重的危险。

大公司和大政府经常紧密联系在一起。财富能够买到影响力和那些与派头和奢侈品联系在一起的特权。那些占据了政治或者经济权力摇篮的人不可避免地会分享顶端一个相对孤独的位置。长期资本管理公司就对这个纯净的世界进行了考验。

长期资本管理公司由所罗门兄弟公司(Salomon Brothers)的一位前高管创建于 1994 年,随后成为世界上最大的投资公司之一。由于它把 1997 年诺贝尔经济学奖获得者纳入自己的董事会以及它自身创造性的投资策略,长期资本管理公司很快就成长为华尔街上的一股新的主要力量。长期资本管理公司的发展如流星般飞快,但这颗流星的陨落速度也同样令人吃惊。在 1998 年,这家公司在短短 4 个月内损失了将近 50 亿美元。

一个更好的策略

长期资本管理公司的策略与众不同。它四处搜寻那些在各个市场上冷淡交易的债券。它发现自己能够对一个金融市场上的大规模购买证券行为将很快转化为另一个市场上的大规模和积极的价格走势进行预测。通过在一个市场上购买某种证券并在另一个市场上抛售，长期资本管理公司获得了数十亿的利润。它们能够在市场上的其他人明白到底发生了什么情况时就快速脱身并获得巨额的利润。

最终，长期资本管理公司为自己创造了巨额利润，但这确实以其他人的损失为代价。这儿并不存在更好的计划，也没有更多的创新性公司，也没有什么新产品。尽管长期资本管理公司积累了大量的财富，但整体经济蛋糕并没有做大。

长期资本管理公司以其他证券持有者的损失为代价取得的令人震惊的成功促使它在越来越陌生的领域寻求越来越多的盈利机会。到了1997年，长期资本管理公司越来越多地使用更传统的投资策略以努力满足其不断增加的对可持续发展原则的渴求。结果，风险增加了。这个风险由于不断扩大的网络效应而导致了一场惊人的失败，这场失败对华尔街赖以生存的信用产生了严重威胁。

华尔街上一小撮最聪明人的危险行为挫伤了整个行业，而其后果却需要整个行业来承担。起初，金融行业认识到了彼此之间的战略依存关系，所以它们必须自己对长期资本管理公司进行财政援助。但是，这些努力很快被证明是远远不够的。

华尔街和它位于纽约联邦储备银行的政府管制者随后认识到金融业不可能自己完成对长期资本管理公司进行财政援助的任务。美联储向长期资本管理公司注资40亿美元，这一规模使克莱斯勒公司在1979年获得的资金援助规模相形见绌。尽管长期资本管理公司所获得的财政援助数额在当时来看十分巨大，但是与最近的情况相比，这一数额可能只是小儿科。

私人利润与社会损失

尽管美国政府挽回了一场足以威胁到市场赖以生存的市场信用的危

机，但它也开启了潘多拉魔盒，并且这个魔盒从此不会再被合上。一个经济帝国马上就要处于一个“大而不倒”的时代，在这个时代里，收获属于私人，但损失由社会承担。

如此一来，我们就要了解一下“道德风险”这个词。道德风险一词曾经被经济学家们用来指那些因为购买了数额巨大的人身保险而行为无所顾忌的人所带来的潜在危险影响，但后来这个词很快就被运用到那些吸收了经济帝国数以百万计的国民的毕生积蓄的金融机构身上。

从 2008 年开始，一场养肥了全世界几乎所有金融投资者的金融泡沫开始破灭。道德风险问题开始变得严重起来。在几个月之内，信用市场崩溃了。在一年之内，金融和房地产市场损失了约 50000 亿的市值。

起初，管制部门还乐意看到这样一出经济达尔文主义的戏剧上演。但是，随着这场危机蔓延到其他市场并且对数亿消费者的财富产生了严重影响，管制部门变清醒了。不断缩水的财富导致了经济保守主义的抬头和消费的减少。套在收入循环流上的绳套不断被收紧，而正是这一收入循环流促进了消费者与生产者之间的牢固关系。

因此，消费者变得谨慎起来并且推迟了很多消费计划，而生产者也开始解雇工人并且减少生产。不断增多的失业人数又导致了另一轮的消费和生产缩减。

一旦这种全球正反馈循环开启，我们除了减缓其加速度外并无太多办法。经济灾难最终还是发生了。世界各国采取协调一致的措施来弥补其造成的数万亿损失。世界上最大投资银行中的几家银行在一夜之间消失了，而其他银行则不得不从纳税人手中借来数千亿美元。

在经济危机爆发一年之后，形势得到了缓解。但是，其造成的损失之大以至于有人称其为“大萧条第二”。经济需要多年才能够恢复元气。

2008 年的这场全球性财政援助的最重要的后果就是我们已经进入了这样一个新时代，即全球各国政府成为经济帝国的担保人。世界各国发现自己同那些跨国企业之间有着重大的利害关系，但自己并没有对全球经济进行管制的工具。这种致命的经济犯罪并不会被放回到潘多拉魔盒之中。并且，随着政府因为为鲁莽和不负责的投资公司进行担保而如坐针毡，道德风险也被添加到我们的词汇之中。

全球市场难分难解

为什么一个市场中的经济危机会对全球经济产生如此巨大的破坏力？从某个方面来说，全球经济是自己成功的牺牲品。

在20世纪90年代，世界因为亚洲金融危机而遭受了巨大的恐慌。亚洲外汇市场中的日益增长的风险不确定性导致了一场全球范围内的金融恐慌。金融市场开始相信世界某个区域的经济疲软会迅速地传染给全世界的所有市场。

自此之后，全球经济已经被日益网络化。例如，全球金融市场中的一场恐慌会导致资本外逃至一个更为强大的市场，但这个市场也正处于衰退之中。这两个市场之间的联系能够导致强烈的金融震荡，因为资本在这两个市场中来回流动以寻找更好和更安全的回报。

最终，这种市场之间的来来回回的金融震荡会在一个新的较低的水平上平定下来。但是，在这些金融震荡平定之前，这些全球市场要经历更严重的衰退和波动。这就是全球化和紧密联系的金融市场的隐性成本。

强盛的果实成为衰亡的种子

网络理论告诉我们，一个经济帝国能够创造协同效应，这种效应有时能够使经济以令人吃惊的速度发展。确实，能够控制和利用经济潜力的正和博弈是所有经济帝国的共同要件。

但是，混沌理论也告诉我们，这些非常的协同效应也在某种程度上放大了不确定性(随着时间的推移会成倍增加)。产生了经济帝国的私人领域与掌控整个帝国的政府机构之间的模糊界限导致了两者之间更深的相互依赖性和对政府将对那些处于危机中的私人机构进行财政援助的更大期望。这种政府对私人机构的隐含担保导致了更大的风险承担和道德风险。结果，这种首要人物之间的伙伴关系酿成的公私经济决策将会限制进一步的经济发展并且会威胁到其他国家的经济发展。

更广泛的网络在其最好的时候能够让更多人分享繁荣。但是，同样还是这个网络，它在最坏的时候能够创造经济脆弱性，并且能够产生经济病毒并将其注入给联系日益紧密的全球经济。

第二十章
私人财产让位于公共产品

“财产权利产生于我们的自然需求以及我们被赋予何种方式来满足这些需求，我们必须在不侵犯他人同样权利的情况下通过这些方式来获得这种权力。”(托马斯·杰斐逊，1816 年)

我们并没有做什么努力以便让一个经济帝国把注意力从私人生产上转移到更加缥缈的公共产品的生产上。当政府做到这一点时，它们也造就了消费主义。

私人领域与公共领域之间的矛盾是经济哲学的一个反转。私人财产是资本主义体制的基础，并且是一项让美国最好地利用第二次工业革命从而成为经济帝国的创新。一个富裕的帝国的公共利益常常让步于对私人财产的保护，而正是这种对私人财产的保护当初产生了美国这个经济帝国。

美国逐步转变对私人财产的态度的过程：美国《权利法案》中对私人财产进行了严格的保护，但美国后来的法律逐渐允许这些私人财产权利被公共领域侵蚀或者被纳入到公共领域之中。

对生命、自由和财产的保护

现代宪法用各种方法对财产进行保护。财产保护这个概念可以追溯到约翰·洛克以及其他人那里,他们相信自然法优于政府创制的法律。这种自然法必须保护生命、自由和土地(或者财产)。确实,这种观点是乔治·梅森于1776年起草的《弗吉尼亚权利宣言》的基础,这份文件指出:"所有人都天生享有同样的自由……并且享有某些天赋人权……不能凭任何契约剥夺他们的这些权利。"托马斯·杰斐逊在起草《独立宣言》时借用了乔治·梅森的这些话,他指出:"我们认为下述真理是不言而喻的:人人生而平等,造物主赋予他们若干不可剥夺的权利,其中包括生命权、自由权和追求幸福的权利。"

通过认识洛克"政府不能剥夺天赋权利"的自然法观点和列举追求幸福的权利(作为洛克认为的对土地或财产的权利的替代品),杰斐逊重申财产是追求幸福的必要因素。他断定美国未来的发展必须建立在私人财产和自由市场的基础之上。

1791年颁布的美国《权利法案》在其第五条规定了对财产的保护。该法案禁止联邦政府在未支付公平赔偿的情况下将私人财产充作公用。此后,1868年颁布的美国宪法第十四条修正案重申州政府未经正当程序不得剥夺任何人的财产。

从1791年颁布的《权利法案》和1868年颁布的美国宪法第十四条修正案开始,美国对私人财产的态度开始逐步演化。首先,1877年的"芒恩诉伊利诺伊州"(Munn v. Illinois)一案的判决结果允许联邦政府通过管制来剥夺私人财产权利。当被问到一个私人公司是否可以出于公共利益而被管制时,美国联邦最高法院给出的答案是可以,并且为私人产业的公共管制确立了框架。

这个法院判决毫无疑问地受到了快速发展的镀金时代中的过分和猖獗的资本主义的责难。通过许可对私人企业进行公共管制,它宣布私人财产权利能够出于公共利益而被剥夺并且应当获得公平的补偿。

这些私人财产权利此后受到了一系列法院判决的进一步侵蚀。在“联邦政府诉卡洛琳”(United States v. Carolene)一案中,美国联邦最高法院于1938年做出的判决中指出,尽管某些权利受到了严格的保护,但经济权利只有在“合理性根据”(rational basis)检验的基础上才能被保护。这个检验要求政府慎重地考虑剥夺经济权利的成本是否超过了公共领域由此所获得的利益。

这个允许政府剥夺经济权利(包括财产权利)的门槛要求政府保持最大程度的慎重。实际上,最高法院已经表明自己没有能力对政府经济决定的合法性进行事后评论。最高法院将不会介入到这种争论之中去,除非政府非常明显地没有合法地实施自己的权力。换句话说,政府在对经济问题进行处理时的行为被推定为具有合宪性。

对自由市场的限制在新政的高潮时刻到来了。富兰克林·罗斯福总统因为受挫于一个不愿与他把美国带出大萧条的努力保持一致的保守的联邦最高法院而威胁要扩大联邦最高法院的规模,要任命一些对罗斯福新政持友好态度的最高法院大法官。尽管他的这个“填塞法院”的计划最后以失败而告终,但他还是影响了联邦最高法院来支持自己的政府。一个对新政更为友好的最高法院在“联邦政府诉卡洛琳”一案中做出了有利于政府的判决。

征收条款

“征用条款”的本意是合乎情理的。合法的政府征用有一个范围,以便帮助政府明确地促进公共利益。例如,如果当国家建设的高速公路有一个更直接的路线时州际贸易能够更具效率,那么这些高速公路所穿过的土地就对整个国家有利。但是,如果这些土地的所有者为了自己致富而对公共利益进行敲诈勒索时,这种公共利益就会受挫。通过提供仅限于公平或者以市场为基准的赔偿,征用条款阻止了这种投机性勒索。

但是,尽管绝大多数人同意征用可以阻止公共利益的流失,但美国的案例在这方面的态度并不是很明确。

例如，在“夏威夷房管部门诉米德奇夫”(Hawaii Housing Authority v. Midkiff)一案中，联邦最高法院于1984年作出的判决允许政府可以因为意图分割土地以创造一大批小地产主而征用被一个大地产主所拥有的土地。相反，在“博尔顿社区理事会诉底特律市政府”(Poletown Neighborhood Council v. City of Detroit)一案中，密歇根州最高法院于1981年作出的判决规定，通用汽车公司这个大私人地产主可以使用底特律市议会制定的与征用有关的法律条款来从大批居住在底特律博尔顿社区的小地产主那里征用土地。

这种趋势持续到它招致了选民们的愤怒。美国联邦最高法院于2005年在“卡罗诉新伦敦市政府”(Kelo v. City of New London)一案的判决中指出，征用权可以被用于将土地从一个所有者手中转移到另一个人手中(这个人的目的是为了通过重建来促进整个社区的经济发展)。在最高法院的这个判决公布之后，美国50个州中有43个州随即通过法律对自己的征用法律条款进行了强化，而这也遭到了美国民众的强烈反对。

通过知识产权发展经济

尽管土地财产权利是非常重要的地方性事物，但对知识产权的保护也得到了全世界的响应。正如土地财产权利赋予公民使用自己土地的垄断权利一样，知识产权也将垄断权利扩展到专利权、工业设计权、著作权和商标权上。

我们已经观察到一个经济体将会超越劳动密集型生产阶段而进入到应用日益先进的技术的资本密集型生产阶段。一个先进的经济体将越来越依赖于知识产权。

世界知识产权组织(World Intellectual Property Organization)最近一项针对亚洲六国的研究报告指出，知识产权保护和经济发展之间有着正相关性。知识产权保护对世界上绝大多数发达国家来说都是一个最重要的议题。如果有人说发达国家从知识产权中获得的好处比新兴经济体要高出很多,这一点也不让人感到吃惊。

对知识产权的全球争论起始于《与贸易有关的知识产权协定》(Trade Related Intellectual Property Protocol,简称 TRIPS)。这个将知识产权与贸易挂钩的协议是《关税与贸易总协定》(General Agreement on Tariffs and Trade,简称 GATT)乌拉圭回合谈判于 1994 年达成的一个结果。这个应当得到 GATT 全体成员遵守的不断发展中的全球贸易规则受到了当时世界上最大的三个经济体即美国、欧盟和日本的支持。

知识产权保护与保护所有种类财产的自由市场规则完全一致。但是,正如我们此前所提到过的那样,新教徒对生产和财产的价值观并不是一个可以被普遍接受的文化。

例如,我的朋友约翰·莱曼(John Lehman)最近就指出:

"西方各国试图使中国遵守对知识产权的保护已经经历了一个长时间的失败。无论对这个问题进行商谈的焦点是集中在法律比较方面还是在产生于经济发展水平的解释方面,不能忽视的是美国在 18 到 19 世纪间也曾经无视这种权力。经过几十年的激烈谈判,知识产权仍然是导致西方世界与中国不合的一个重要原因……如果从传统中国的社会和政治学立场(尤其是新儒学)对这个问题的源头进行考察,我们就会发现,17 世纪和 18 世纪的欧洲对知识产权起源的基本假设与传统中国人对知识在社会中的角色的看法完全不同……西方国家的政策制定者没有考虑到这些差异,但是他们试图在缺乏社会结构基础的情况下将西方的法律概念移植到中国的做法是他们不能在知识产权领域取得成功的主要原因。"

莱曼认为,知识产权保护中的文化差异超越了单纯的经济发展相对阶段的差异。在对为什么发达国家和新兴经济体在知识产权和其他类似的基础性经济价值观上存在区别进行解释时,文化差异非常重要。

对财产的保护是一项起始于《大宪章》(Magna Carta)的自然法规定。它是自由市场的基础。但是,这项权利有时也会使公共利益受挫。一个经济帝国不可避免地会在追求自己幸福的私人财产所有人和更大的公共整体利益这两者之间顾此失彼。

因为这些公共利益的扩展与经济帝国中政府作用的增长成比例,引发了巨大经济发展的财产权利常常受到限制。尽管这种限制是新兴的公共利益的一个自然后果,但它很可能对作为经济帝国原动力的私人领域的经济发展造成打击。

我们已经指出,技术扩散和模仿将导致经济体制的融合。尽管占据主导地位的自由市场经济体制当然会受到民主政治体制的促进,但社会不仅仅只包括经济和政治。每个社会都有特定的有关公平、道德和信仰的概念,这些概念有助于我们理解文化规范。这些文化规范不可避免地影响到经济价值观。

尽管我们所谓的经济创新已经繁荣了大约 3 个世纪,但强大的文化规范已经在某些社会里盛行了几千年。这些财产规范、合作规范以及政府的作用不可避免地将对主导经济发展的道路产生影响。

在相互竞争的财产概念和相互竞争的经济体制之间还存在着一个迫在眉睫的冲突。财产权利的保护与西方公民社会和经济原则相一致。但是,这些被如此完全纳入传统经济帝国的原则并没有被新兴国家完全接纳。

第二十一章
赢家的诅咒

“不要抛弃你特殊的性格和价值、你知道但其他人却得不到的秘密和真相，不要让它们被巨大的自负感所吞噬。”（伊索，古希腊哲学家，公元前620—公元前564年）

赢家的诅咒影响了所有的人，它最值得我们警惕和遵守。当一个人领先尤其是遥遥领先时，看起来似乎没有什么必要往后看。一个处于舒适的领先位置的竞赛者并不需要注意自己的后视镜。那些竞赛中的落后者最清楚领先者的优势所在。赢家的诅咒实际上是赠送给那些认识到赢家的自负是其致命弱点的后起之秀的一个优势。

笨重的巨人

一位奋起直追的竞争者有时会做出人意料之举，而这个举动会唤醒笨重的巨人。前苏联时期的发射人造卫星就是这样一个出人意料之举，这个举动使二战结束后一直陶醉在自己的成功之中的美国被唤醒。但是，随着铁幕的崩溃和冷战结束，仍然还有其他一些同样具有重要意义的行为来使美国这个世界上唯一现存的超级大国保持清醒。

我们很难低估这种行为对一个已经习惯于经济帝国地位的民族心理的打击。随着第一次工业革命的到来，英格兰在维多利亚女王时期和第二次工业革命的前半期取得了持续繁荣。美国直到1901年才取代英国成为世界上最大的经济体。从那时起，美国就一直没有朝后看过，直到现在。

我们可以从大英帝国在20世纪的分崩离析中学到不少经验和教训。确实，英格兰认识到维持一个疆域如此广阔的帝国需要巨大的成本。维持一个大帝国安全的耗费巨大，尤其是当这种安全受到不同方面的挑战时。例如，同时与法国和与美洲殖民地进行交战几乎使英格兰破产。

昂贵的傲慢

一个疆域广阔的大帝国的优势在于它提供了一个持续的由外围地带通往中心地带的收入流。当然，这个收入流的成本在于要维持殖民地或者其他地区对帝国的依赖顺从。一个帝国在本质上并不是仁慈的，尽管她的国民可能会尽力地这样设想。如果帝国必然伴随着高压政治，则帝国实力的维持必然耗资巨大。

经济和政治领导人有一种自欺欺人的倾向，即认为自己对其他人的影响力是建立在更高的思想原则基础之上。我们绝不能低估人类对于他们认为最方便的思想进行合理化的嗜好。这并不是说不存在某些值得被普遍采纳的更高的思想。但是，一个处于从属地位并且不能分享帝国利益的国家将认识不到这种更高思想原则的智慧所在，不管这种思想在逻辑上是如何的引人注目。

因此，帝国们常常"投资"于充足的军事力量，以此作为维持帝国地位的必要条件。尽管分享帝国的财富会比分享思想更具效率，但它常常会代价高昂。它还会在某种程度上耗尽宗主国的资源，这使得它在国内受到的欢迎程度比不上使用武力。

帝国与其附属地之间的关系也不是铁板一块。正如同兄弟姐妹之间的关系一样，每一种国际经济关系都不同，并且其对伙伴国家都有不同的需求。使所有的这些关系在某种程度上不与自己的其他关系发生抵触是一个不可能的尝试。

当一个国家开始认识到自己的衰老时，它就会表现出一种傲慢和莫名的自大。正如一个已经不再辉煌的演员或者一个中年人回忆自己在高中运动会上的辉煌日子一样，一个已经不再辉煌的帝国会加倍努力以生活在虚幻的现实当中。当某个人不再受到赞誉时，他就会陶醉在过去的荣耀之上吃老本。

与此同时，对那些长久以来已经习惯了经济帝国威望的公民的心理期望值进行重新调整十分困难。某位英国内政大臣被报道曾经说过他的工作就是“监督大英帝国有秩序地下沉”。尽管政治领导人必须要重视自己在帝国终结过程中的作用，但一个浸淫在这种文化的民族需要更长的时间才能撼动其自我形象。帝国的形成需要至少好几十年。帝国不会很快就烟消云散。

一个帝国也可能缺乏那种知道什么时候决定对外政策和必须在什么时候兜售这种政策的能力。一种流行的和国内占主导地位的文化淹没了其他所有的文化。但是，其他一些并没有被这种主流文化所征服的新兴帝国能够更好地衡量和利用许多世界上最好的事物。

一个帝国的缓慢衰亡部分是因为帝国的派头和象征物只会缓慢地衰减。它们是帝国经济和文化的组成部分，并且被慢慢地蚕食。而且，尽管一个走在通往帝国之路上的人的性子比较急躁，并且会随着民族主义和财富的增加而被煽动起来，但要想成为帝国就必须保持低调和沉稳。一个正在快速追赶的人关注的是指挥棒末端的胡萝卜。而一个处于领先位置的人则很少回头看一下。

强盛的果实成为衰亡的种子

对任何一个新兴国家来说,帝国的创建都是一个令人兴奋的时期。一个国家为了争夺最终的经济荣誉而引发的民族主义情绪只有那种帝国建成时的满足感和自豪感才能够与之媲美。此时,人们很容易被这种民族主义情绪的势头所推动。毕竟,一旦曾经被赋予过伟大的荣光,那么再为这种荣光进行奋斗就显得不太体面了。但是,当一个国家到达经济运行轨迹的巅峰时,这就意味着这个国家由追逐者转变为了被追逐者。我们必须遵循这个重塑和反思的时代,因为这个时代能够让一个更完美的经济体实现持续创新。这大概就是我们所面临的最大挑战。

第六编

新经济秩序

尽管一个经济帝国竭力重整贸易条件以便为自己的商品和服务创造一个更自由的市场,但一个已过巅峰状态的富裕帝国会将其重心从生产转向消费。这种转变也有一个重商主义倾向,因为这个富裕的帝国能够轻松地满足其对商品的需求。

一个富裕的经济体日益变为服务导向,并且这些服务通常都是由国内和本地提供。因此,国内生产总值变得高度依赖于消费和服务领域的扩展,出口行业不再是重心。这可能在一定时期内维持经济的增长,但却是以牺牲对自己实物资本的投资为代价。这种出口导向领域的生产和创新导向投资的缺失将导致增长的终结。

第二十二章 消费经济的政治学

“贵重物品的炫耀性消费是有闲的绅士博得名声的一种手段。”(托尔斯坦·凡勃伦,《炫耀性消费》,1902 年)

就像一个国家可以从用机器生产财富转向在华尔街生产财富一样,一个处于巅峰的国家也可能滑向经济孤立。一个满足于因不断从国外流入的资本而带来的奢华的经济帝国特别容易受到这种孤立状态的影响。与此同时,新兴的帝国们非常愿意增强以消费性经济为特征的幸福感。

循环流动

国家通过两种路径创造财富。第一条路径是将其他国家对其商品和服务以及生产要素进行购买而得来的资金直接注入本国经济中。这条路径对新兴国家尤其重要。其他国家对本国商品和服务的购买创造了国内需求,并且还运用了本国的生产要素(尤其是其人力资本)。这种外国资金的流入能够随即被用于从其他国家购买资本货物(capital goods)。这种资本货物的重要性使得新兴国家增加自己的资本存量，并且使其劳动力更具效率。它还有助于实现现代化和技术转移。因此，像中国和印度这样的国家正在以这种路径运用自己庞大的贸易盈余来建设自己的经济基础设施。

增加国内财富第二条路径是确保在国内赚取的收入（所有的生产要素都在国内）被重新注入国内经济中。新兴国家可以适用税收和储蓄的方法来推动政府对基础设施的投入和私人资本投资。这两种方法都能够创造工作机会和进一步的收入。但是，为了取得成功，这种策略需要经济体具备吸收资本的能力和能够将基础设施支出和资本投资投向那些高效和较高回报率的渠道。

这个过程能够一直持续到所有的生产要素都被充分运用。在具备一个强大的资本存量、一个训练有素的企业家阶层和一个希望崭露头角的人力资本存量的情况下产生的人均国内生产总值将会比得上发达国家。

增长的终结？

但是，一旦生产要素被充分运用以及产能达到饱和，进一步的增长就只能来自于进一步的提高效率、技术进步和生产要素的增加（最明显的就是熟练劳动力的增加）。一个通过使自己的产能最优化而成为经济帝国的国家将会在创新和自己从国外吸引新金融资本、实物资本和熟练人力资本的能力的基础上进行扩张。

一旦这种国内产能达到饱和状态，增长就不会再被那些未实现的潜能所推动。相反，财富的存量和消费主义的兴起代替了出口。这个国家就不可避免地将重心从生产经济转向消费经济。

马斯洛的需求层次理论也开始流行。一个从生产主义转向消费主义的国家拥有的财富足以轻易满足其对实物和住所的基本需求，消费者转而开始将自己收入中的更大份额投向服务业。例如银行、金融、娱乐、医疗和教育这样的服务领域将消耗掉人们收入的更大份额。

一个新兴的占主导地位的服务行业在很多方面与传统的商品生产行业不同。某些服务行业(例如健保)需要的技术和资金相对降低。而且，因为这些行业不是资本密集型的行业，它们的工资水平也比较低。最后，服务领域的活动都是一种当下的活动。例如，理发和看医生就不能被积攒起来。服务活动通常刺激当下的消费，并且很难预留投资作为明天的消费。

这些劳动密集型和低工资的消费导向特征最终意味着财富不会以很快的速度被创造出来。一个习惯于惊人增长速度的经济帝国必须转变其增长速率，使其与经济规模增长、劳动人口的技能改善和技术提高这几个因素大体保持一致。

很少有国家能够使自己的国内劳动力以飞快的速度增长。某些国家(最显著的就是德国)通过吸收移民来增强自己的劳动力。某些国家还试图通过鼓励教育和提升本国人力资本的价值来获得持续增长。还有其他某些国家通过雄心勃勃的研究和发展计划来提升它们资本存量的价值。

生产部门的萎缩

马斯洛需求层次理论的本质在于，人们的需求随着收入的增长而在不断地增长。马斯洛的理论显示个人的相对偏好越来越倾向于服务而逐步偏离商品。个人也更乐于将自己的财富转向购买额外的舒适和投入到慈善事业中去。这将使得某些人从辛苦的劳动中撤回来，转而去购买更为舒适的商品(或服务)或者从事那些工作时间更灵活和更舒适的工作。人力资本进一步地偏离制造业和更具劳动密集型的行业，并且进入服务导向行业。

个人也会日益关心他人，并且会更多地进行收入再分配方面的尝试。对更具效率和更高的国内生产总值的重视在这个转变过程中将会被抛弃。此时的重心是经济蛋糕的分配而不是创造经济蛋糕。

政府的发展和多数人的消费

重心由生产转向公平分配的转变过程并不会被视为经济原则的退化。确实,民主本身是一个具有高度经济价值的原则,这一点经常被其他国家所忽略。一个经济帝国的财产和富裕表明这种民主是它能够负担的一项奢侈品。对某些人来说,这种奢侈品是对马斯洛认为的较高层次需求(善、自我实现和自主甚至是精神需求)的一种满足。

就像我们所作的所有经济决定一样,我们在享受民主时必须平衡其所带来的利益和成本。民主的利益应该包括从民主政府向其公民提供的社会福利网中获取安全。公共教育、为公共安全负责的警察力量和武装力量、交往和表达的自由以及对公民自由的保护都是民主应当提升的对象。

如果这些实现自由、安全和自主的权利是满足一个富裕的社会能够承担的更高层次的需求所带来的利益,那么政府提供的这些服务是需要付出成本的。在累进所得税制度之下,这些服务的价格随着收入和财富的增加而提高,由此我们可以推定富人能够更好地负担并且愿意为这些民主制度的产品支付更高的价格,就像他们比那些穷人们更愿意为任何其他奢侈品支付更高的价格一样。

但是,这些由政府提供和维持的公共产品和服务与那些市场导向的产品在一个重要的方面有所不同。我们对自己所消费的其他产品和服务都可以做出个人选择。但对于政府提供的服务,多数人已经为我们做出了选择。政府为我们提供的某些公共商品和服务是私人市场所不能提供的。例如,私人市场不可能保护表达的自由,并且不可能成为治安服务的理想供应商。我们的社会希望由政府来提供这些产品和服务是因为我们使自己对这些消费形式的个人喜好服从于那些多数人通过投票箱做出选择的消费形式。

一个棘手的交易

一个富裕的社会把自己的大部分国内生产总值投入到这些公共服务的供应之中。例如，美国政府的开支在1909年是国内生产总值的7.84%。到了2009年，这个比例上升到了46.22%，比1909年增加了489%。这些政府提供的新型服务中的很多服务以及收入再分配是一个世纪之前无法想象的。

政府还可以提供经济基础设施和一个能够增强和维持经济帝国完整性的管制结构。正如2009年的种种情况所表明的那样，政府有时可以提供财政政策服务，该政策可以被用于使一个处于严重经济衰退之中的国家保持稳定。

但是，大政府的兴起和与此同时的大公司的衰弱也使我们的集体重心由我们所能创造多少财富转向政府能够为我们提供多少服务和福利。我们国家的重心也不可避免地由财富增长转向财富掠夺。

在一个财富掠夺的世界中，我们发现它有利于形成各种利益分享集团。这些特殊的利益集团能够更好地呼吁政府采取有利于它们利益的行为。正如政府领导人难免会认识到自己与商业领导人有更多的共同点一样，政府领导人也认识到要和那些与自己的利益最紧密地结合在一起或者能够最好地增加政府领导人的政治财富的特殊利益集团保持亲和关系。那些最先开始推动民主的普通民众的利益不可避免地屈服于那些组织完善的特殊利益集团的利益。

这种由生产驱动的增长转向特殊利益的掠夺的转变导致劳动者阶级的增长变缓甚至是衰减，但是不从事劳动的特殊利益阶级则更快速地增长。

消费主义的兴起

一个富裕的经济帝国的另外一个特征就是它对消费主义的重视。我们可以从凡勃伦的《有闲阶级论》一书中了解到他对消费主义的描述。在马斯洛的需求层次理论中，为了消费而消费是指为了满足一个人对与众不同的标志型财富的需求而进行消费。

这种从资本货物的生产和将产生经济增长的知识生产转向消费主义和休闲的转变刺激了消费和国内收入的循环。但是，它也使从其他国家进口的商品增多，并且还使经济决策的重心从未来的增长偏向现在的消费。最终，这种转变不是一个有利于经济健康发展的转变，因为是否具有可持续的发展是经济帝国的重要目标。

对可测量的偏见

但是，我们不能为了实现一个经济大国的目标而盲目提高经济发展速度。例如，对现在和未来的生活质量的更加重视会随富裕而到来。这种重视可以包括对环境和其可持续性的更加重视、对人权的更加坚持和对正义的更深了解。

此外，为了增长而增长有其固有的偏见。一个国家的价值（一般通过一个国家在某个特定年份的国内生产总值进行界定）也包含了一系列假设，其中有一些从票面价值上看是不切实际的。

例如，国内生产总值的度量假定一件商品或者服务的价格是一个对该商品价值的精确表述。某些价格可能是潜在价值的精确表述。但是，某些商品（例如水）的丰富供应会导致一个较低的价格，虽然清洁的水是非常宝贵的。

国内生产总值还忽略了我们对那些免费或者被排除在市场之外的物品或者服务的消费。一个喜欢大自然和户外活动的人会舍弃传统消费并且将大量的时间（这些时间本来可以投入到工作当中去）投入到野外生活中去。这种舍弃对市场产品和服务的消费和生产并转而投入到享受自然界服务中去的决定指出了国民收入和国内生产总值计算中的一个严重缺陷。

这种将非市场活动忽略在我们的国内生产总值之外的做法随着收入和财富的增长带来了更多的问题。一个国家可能会在传统的发展路径方面似乎陷入停滞状态，但它却可能在与人的生活质量有关的其他发展路径方面保持稳定增长。

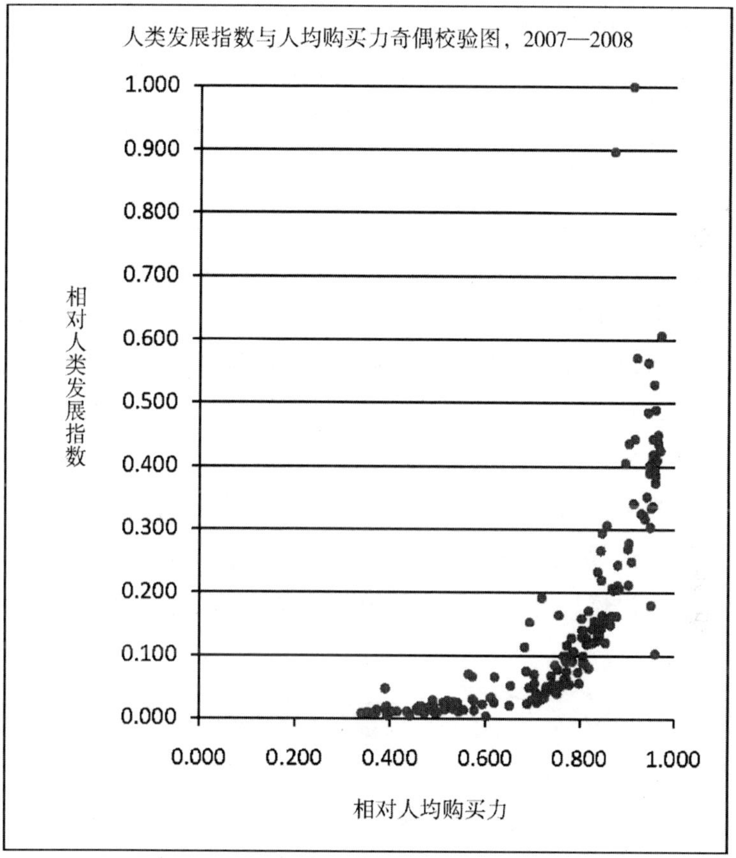

图九　人类发展指数与国民经济购买力的比较

某些学者试图对这些非市场活动进行分析。贝特西·史蒂文森(Betsey Stevenson)和贾斯汀·沃尔弗斯(Justin Wolfers)认为在一个国家的人均收入和生活质量之间有一个不完全相关性。他们的研究指出在整体生活质量和人均购买力之间仅仅存在着一个大致的相关性。他们发现例如丹麦、芬兰、加拿大、以色列、西班牙、新西兰、爱尔兰和挪威这样的国家比美国的生活质量更高，尽管它们的人均收入比美国要低。

同样，联合国也定期制作一份生活质量指数排名表，并且将其发布在每年一度的《人权发展报告》(Human Development Report)上。这个指数包括了例如预期寿命、受教育程度、生活水平和移民率等方面的因素，以此来测量一个国家生活质量的整体吸引力。

如果我们将联合国的这份人类发展指数与世界上各个国家的人均购买力进行对比，我们会发现在生活质量和一个国家的国民收入之间仅仅存在着一个松散的相关性。我们发现某些国家拥有一个很高的人类发展指数，但并没有一个相应较高的购买力。我们还发现某些国家拥有很高的人均收入，但其人类发展指数却与某些世界上最穷的国家差不多。

另外一个测量生活质量的方法是仅仅将其与国内生产总值紧密联系在一起。不幸的是，国民收入和国内生产总值排名是一个最常用的国家衡量标尺。如果在一个富裕而缺乏人情味的社会里，消费者可以用炫耀性消费来获取他人尊重，国家们也仍然热衷于用国内生产总值这种最简单的测量方法来对国家实力进行排名。就如同人们仍然受缚于彼此之间的财富比较一样，国家之间也因为想成为经济帝国而在为它们的相对位置进行竞争和比较。这种比较就像民族主义一样是不可避免的。

强盛的果实成为衰亡的种子

一个富裕的经济帝国必然会将其重心从生产转向消费，从私人生产转向政府提供商品和服务。依据马斯洛的需要层次理论，这种必然性是富裕的自然结果。

这种为了增长而增长的做法中存在的一个根本性问题在于一个富裕的经济帝国开始将其消费重心从市场活动转向休闲和自然这样的被排除在国内生产总值测算之外的活动。富裕和马斯洛的需求层次金字塔引发了民主、政府的发展和目标由做大经济蛋糕转向分割经济蛋糕。随着这种趋势的发展,出现了一系列特殊利益团体,它们通过把这个世界视为一个常和博弈而寻求满足自己成员的需求。在这一过程之中,人们努力的重心从生产商品逐渐转向掠取商品,并且这个世界实际上已经变成了一个负和博弈。

第二十三章
逐步的经济边缘化

“荣耀转瞬即逝，平凡才是永恒！”（拿破仑·波拿巴，法国政治家，1769—1821年）

英语中的“霸权”(hegemony)一词来源于希腊语“hēgemonía”，意为支配性的领导者或者领导地位，指那种将统治阶层的利益作为普遍利益的观念。

对任何一个处于领导地位的实体来说，把自己的地位转化成能够增强自身利益的影响力都是很自然的事。它们也会将自己的利益合理化为普遍的利益。但是，当一个领导者不明白其他人为什么不接受自己的想法时，事情就很糟糕了。

有一个关于青蛙的民间传说。当一只青蛙掉进一桶热水中时，它会奋力逃走。但是当一只青蛙掉进一桶处于缓慢升温状态中的温水里时，它根本不会挣扎。那些处于自满状态的经济力量与这只青蛙没有什么区别。自大和自满就是一台引发了一个经济帝国的衰亡的巨大调平器。

罗马帝国因为贪图享乐和腐败而崩溃。但是，一个经济帝国的衰亡通常并不是由于其领导地位的丧失。相反,随着时间的推移,经济帝国都具有以下特点:效率日益低下,帝国的重心从生产转向征税和战利品的分配,一种建立在对往日荣耀怀念基础之上的不切实际的乐观。经济帝国们喜欢在前进的道路上不时地通过后视镜来回顾一下往事。

重心的转变

刺激一个经济领域的发展但却导致另一个经济领域的衰弱的一个重要原因在于一个国家的重心从把经济蛋糕做大转移到如何分配经济蛋糕之上。当一个国家的重心发生这种转变时,一切都变得具有相对性了。一块蛋糕与另一块蛋糕之间的相对大小比较成为霸权的核心。

这种重心的转移最终将导致经济被边缘化(与自己的全球贸易伙伴相比)。我们可以将边缘化定义为一个与普通状态相对应的日益恶化的经济地位。如果我们以相对人均收入为基础来衡量这种不断恶化的经济地位,那么当一个经济帝国的财富相对于全世界而言处于减少状态时,边缘化就发生了。经济帝国如果跟不上自己竞争对手们的发展速度就会导致边缘化,即使是该帝国处于自己的巅峰时期也是如此。

尽管国内政治会要求健康的人均收入增长,但经济帝国不可避免地通过经济总规模而不是人均收入来和其他国家进行比较。换句话说,一国的全球实力与该国的经济影响力或者该国(与其他国家相比)购买力的市场份额成正比。

经济影响力的边缘化过程表现得非常缓慢。曾经占据主导地位的证券交易所退化成众多交易所之一。一个国家最大公司的市值被其他国家的公司超过。一个出口导向的国家变成依赖于进口的国家。国内投资者开始到新兴经济体中寻找投资机会。最终,为了维持庞大的政府支出,经济帝国发现自己不得不向自己的竞争对手大举借债。

这一过程导致了边缘化,一个经济帝国逐渐被吸进或者陷入另一个更大的新兴帝国的阴影之中。这种经济阶梯式递减的过程也使得曾经帮助前任帝国建立和维持优势地位的霸权影响力逐步消减。

中国在1999年的国内生产总值为10 830亿美元，位居世界第七。而美国在这一年的国内生产总值为92 160亿美元，位居世界第一。10年之后，中国的国内生产总值已经由世界第七上升到世界第二，达到46 000亿美元，而美国的国内生产总值为142 610亿美元，仍然居世界第一位。

中国在过去10年中的平均增长率为14.5%，而美国的平均增长率为4.4%。如果两国都维持这种经济增长速度，那么中国将在2021年左右超越美国成为世界第一大经济体。中国很有可能仅用30年的时间就由1991年时的世界第十大经济体发展成为世界第一大经济体。

罗伯特·福格尔(Robert Fogel)因为用计量经济学方法来解释经济和组织的发展与变化而于1993年获得诺贝尔经济学奖。他后来又投入到对中国的经济发展奇迹进行研究之中。在《注意！中国的经济规模到2040年会达到1230000亿美元》一文中，他解释了为什么他认为中国的经济规模将在30年后是美国的3倍。

福格尔通过一系列被其他研究者忽视了的微妙影响力而得出了自己的结论。例如，西方世界的人口已经处于负增长状态。中国经济的增长也被低估了，因为中国一直使自己货币的汇率处于人为的低水平。由于这种货币扭曲，中国能够更准确地找到一种经济影响力的替代措施，即"购买力平价"[①]。

我们可以通过下图了解一下通过购买力平价方法所测算出的现代经济时期的国民产出以及福格尔对2040年全球市场份额的预测。

这张图意味深长。如果经济帝国是通过其经济规模和相对于其他国家的经济实力以及霸权所取得的优势来进行衡量的，那么经济帝国们自然会来来往往。福格尔认为中国的人均收入到2040年将会达到85000美元(按现在的币值计算)，这将是欧盟同期人均收入的两倍。

尽管我们不难依据全球影响力和实力推断出一个新经济帝国的崛起

① 2012—051—008

效应，但我们还是需要进一步对那些衰亡帝国的意义和影响进行理解。

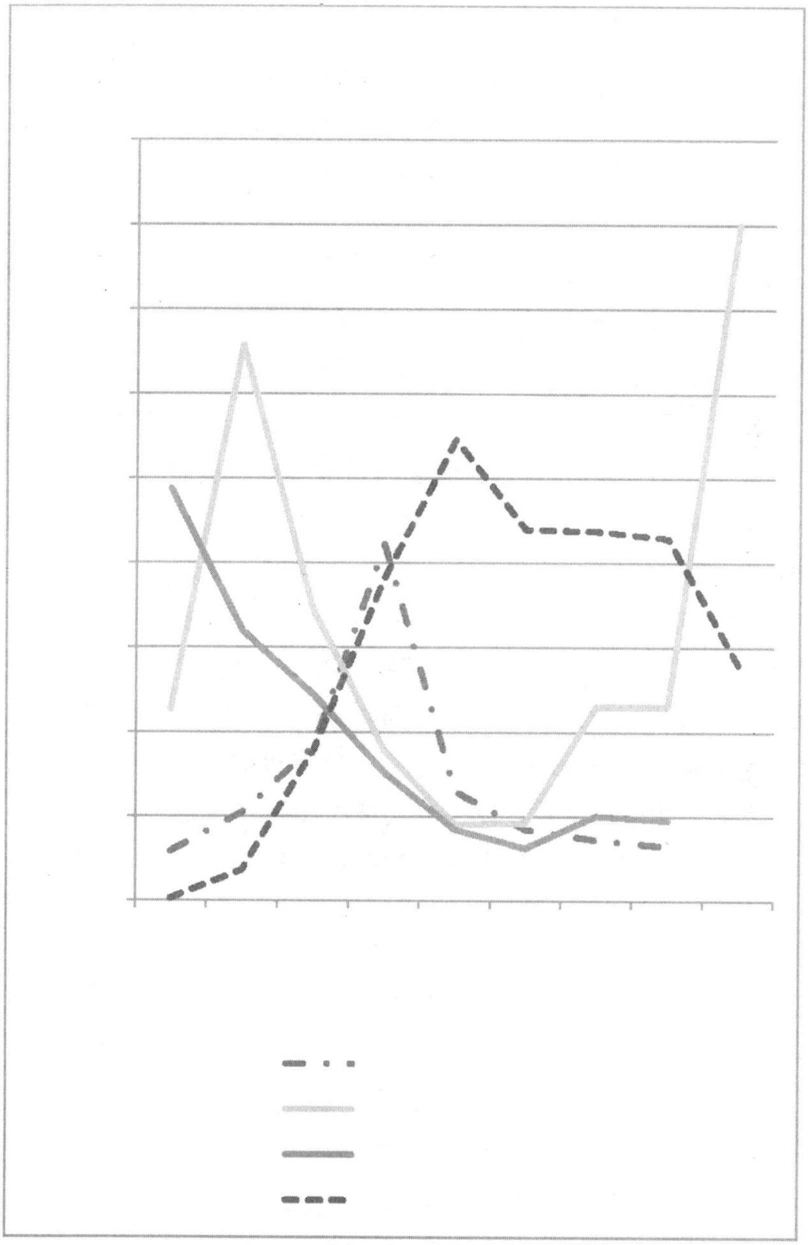

图十　全球市场份额的历史回顾与展望

强盛的果实成为衰亡的种子

数据显示经济帝国的寿命是短暂的。在仅仅约一个半世纪里(1860—2021年),中国、英国、美国和新中国先后成为世界第一大经济体。随着某个国家成为世界第一大经济体,它就能够享有对全球贸易条件进行限定的优势。

尽管我们能够以图形的方式观察到对相对经济实力的测量,但这种经验观察并不能取代理性化的解释。然而,这种图形仍然是霸权如流沙般消逝的有力证据。

莱因霍尔德·尼布尔(Reinhold Niebuhr)就认为所有的经济帝国都必须运用自己的力量,即使这种力量的运用将最终破坏自己。他在1952年出版的经典著作《美国历史的反讽》(The Irony of American History)中,写道:

“我们采取(并且必须继续采取)有悖道德的行为来维护我们的文明。我们必须运用我们的力量。但是我们既不应该相信一个国家能够在运用自己力量的过程中做到完美无私,也不应该对力量运用的合法化抱有特殊程度的兴趣和热情,因为这种合法化往往是以破坏公正为代价的。

我们对权力欲望的缺乏使得敌人谴责我们格外无能。另一方面,我们已经被自己对如何应对权力诱惑准备不足的天真行为所迷惑。”

第二十四章
只差一步成帝国

“如果美国人民允许私人银行(首先是通过通货膨胀,然后通过通货紧缩)控制他们的货币,那么银行和公司就会剥夺人们的所有财产,直到他们的小孩醒来时发现自己在这个父辈们曾经征服过的大陆上无家可归。”(托马斯·杰斐逊,美国总统,1801—1809 年)

如果有人试图在几十年前预测下一个经济帝国是谁,几乎所有人都会指向日本。在保罗·肯尼迪于 1981 年出版的《大国的兴衰》一书中,肯尼迪指出日本正在逐渐确定支配地位。但是,日本世界第二大经济体的位置在 2009 年被中国超越。日本发生了什么?

日本和德国在二战结束后都受益于同盟国试图重建欧洲经济基础设施的马歇尔计划(Marshall Plan)。直到中国经济奇迹般崛起之前,这两个国家都是世界第二大经济体和第三大经济体。

在 20 世纪 70 年代,日本朝向经济帝国的戏剧般的崛起被称为“日本奇迹”。日本的成功道路很快就得到了其他国家的仿效。日本的成功要归功于一种被称为财阀的新资本主义形式,这种形式建立在以全面质量管理为前提的基础之上，使大型控股公司们通过新的管理技术联合起来。正如我们在前文已经讲述过的那样，这些全面质量管理的新技术实际上来源于爱德华兹·戴明这样一位被美国陆军部派往日本帮助其在二战后进行重建的美国商业创新者。这些技术在美国并没有得到足够的欣赏和重视，直到几乎半个世纪以后。

这些管理技术通过使劳动者加入管理决策之中和为劳动者提供长期工作保障而创造了劳动者的和谐。政府也鼓励国民进行储蓄，而这些储蓄将被重新注入企业的新实物资本之中。最后，日本的经济产业省将产业研究和发展整合在一起，这将有利于日本的大公司。

因为这些与众不同的管理政策，日本的经济得到了迅猛的增长。在1953年到1965年的12年间，日本的国内生产总值以几乎每年10%的速度增长。与此同时，农业生产效率的提高也使得劳动者能够迁徙到工业城市里。在20世纪60年代的后半叶，日本制造业的年增长率达到了近乎神话般的17%。尽管这种增长率在20世纪70年代有时减缓，但日本的平均增长率仍然保持在10%以上。

日本创造性的产业机构的重点在于质量，并且它有能力通过制造燃油效率很高的汽车来有效地抵御20世纪70年代的石油价格上涨。日本产品很快就甩掉了低价和低质量的坏名声，转而在家用电器、机械制造、轮船、钢铁和汽车等领域获得了高质量和高技术的美誉。

与此同时，美国式的经济模式开始失去自己的光彩。曾经令全世界羡慕的美国汽车产业正在面临严重的亏损。美国的钢铁生产正在被日本和韩国超越。

被劳工冲突和经常性的关于全球竞争的全国辩论而弄得焦头烂额的工业化国家正在关注日本和它的新经济模式。由于日本的成功建立在本国的某些文化习俗基础之上，其他国家只能够部分成功复制这些习俗，因为这些国家缺乏日本式的自豪感和合作意识。

保罗·肯尼迪在下图中对各个国家在1960—1980年这20年间的经济成就进行了展示。

在仅仅20年间，日本在世界生产总值中所占的份额就翻了一番。到1987年，日本的贸易盈余如此之多以至于它除了购买美国政府发行的国债之外别无其他选择。事实上，日本是美国旨在使前苏联创建帝国的雄心破灭而进行的军备竞赛的承保人。

年份	1960	1970	1980
美国	25.9	23.0	21.5
苏联	12.5	12.4	11.4
日本	4.5	7.7	9.0
中国	3.1	3.4	4.5

图十一　各国在世界生产总值中所占的份额(1960—1980年)

但是，到了2000年，日本在世界生产总值中所占的份额下跌到7%，而此时美国的这一份额已经缓慢地上升到22%，中国的这一份额迅速上升到12%。日本奇迹已经成为了过去。日本从1991年开始陷入衰退，这场衰退一直延续到现在。

日本的"失去的十年"源于其巨大的资产泡沫。这个巨大的资产泡沫也对美国造成了不利的影响。从那时起，日本和美国这两个国家都将大部分储蓄投入到金融资本而不是实物资本之中。尽管对私人实物资本和公共设施的投资陷入停滞状态，但证券市场和房地产市场得到了惊人和不合理的增长。此外，每一次增长都使得发生一场灾难性的衰退的可能性日益增加。

终于，日本房地产的价格几乎下跌了80%，曾经令全世界羡慕的日经股票指数从1989年的四万点下跌到2010年的一万点。

不幸的模仿

美国经济在2000年又开始出现衰退。道琼斯工业指数在2000年这个总统选举年初达到一万二千点，而2010年初为一万点。美国的就业人口在10年之内也没有发生什么变化。美国在2000年4月的就业人口为137,270,000人,而在2009年12月的就业人口为137,792,000人。而美国同期的总人口增加了1000万。美国和日本都失去了经济发展的10年。

美国和日本失去的这10年很有意思,因为它们不是一个普遍现象。尽管美国和日本都陷入衰退之中,但中国还是在持续性增长。我们在后面会对这个现象(即中国持续增长的能力)进行探讨。

强盛的果实成为衰亡的种子

美国和日本这两个超级经济大国已经掌控全球经济几十年了。美国在镀金时代用将近50年的时间奠定了自己的经济领导地位,并且在接下来的一个世纪里一直保持着这种地位。日本仅用20年就奠定了自己的经济地位,并在1967年取代英国和德国成为世界第二大经济体。但这种地位在2009年被中国取代了。中国从20世纪70年代开始改革开放,并且在随后的几十年间快速增长。

保罗·肯尼迪认为中国的国内生产总值将在2020年超过50000亿美元(按照1980年的币值计算)。如果我们在考虑物价上涨因素的基础上将1980年的币值调整为2020年的币值,那么这一数字将是115000亿美元。我们已经全方位地论证了中国已经取得的经济成就。与此同时,美国和日本已经陷入了严重的衰退之中。

这些例子表明,一个拥有丰富经济容量(尤其是劳动力)的国家能够维持惊人的增长达数十年。但是,一旦这个国家将自己过剩的劳动力供应和生产效率提高的低垂果实[①]耗尽,它就很容易遭受因为不能维持稳定的经济增长而带来的经济冲击。

处于巅峰状态的国家也更易于遭受那种威胁到消费领域的经济冲

① 2012－051－008

击。经济帝国们过度依赖于消费的持续增长，而这种增长使得帝国的重心由生产发展转向金融发展。与此同时，新兴帝国们通过对生产性经济基础设施的新投资来推动自己的发展。这些新兴帝国们即使遭遇了最严重的全球金融危机也还是能够保持持续性增长，中国在 2008 年全球金融危机中的所作所为就是鲜明的例子。

第二十五章
一种新经济秩序

“我们最伟大之处并不在于我们永不衰落，而在于每当我们衰落时，我们还会重新兴起。”（孔子，中国哲学家，公元前551年—公元前479年）

尽管历史告诉我们任何一个经济帝国最终都会被另外一个帝国所取代，但还是很难预测哪一个帝国将要取代它。即使我们能够最大限度地对一个主导性帝国的未来竞争对手们进行猜测，但我们还是不太能够预测一个成功的竞争者到底需要什么样的素质。有许多相同的素质（例如创新、勤奋、有远见和领导才能等）都使得其他那些有抱负的帝国能够在另一个时间段取得霸权。

这些素质是什么？

确实，纵观整个历史，对一段辛酸历史的回忆、对迫使个人依靠自身努力的现状的领略以及对一个更美好未来的憧憬都能够激励人们。但是，一个新兴的帝国必须拥有能够为自己的未来进行投资的远见和意愿。

没有这种投资，就很容易使一个国家固步自封，并且转向一个享受幸福而不是追求幸福的权利制度。尽管我们在书中已经论述了一个经济帝国随着时间的推移会沿着怎样的路径演化，但对另外一个国家如何试图建立一个更完美的帝国进行揭示还是很有意思的。

虎年

当一个帝国还沉浸在对自己的光辉历史进行回顾、对充满挑战的现在进行思考和对不确定的未来进行设想之中时，它很难同时对其他新兴的成功者进行观察和思考。具有讽刺意味的是，我们并不需要看得太远。因为有一个共同的因素引导所有的现代国家走向经济巅峰。为了最好地进行论述，让我们来看一下中国是怎么做的。

教育革命

澳大利亚、英国、加拿大和美国的教育工作者都会告诉你同样的事情，即我们最优秀学生中的很多都来自于中国。

中国政府和国民正在以前所未有的速度对人力资本进行投资。这种投资涉及非常实惠的国内学校和家长资助学生出国留学。当然，这种投资旨在提高劳动效率和鼓励中国技术的转移和发展。

中国的中产阶级家庭非常愿意对自己的孩子进行教育投资。在一个没有优越的退休制度的国家里，孩子的生产力被视为对家庭财务安全的一项投资。这种投资不仅仅是为了国家，同时也是为了家庭。

如果中国高中和大学的入学率能够达到其他发达国家一样的水平，那么它就将能够在至少一代人的时间内维持两位数的经济增长。这种持续的经济增长并不仅仅是因为中国国民的人力资本更具有效率。在国外学习和将先进的知识和技术带回母国的能力、因为劳动者充满活力和受过良好教育而产生的协同效应以及许多中国大学正在成为世界级的研究中心都是经济帝国创建的好兆头。

联合国教科文组织的报告指出，中国在2007年有13%的政府支出被投入教育领域。该报告还指出，中国人口的识字率达到了99.3%。而且，尽管在2007年只有24%的中国学生获得了中学后教育，但这个数字在近10年内还是翻了两番。这种增长速度将使得中国能够在短时间内达到西方国家那样的中学后教育水平。中国在2007年的人口总数为13.29亿，中国每年培养的科学家、医生、工程师和商务人士比世界上的其他任何一个国家都要多。

目前还有很多中国人居住在农村。但是，美国在20世纪初需要依靠40%的劳动力从事农业来为全体美国人提供食品，而这一数字到21世纪下降为不到2%。中国的农村也正在经历快速的现代化。从1978年到2002年，中国的农村人口占总人口的比例已经从82%下降到73%。

相比之下，美国2002年的农村人口占总人口的比例仅为21%。如果中国的城市化在未来继续保持自1978年以来的同样速度，它将在2050年左右达到美国的城市化水平。对中国来说，其城市化进程还将持续很多年。

随着国内总收入和工资水平的提升，现代化进程将不断加快。对中国来说，购买和复制那些发达技术比对它们进行投资更具效率。因此，中国由农业经济向城市经济进行转变的进程比美国在19世纪和20世纪或者英国在17世纪和18世纪的进程更快。在这一进程之中，中国农村人口的劳动效率将得到数量级的提升，这也会使得城市的劳动效率得到快速增长。

中国也正在构建一个使得经济快速发展的政治体制。中国的体制是一个有趣的极端自由市场和严密政治控制的混合体。中国的领导人们把为经济发展开辟一条自由之路作为对国内政治进行更严密控制的一种回报。许多中国公民接受这种契约。如果让中国老百姓在经济发展但是政治控制更严格或者政治自由但是经济发展更为混乱这两者之间进行选择，绝大多数中国人将选择前者。随着时间的推移，更高的收入和生活质量将导致力量的转变，并最终将导致更多的政治自由。

所有到过北京和上海的人都认识到，这些城市的建设步伐、基础设施的发展和商业繁荣程度都超过了世界上的其他任何一个地方。尽管中国的人均收入还没有达到西方发达国家的标准，但这些城市中心区居民的收入和生活质量已经不亚于许多欧洲城市。一种被中央银行控制的货币、可以被转化为相应的高购买力的低服务成本以及难以统计的数以百万计的企业家活动或者地下经济都掩盖了这个国家的真实财富。

一旦这些因素的综合体被中国迅猛发展的（采纳了西方国家消费偏好的）中产阶级解开束缚，中国将成为一台多元而且自我维持的经济引擎。例如，在其他发达国家陷入自大萧条以来最严重的衰退之中而不能自拔时，中国经济却依然能够维持接近两位数的增长速度。

我们没有必要对此表示惊讶。从 19 世纪中叶到现在的这段时间内，中国就不断地在为重新成为一个经济帝国而努力。

强盛的果实成为衰亡的种子

我在本书中反复论述了经济帝国是如何达到其巅峰以及为什么不能够永远维持自己的支配力。毫无疑问，中国也将受到其他国家（例如印度这个拥有丰富人力资本和重视教育的国家）的挑战。但是，很明显中国未来的道路还很长，就像英国支配世界将近一个世纪和美国支配世界超过一个世纪一样。

第二十六章
融合

“那些沉溺于幸福之中的人们必须经常变化。”(孔子,中国哲学家,公元前551—公元前479年)

正如死亡和纳税是不可避免的一样,那些落后者必然会加速,而那些领先者必然会落后。这种趋势不可避免地导致了第一经济世界和第二经济世界的融合。我们将揭示一个经济帝国是如何需要第二经济世界。

第一、第二和第三经济世界

全世界的各个国家曾经被划分为三类,即发达国家、发展中国家和不发达国家。每当人们无法清楚地界定发达国家和发展中国家时,那么对我们那个建立在经济实力和国际影响力基础之上的描述进行修订会更有意义。

第一、第二和第三世界的划分要追溯到冷战时期。第一世界是指那些同美国结盟的信奉自由市场经济原则的资本主义国家,而第二世界则是指那些与前苏联结盟的信奉共产主义的国家。那些既不与美国结盟又不与前苏联结盟的国家则被认为是第三世界。

现在绝大多数的第二世界国家都实行了自由市场经济模式而不是共产主义经济模式，这可能更有助于我们用经济学术语来观察世界。现在，第一经济世界指那些已经经历了快速发展阶段并且位于库兹涅茨曲线左边的国家，这些国家的经济得到了持续而稳健的发展，它们拥有完备的金融市场、对财产权的保护和一个相对较小的贫富差距。

第二经济世界是指那些正在经历快速经济增长的新兴国家，这些国家拥有快速发展的金融市场，并且着眼于获得像第一经济世界那样的富足和创新。与此同时，第三经济世界是指那些仍然在与低效的财产权利、政府以及不完备的市场进行斗争的国家。

上述三类国家中的每一类都共享某些重要的特征。最主要的特征就是它们各自的经济发展速度。

通过下图我们可以了解不同发展阶段的国家在经济发展速度上的差别。

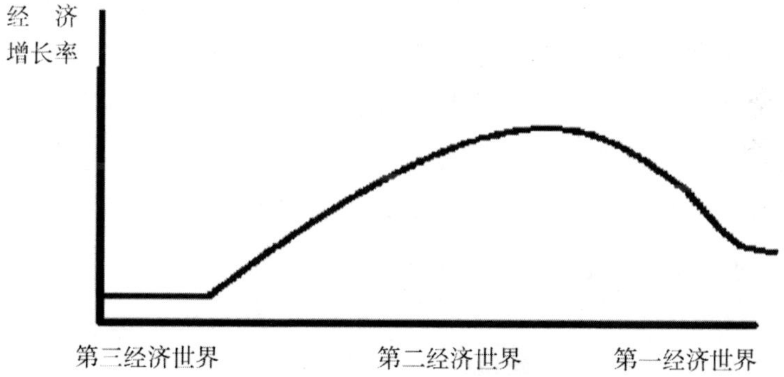

图十二　不同发展阶段的经济发展速度

不断变化的人口

经济发展速度的差别是由于多种原因而引起的。首先，第三经济世界国家的发展常常因为缺乏受过良好教育的中产阶级和自身较低水平的不足以让劳动者得到全面发展的经济活动而受到挫折。这些国家通常不能满足食品和住房这样的基本需求。这些国家多年来一直保持着较低或者停滞的经济发展速度。

另一方面,第一经济世界国家保持了较高但是不引人注目的发展速度,因为这些国家较高的富裕程度降低了人口和经济增长的动机。尽管第三经济世界国家常常因为过高的人口增长速度和死亡率而苦不堪言,但第一经济世界国家则要忍受因为精湛的医疗技术而导致的负人口增长率和不断增长的人均寿命带来的负面影响。

确实,第一经济世界国家的人口增长常常是由于从第二经济世界国家引入移民。这种引入移民的措施满足了经济增长的两个要件中的一个,但同时也加快了向第二经济世界国家的技术转移,同时也促进了这些国家的经济增长。确实,来自于第二经济世界国家的人口增长和技术创新结合起来才使得第一经济世界国家能够在到达库兹涅茨曲线顶点之后还能持续增长。

如果劳动力能够完全自由流动,经济增长速度还可以更快。第三经济世界国家的可悲之处就在于它不能对全球经济的发展作出贡献,除非它能够建立经济发展所必需的财产权利和法律规则。第二经济世界国家经济增长在很大程度上依赖于其人口的增长。

联合国人口署一直在定期对世界人口进行统计,在他们最新的一份报告中,对世界各个地区的人口进行了展示。

地区	1750	1800	1850	1900	1950	1999	2050	2150
北美	791	978	1,262	1,650	2,521	5,978	8,909	9,746
欧洲,大洋洲	167	212	314	496	732	1,066	1,066	966
亚洲,南美洲,中美洲	518	569	847	1,021	1,569	4,145	6,077	6,473
非洲	106	107	111	132	220	767	1,766	2,307

来源:联合国人口统计司统计与预测

图十三 世界人口统计与预测(单位:百万) (1750—2150年)

我们可以看到，全球经济实力可能正在到达一个引爆点：位于北美、欧洲和大洋洲的第一经济世界国家的人口自 1999 年达到巅峰后就开始减少，而位于亚洲、中美洲和南美洲的第二经济世界国家的人口正在逐步增加，主要集中于非洲的第三经济世界国家的人口也在增长之中。

这些人口的变化将会对相对经济实力、日益增长的全球证券和资本市场间的资金流动和经济实力带来的政治实力的平衡产生深远影响。

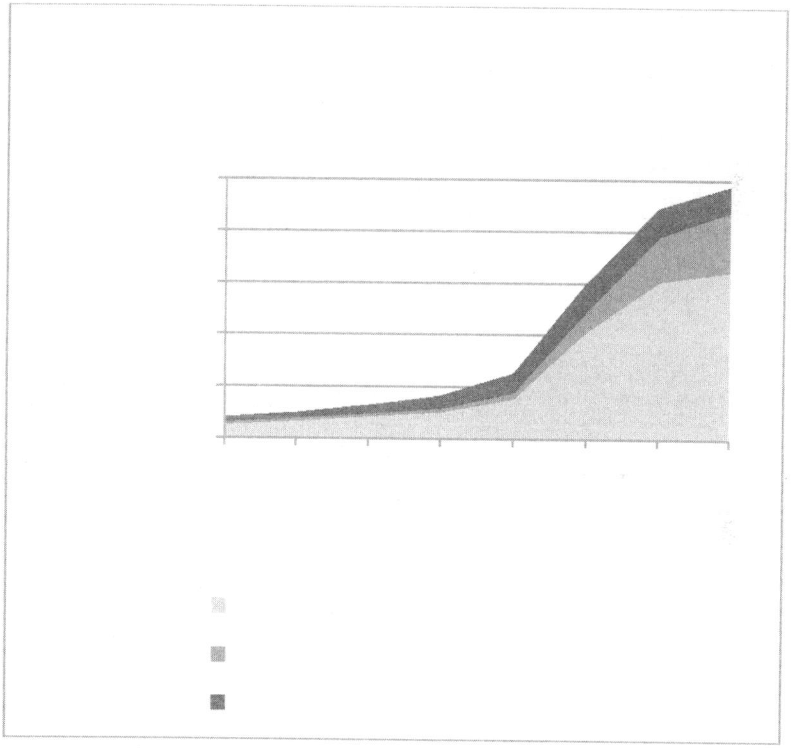

图十四　三个经济世界的人口增长

这些人口统计和预测自从 18 世纪经济学家托马斯·马尔萨斯(Thomas Malthus)以来就已经成为了经济学家们关注的重点。马尔萨斯认为，人口的几何级数增长最终将超过食品供应的线性增长。尽管他估计这个令人沮丧的预测将在 19 世纪中期成为现实，但农业技术的发展使他的这个不可避免的预测至今还没有得到印证。但是，经济学从那时起就被贴上了“枯燥的科学”的标签。

如果用一个图来进行显示，那么这一趋势就会显得更为突出。图中的黑色部分代表第一经济世界的相对人口规模，灰色部分代表第三经济世界的人口规模，颜色最浅的部分则代表快速发展中的第二经济世界的人口规模。这个图标还显示了4个世纪中伴随着人口规模的增长而不断涌现的新兴政治和经济力量。

我们可以看到，位于北美、大洋洲和欧洲的第一经济世界国家的人口增长相对缓慢，但第二和第三经济世界的人口则在快速增长之中。当第二经济世界在2050年与第一经济世界融合时，我们会发现它的人口增长也会开始（相对于第三经济世界）减缓。

融合

这个图显示第一和第二经济世界将会逐渐融合。到2050年，我们希望这两个世界会将自己的注意力日益转向帮助第三经济世界的经济持续发展。到2100年，这个世界将有可能被划分为一个联合的第一经济世界和一个新的有抱负的第二经济世界。

推动这种趋势的主要力量是第一经济世界国家的老龄化问题。当前那些第二经济世界国家的人口都比较年轻。中国和印度这些新兴大国的年轻人们创造了一个稳定而且有价值的人力资本储备。而且，随着这些国家人力资本的不断老化，它们也将开始像那些传统的第一经济世界国家一样做出相同的经济决策。

这种第一和第二经济世界的融合还会导致一种价值的融合。那些人力资本丰富的年轻人阶层由于自己经济影响力的日益增强将坚持享有更大的政治权力份额。一个由50岁以下的中产阶级占据主导地位的帝国将希望自己的政府能够具有以前所缺乏的活力。而政府也需要迎合这个规模、财产和声望不断增加的群体的独特需求。

这些人将要求自己的财产得到保护，有更多的途径接受教育，并且还要满足他们对更先进技术的需求。更低的犯罪率、更便捷的交流、更安全的街道、更高的生活质量和一种新的群体意识都是这个强有力的群体所需要的价值。

这个年轻的阶层还会抬高财产价值和价格，这使得那些依靠固定收入的年长者的生活变得困难起来。而那些年幼者也可能很难达到这个年轻阶层所期望的生活质量。

城乡差别

我们还将看到一场显著加速的城市化进程。在过去的60年间，我们已经看到了在全世界范围内的快速城市化进程，而这个进程还将至少持续20年。

世界区域	1950	1975	2000	2030
北美，欧洲，大洋洲城市	398	641	802	930
亚洲，南美和中美洲城市	302	772	1,760	3,266
非洲城市	33	103	295	748
北美，欧洲，大洋洲乡村	334	300	273	203
亚洲，南美和中美洲乡村	1,263	1,948	2,440	2,331
非洲乡村	188	305	500	650

来源：由联合国人口统计司统计和预测

图十五　城市化和全球人口（单位：百万）（1950—2030年）

以前还从未有过全世界的人口大部分集中在城市的情况。这种加速的城市化将极大提升中南美洲和亚洲部分国家的财产价值。这种加速的城市化将需要大量现代而且交通方便的住房，但这些住房与农村地区相比就需要付出更大的成本。

正如我们在前文所论述过的那样，经济理论告诉我们，新财富大多会流向一个国家中最固定和最稀缺的生产要素。土地和自然资源这样的不可再生的要素将控制这些新兴国家所创造的新盈余的最大份额。

那些稀缺性相对较小的要素包括受过良好教育的劳动者和他们的知识产权。这些要素可以被创造出来,但这可能需要一代人的时间。假以时日,创造这些要素的能力将赋予它们相应的回报。那些在商品和人力资本方面非常丰富的国家将对自己进行最好的定位以便利用这种全球经济转型。

经济理论还使得我们可以预测到第一和第二经济世界的融合将导致第二经济世界国家中的土地和商品价格以及年轻劳动者的收入快速上涨。那些拥有财产的人将会获益,但是制造领域的竞争将会日益激烈。

一些残酷的人口统计数据

当这些新兴大国加入第一经济世界国家之列时,他们会发现自己需要响应对现在在第一经济世界国家司空见惯的民众对社会福利体系的需求。一个于 2010 年出生在日本这样国家的小孩预期能够活到下个世纪。而当富兰克林·罗斯福总统在美国大萧条时期通过社会保障和养老保险制度时,当时的人均寿命只有 63 岁。

现在,如果一个小孩成长为一名医生,那么他在从竞争激烈的医学院毕业后到 65 岁退休这段时间里仅仅只工作了不到 40 年时间,也即他的一生只有不到一半的时间是在工作。实际上,是占总人口数不到一半的劳动人口在支撑着这些学前、正在学习和退休的人员。如果人口持续保持负增长并且人均寿命不断增加,那么在不久的将来就会出现由占总人口数三分之一的劳动人口支撑另外三分之二人口的消费需求的情形。

第一和第二经济世界的融合迫切需要加快第三经济世界的发展。为了第一经济世界的便利,第三经济世界将被推进第二经济世界。联合国预计,到 2050 年,第一经济世界中 60 岁以上的人口将超过其总人口数的 32%。而第二经济世界中将有超过 23%的人口为 60 岁以上。而第三经济世界国家的这一数字仅仅为 11%。

与此同时，到 2050 年，第一经济世界中只有 17%的人口低于 15 岁。第二经济世界的这一数字为 28%。而非洲低于 15 岁的人口则相对较多并且在不断增长之中。

这些要素将继续拉开差距吗？

我们现在已经很了解收益递减的经济规律了，这一规律认为所有的经济活动者最终将发现自己获取额外收益的难度会日益增大。收益递减的规律也适用于稀缺资源方面。一旦大部分农村人口被转化为城市人口，进一步的增长就会变得更为困难。由于第一经济世界国家的城市化率为 82%，而其他国家的城市化率为 53%，对其他经济世界来说，它们就保持了创造财富的巨大能力。

最充裕的市场要素将是企业家资本。他们的贸易和管理工具能够被相对日益地创造、模仿和复制。同样，金融资本来源于家庭累计的盈余（这些盈余没有被用于消费之中）。这些盈余最后将出现在金融市场之上。金融市场只有在融合后的第一和第二经济世界强调储蓄而不是消费时才会繁荣。

长久以来，一直存在着某些减弱经济实力的因素。退休就是这样一种因素。随着第一和第二经济世界退休人口比例的日益增加，将会出现一种对金融市场进行重新定向的财富衰减现象。一个最佳的退休计划要求那些退休者缓慢地减少自己的储蓄而不是鼓励储蓄（就像他们在中年时期可能做过的那样）。当我们从那种 20 世纪中叶四个人工作养活一个人的经济转向一种一个人工作养活另外一个人甚至两个人的经济时，金融资本的水平就要开始衰减了。

但是，这种令人沮丧的预言可能需要很长一段时间之后才会应验。虽然第一经济世界的人口现在呈倒金字塔型，但是第二和第三经济世界还是保持了稳定的年轻人口增长。

未知数

如果融合后的第一和第二经济世界人口老龄化日益严重和第二经济世界家庭形成率的日益减少将导致非劳动人口超过劳动人口，那还有什么可以挽救的余地吗？当然，医疗技术的发展将使这种情况更为恶化。某些人认为，技术的发展将允许实物资本满足老龄化的人力资本的更多需求。另外一种改革措施包括将退休年龄从 65 岁推迟到 67 岁或者 70 岁甚至 75 岁。某些国家（主要集中在欧洲）还正在逐步减少工作时间。除非与推迟退休年龄结合在一起，否则这种措施仍然会进一步地减少劳动者阶层的产出。

我们可以期望经济学家约瑟夫·熊彼特的理论能够为我们提供某些帮助。熊彼特的发展理论认为，随着时间的推移，创新和技术进步的浪潮将允许第一经济世界稳步地发展自己的生活质量。他的假设没有顾及不断变化的人口趋势。尽管我们已经看到了某些重大的技术进步（这些技术进步使得食品和住房更便宜并且降低了制成品、通讯、信息和计算机的价格），但是我们也看到了更多的医疗领域的技术进步（这些技术将进一步延长人的寿命）。前一种技术进步将帮助我们应对那种令人沮丧的预言，但后一种技术进步实际上将使这种预言更为恶化。

强盛的果实成为衰亡的种子

在人口和发展之间存在着一种有趣的平衡。一个欠发达国家将其人力资本的规模视为一种战略性的经济资产。那些投资于提升人力资本生产效率的新兴国家能够创造出一种巨大的存量资产（这种资产不同于其他地方的大量非熟练劳动力）。这种高效的人力资本存量往往是一个国家最宝贵的资源。

这种宝贵资产所提高的生产力提升了新兴国家的国民收入。但是，随着收入的提升,国家就开始对更高的劳动质量而不是更多的劳动数量感兴趣。随着收入和生活质量的进一步提升以及国家将重心由创造经济蛋糕转向分割经济蛋糕,发达国家开始构建能够为家庭提供另一种金融安全的社会福利体系。

一旦一个国家将重心由生产转向分割经济蛋糕的政治活动,该国经济增长的速度就会逐步减缓。由于不再存在一支快速增长的劳工队伍,绝大多数发达国家的人口更替水平都很低。

由此可见,经济帝国再一次播下了其最终毁灭的种子。尽管经济帝国可以通过吸收移民的方法来获得劳动人口以支持经济发展,但这是以稀释人口和文化的同质性为代价的(而这种同质性正是民族主义和经济发展的动力)。

第七编

我们从哪里来？　我们将往何处去？

我们将对决定一个经济帝国演化的重要因素进行简要的考察。然后我们还将对能够支撑一个经济帝国经济壮大的各种路径进行考察。我们将在一个乐观的环境框架之内进行讨论。毕竟，我们吸取经验教训是为了获得一个全新的并且可持续的发展模式，这个模式不是在重复过去，而是在重塑未来。

第二十七章
从思想的生产者到利益的维护者

“国家就像星星一样会黯然失色。但是，如果让光芒再现就会一切安好，星星的黯然失色并不就意味着无尽的黑夜。黎明和复活是同义词。光芒的再现就是灵魂的存续。”（维克多·雨果，法国文学家，1802—1885年）

当许多不同的力量于同一时间汇集在一起时，帝国就形成了。不相称的大量拥有某种重要生产要素禀赋（通常是自然资源或者劳动力）是所有经济帝国的常见情况。这些禀赋可能来自于征服和殖民或者地理大发现和国内人口增长。

一个经济帝国还需要对财产权进行保护，这种保护是高效率市场形成的必要条件。最先进的经济帝国还愿意对公共基础设施进行投资，这些基础设施将使得市场的效率尽可能提高。高速公路、空中航线、海上航线、能源和通讯网络是现代商业所必需的。

一个成功的经济帝国必定还愿意对自己的人力资本进行投资。如果没有一支受过良好教育的劳动力队伍，一个国家就只能生产那些其他国家都能够生产的产品，并且不能够按照自己的意愿进行提价。一个国家通过创造一支高效率的劳动力队伍可以积累更多的盈余。

一个国家还必须能够激励自己的创造和生产部门。一个经济帝国必须确保发明者、创新者和生产者能够从他们所创造的盈余中获得足够的份额。我们已经看到，一个成熟的帝国将开始把重心从生产领域转向公共或者分配领域。

但是，我们已经看到一个接近巅峰的帝国常常会变得不关心生产，并且会把更多的精力投入到收入的再分配和公共产品上。这种混合经济通过向其国民提供更多的商品（这些商品由其国民通过民主机构认定为必要）而牺牲了自由市场的效率。

尽管如此，由于所有的国家最终都会依赖于劳动力这一市场要素，所以生产部门肩负了生产那些被所有人消费的产品和服务的重任。一个拥有较多劳动力的国家将比那些劳动力匮乏的国家更能够满足这些需求。

为了衡量那些从事生产的人群和那些只消费不生产的人群之间的平衡，我们可以对三个不同的相对人群进行比较。我们假定年龄在 15 岁以下的人不从事劳动。而绝大多数国家对退休年龄的规定都在 60 岁到 70 岁之间。

联合国人口署定期公开成员国人口的历史情况，并且还对成员国未来的人口进行预测。通过联合国人口署的估算和图表（如下图），我们可以看到全世界的劳动年龄人口在过去 50 年里处于快速增长之中，并且这种增长趋势有望一直持续到 2030 年。从 2030 年开始，这种增长趋势就将开始递减。

我们可以看到，世界劳动年龄人口的数量正在逐步走向巅峰，并且有望到下个世纪一直占据全世界人口总数的一半以上。与此同时，我们可以看到，低龄人口在 2000 年左右开始比较显著地减少，并且老龄人口从 2000 年开始快速地增多。

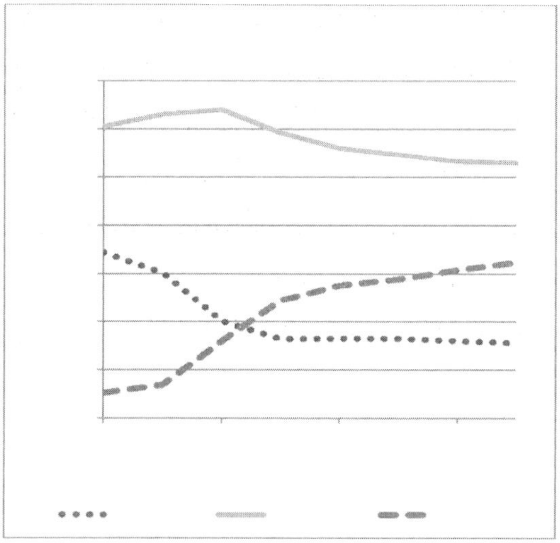

图十六　世界各年龄段人口所占份额(1950—2300 年)

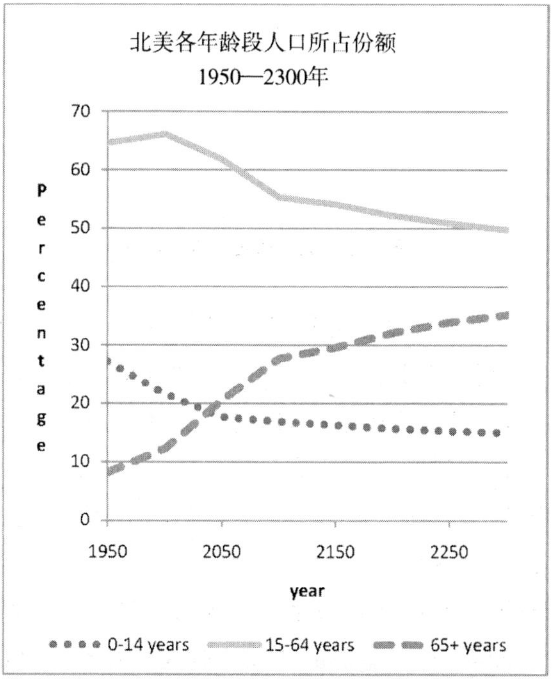

图十七　北美各年龄段人口所占份额(1950—2300 年)

老龄人口的不断增多主要是因为医疗保健领域的发展。到2050年，会有将近20亿的人口达到或者超过60岁。与此同时，低龄人口到2050年将减少到20亿以下。尽管此时将有超过50亿的劳动人口支撑约40亿的非劳动人口，但是随着2050年之后世界劳动人口逐渐减少，快速增长的老龄人口和逐渐减少的低龄人口将使这一比例逐步恶化。

加拿大和美国面临的情况更具挑战性。

但是，欧洲面临的情况比北美还要严峻。

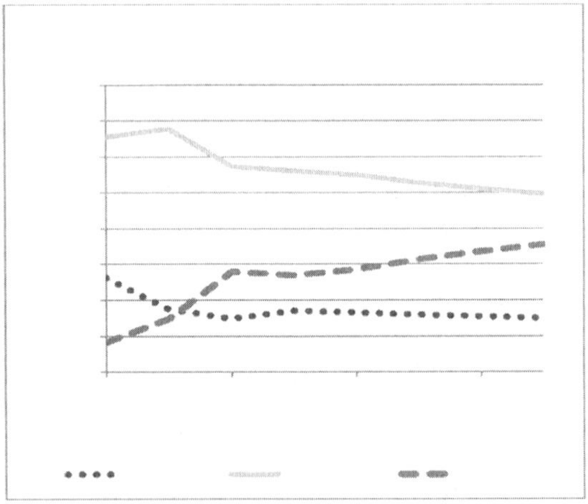

图十八　欧洲各年龄段人口所占份额　(1950—2300年)

我们可以看到，欧洲的劳动年龄人口数量在2005年就已经达到巅峰，并且预计将会直线下跌到2050年。与此同时，欧洲的老龄人口数量将会持续增加，即使其作为劳动人口后备军的低龄人口数量从2005年后一直保持相对稳定。到2050年，欧洲劳动年龄人口的数量将与低龄人口和退休人口的数量差不多。此时，每一个劳动者除了通过劳动养活自己外，还要再养活一个其他人。

那些有望与第一经济世界国家融合的第二经济世界国家的情况只是稍微好一点点。例如，拉丁美洲的劳动年龄人口数量在2040年以前将会保持强劲增长，尽管其低龄人口数量将会减少，并且其老龄人口数量将会增加。到2050年，拉丁美洲大约有4.5亿劳动人口要养活自己和另外的

3.75 亿低龄人口和退休人口。

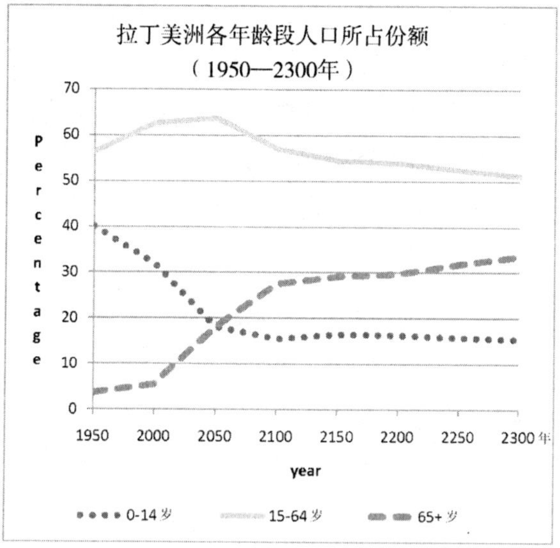

图十九　拉丁美洲各年龄段人口所占份额(1950—2300 年)

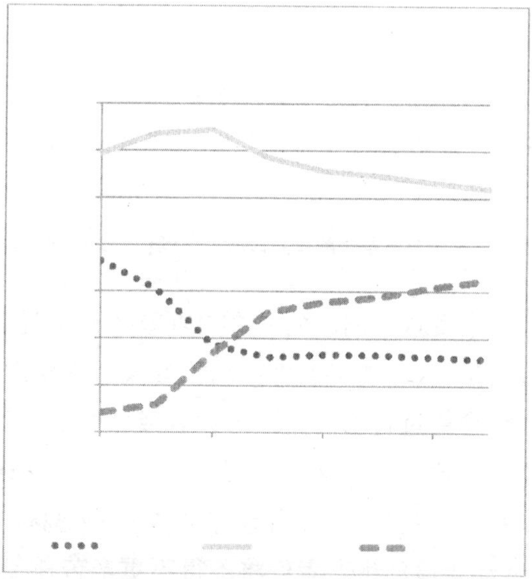

图二十　亚洲各年龄段人口所占份额(1950—2300 年)

而另外一些位于亚洲的第二经济世界国家面临的情况与拉丁美洲差不多。预计到 2050 年，亚洲大约有 30 亿劳动人口要养活自己和另外的 21 亿人。

主要位于非洲的第三经济世界国家面临的情况则要好一些。非洲的劳动年龄人口数量预计会持续强劲增长到 2050 年。到 2050 年，非洲大约有 12.5 亿劳动年龄人口要养活自己和另外的 7.5 亿人。

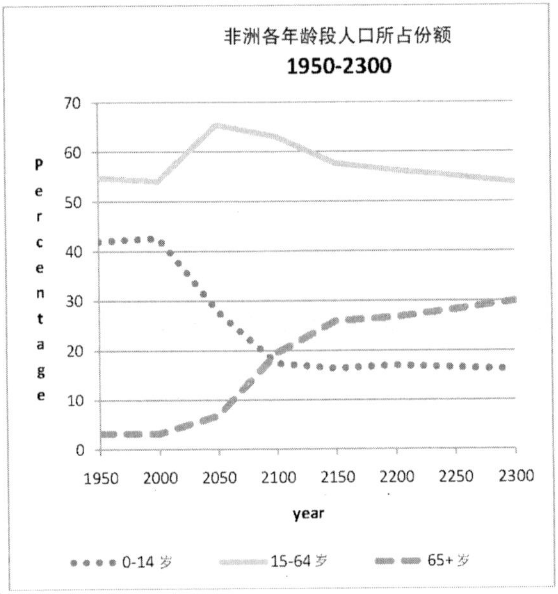

图二十一　非洲各年龄段人口所占份额(1950—2300 年)

考察生产者与消费这一问题的一个更有效的办法就是直接测量不从事生产的消费者数量(这些消费者由劳动年龄人口所支撑)。我们用不着对为什么一个国家会通过自己的支撑退休者或者鼓励或不鼓励国内生育决策来操控这个人口比例的众多原因进行分析，这里存在着一个不容回避的经济现实。它告诉我们，如果劳动年龄人口在总人口中所占的份额过少的话，处于劳动年龄的生产者们将不得不更辛苦地工作，或者消费者将不得不享受更少的东西。

第一和第二经济世界中某些国家推迟学生毕业使其推迟参加工作的做法将使得情况更为糟糕。尽管 15 岁在一个第三经济世界国家并没有被认为是一个过于年轻而不能参加工作的年龄，但 20 岁（或者更大）参加工作在第一和第二经济世界是很典型的情况。我们将对五个有代表性国家中劳动年龄人口要支撑的消费者数量进行测算。

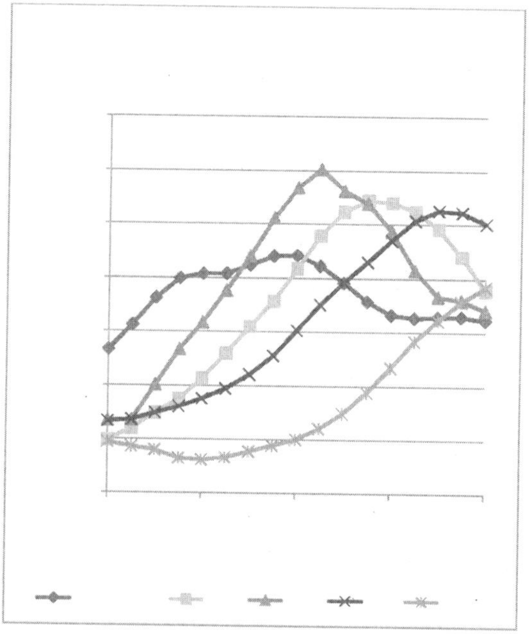

图二十二　各国非劳动年龄人口（1950—2050 年）

我们可以看到，美国在 1970 年每个低于 20 岁或者高于 65 岁（美国的平均退休年龄）的人对应 1.1 个劳动年龄人口。一直到 2025 年，劳动年龄人口与非劳动年龄人口的比例都将稳定维持在大约 1.25 左右。

但是，在 2025 年，第三经济世界中只有尼日利亚（Nigeria）这个国家在劳动年龄人口与非劳动年龄人口的比例上较低。在 2025 年，中国和印度的劳动年龄人口与非劳动年龄人口之比约为 1.5。

我们还可以看到，中国劳动年龄人口与非劳动年龄人口的比例将在大约 2015 年达到巅峰值 1.8。从这以后，中国的这一数值将开始逐步下降，这主要归因于其计划生育政策。这一政策于 1979 年开始实施，它认为中国快速增长的人口将超过其农业生产能力，并且将阻碍其社会和经济的发展。

财富与生育

在一个国家的平均购买力和妇女拥有的小孩数量之间存在着一个明显的相关性。通过《美国中央情报局世界各国概况》中收集的数据，我在按平价购买力的人均国民收入基础上对各国妇女的生育率进行了比较。

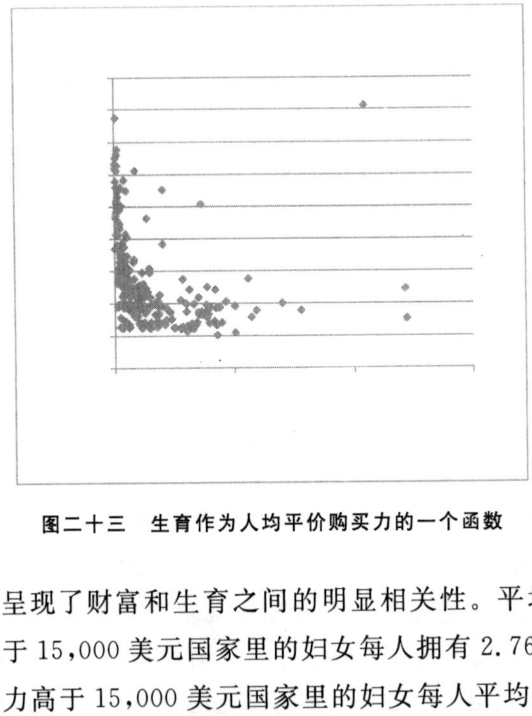

图二十三　生育作为人均平价购买力的一个函数

图二十三呈现了财富和生育之间的明显相关性。平均而言，那些年人均购买力低于 15,000 美元国家里的妇女每人拥有 2.76 个小孩。而那些年人均购买力高于 15,000 美元国家里的妇女每人平均拥有 1.67 个小孩。我们可以看到，那些具有较高人均收入的国家并没有达到平均每个妇女拥有两个小孩的替代人口水平。我们还可以看到，那些具有较低人均收入国家里的家庭规模比那些具有较高人均收入国家里的家庭规模

大 65%。

经济学家主要用我们在收入增加时购买物品的比率是下降、上升或者显著上升来对我们的物品进行分类。那种我们通常在低收入时购买的物品被称为低等物品(inferior good)[①]。数据表明,家庭就是这样一种低等物品。随着我们收入的上升,我们选择了更小规模的家庭。

对这一现象有很多解释。正如我们早先所论述的那样,一个更高的城市化率与更高的收入之间联系紧密。城市化为家庭创造了挑战的空间,并且使农村和农业需要的年轻人大量减少。

此外,那些更为富裕的国家为妇女提供了更多的就业机会。富裕往往意味着对人权的更加重视,而妇女权利则是人权的一个重要组成部分。这样一种对妇女权利日益重视的情况就是经济学家们所称的"奢侈品"。随着我们收入的增加,我们所喜欢的事物也会越多。对妇女权利的更加重视往往会使得妇女们对自己的生育选择拥有更多的自主权,这往往又会导致妇女们生育较少的婴儿。

而且,随着收入的逐步增加,妇女们生育小孩的机会成本也随之更高。我的研究显示,妇女更高的收入导致了生育延迟和更低的生育率。

第三个原因在于第一经济世界对生育控制手段和避孕方法的更为广泛的使用。在一个允许口服避孕药的国家中,家庭构成的比率比较低。

某些低收入国家还因为较高的婴儿死亡率而头痛不已。较高的婴儿死亡率会降低贫穷国家中的家庭构成效率。

绝大多数国家都对家庭构成进行鼓励。正如我们在早先已经论述过的那样,从一个非世俗国家转变为世俗国家是采纳自由市场原则的一个共同后果。而人们对宗教的重视程度日益降低也会导致一个很低的家庭构成率。

对那些较为富裕的国家来说,它们必须使其替换人口水平维持在每对夫妇拥有两名儿童的标准之上。一旦某个国家低于这个标准,则其人

---

① 2012—051—008

口金字塔就会发生翻转。家庭构成率的日益下降将会导致老年人在总人口中所占的比重超过年轻人。人口金字塔将持续翻转,直到家庭构成率超过每对夫妇拥有两名儿童的标准,除非这个国家大量吸收移民来扭转这种趋势。

因此,一个不具备自由移民政策的富裕帝国是注定要陷入衰退状态的,因为它不鼓励移民,所以它需要有一个激励国内家庭构成的成功政策。在这样一个国家中,老年人口数量与年轻人口数量之比明显不正常。

日益增多的老年人口和日益减少的年轻人口对一个富裕帝国所期望的公共服务和社会福利体系形成了一种压力。这就是我们将在后文所论述的生产与消费之间的紧张状态。

第一经济世界需要第二经济世界

某些人认为,一个富裕的帝国即使是在人口和家庭构成率急剧下降的情况下也能够保持繁荣。这一观点在某种意义上是正确的,因为积累的财富将能够让富人们去购买其他人生产的产品。

我们可以用这样一个例子来进行类比:我们的一个富裕的邻居不用从事生产就可以生活得很好。一个富裕的退休者们居住的社区可以依靠花费退休者们的积蓄来自我维持。这些积蓄允许退休者们购买其他地方生产的产品。但是,如果没有其他地方生产的产品的支撑,这个社区居住的富裕的退休者们是无法存活下去的。从这个意义上来看,一个富裕的非生产性社区是无法自我满足或者自我延续的。一旦它们的财富被消耗殆尽,这个不具备生产基地的社区就将消亡。

因此,如果一个国家不能自我生产和改变那种建立在别国生产基础之上的消费倾向,那么这个国家是不可能持续发展的。尽管某些人可能会认为一个富裕的国家能够支撑这种不平衡,但这种观点的合理性从长远来看无法得到证据支持。

在这个全球化和技术转移的时代,金融资本将流向那些能够提供最大回报的地方。紧随着金融资本而来的实物资本使得生产更具效率。人类很可能在未来几十年里在全世界范围内达到一个很高的劳动效率水平。一旦达到这样一个劳动效率水平，财富将会再一次跟随在生产之后。那些能够创造新财富的国家们将比那些榨干它们已有财富的国家具有更明显的优势。

如果这样一种生产效率和劳动者财富的融合发生，那么对一个国家人均消费进行衡量的方法就将是对劳动年龄的生产者和非劳动年龄的消费者之间的比例进行追踪。如果家庭构成率降低和人均寿命增加成为融合后的第一经济世界的普遍趋势，那么印度所具备的最大优势（中国和巴西在这方面的优势程度较低）随着第二经济世界和第三经济世界的融合就将减弱。但是，这些国家并不都具备由国家慷慨解囊资助的养老金体制。因此，在这些国家劳动者日益增长的收入和退休者微薄的退休金之间将会出现一个越来越大的鸿沟。

欧洲可能会面临一个相反的挑战。经济合作与发展组织于 2009 年指出，国家资助的养老金已经在欧洲国家的生产总值中占据了相当比重。

如果去除医疗保险这一块，美国在 2009 年的社会保障支出占国内生产总值的 4.45%，这一数字比除爱尔兰之外的所有经合组织欧洲国家都要低。

由于绝大多数第一经济世界国家的劳动年龄人口数量正在迅速减少，而它们的老龄人口数量正在持续增加，养老保险占这些国家国内生产总值的比重在未来将大幅度增加，或者养老保险的额度将不得不被削减。对那些期望丰厚的养老金和深信这些养老金能够维持自己生活的社会大众来说，上述两种选择中的任何一种在政治上都是十分困难的。

在一个国家中的生产部门和非生产部门之间转移收入的机制最具多样性。公共养老金就是一种对创造收入的阶层施加税收并且将其转移给接收公共养老金者的机制。政府十分善于运用这一机制。例如，美国在 2009 年通过社会保障和工资方面的税收总共筹集了 9 494 亿美元，但仅仅只有 6 444 亿美元真正地用于社会保障支付方面。绝大多数国家都要

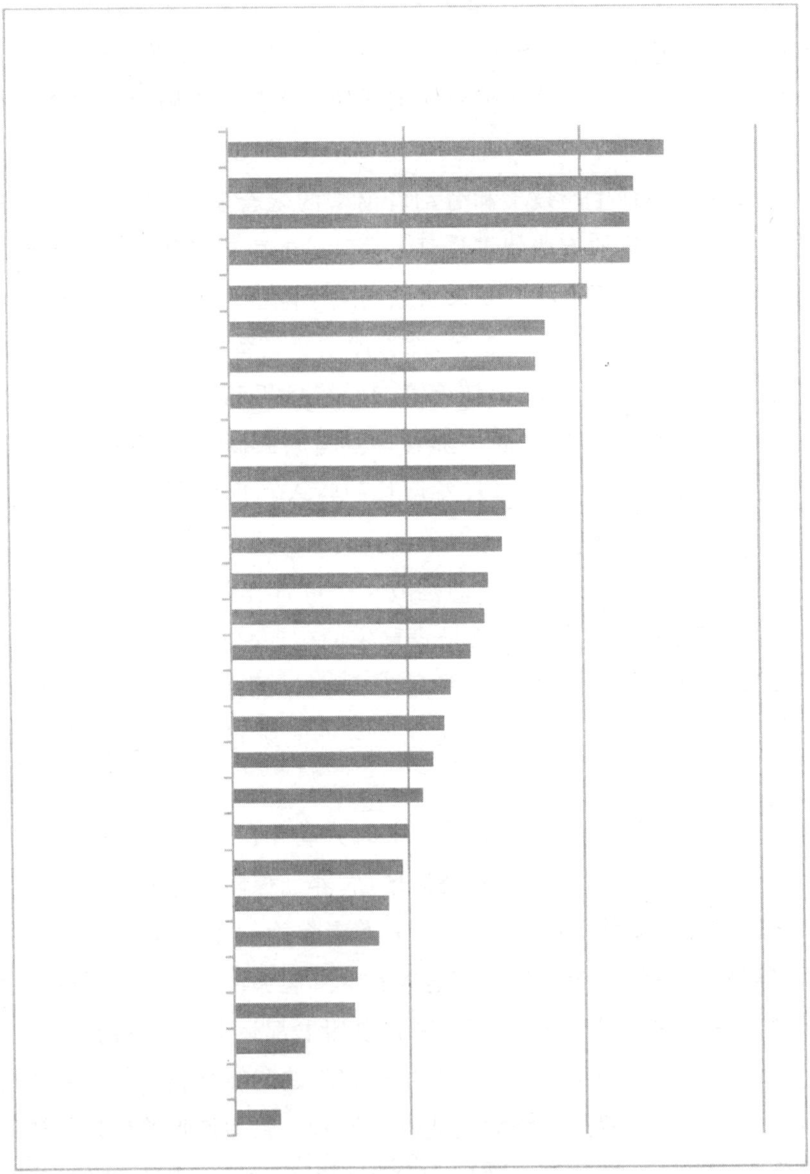

图二十四　发达的经合组织国家中养老金所占比重

依赖一个不断增长的劳动年龄人口来筹集的养老保险税收，并且祈祷消耗这些养老保险金的退休人员队伍会越来越小。两者相减产生的余额就是公共盈余，这些公共盈余能够被用来支撑其他的公共项目。

当富兰克林·罗斯福总统构建社会保障体系并以此作为一种大萧条时期的社会福利体系时，所有的劳动者都必须向社会保障体系注入资金，直到他们在 65 岁时开始领取养老金时为止。美国在 1936 年时男性人均寿命只有 57 岁，而女性人均寿命只有 61 岁。富兰克林·罗斯福总统成功地创造了一种旨在筹集资金以实施新政的税收，尽管这种税收将社会保障的负担转嫁给了后代。

强盛的果实成为衰亡的种子

对经济成果进行合理的分享有利于促进经济蛋糕的制造。劳动年龄人口必须为所有人提供他们所有的产品。在一个稳定平衡状态下，这些劳动年龄人口所积累的财富和盈余为一个国家赋予了经济实力。

也许更为重要的是，这些劳动年龄人口创造的经济蛋糕必须在全体国民（包括生产者和非生产者）中进行分配。尽管每一个国家都会通过各种方法来缩小生产者与非生产者之间的分歧，但平均消费水平最终关系到劳动者的平均生产效率和劳动者与非劳动者之间的比例。这是一个再简单不过的数学问题。

但是，激励劳动者进行生产也非常重要。如果国家的领导人们决定将更多的收入从生产者转移到非生产者，那么让劳动者进行生产的激励就会减少。

此外，尽管由年轻人支撑一个家庭是该家庭的消费自主权所做出的一个决定，但由其他人来支撑这个家庭的机制被认为是一种税收。很明显，这种收入转移的政治手段更充满激情。但是，更少的生产者不能支撑日益增多的非生产者这个事实是很难被否认的。

而下面这种情况进一步加剧了这种现象，即一个家庭通过减少对自己大家庭的依赖而更多地依赖于社会支撑他们的退休生活的方式来响应一个国家的社会福利计划。第一经济世界的新生儿越来越少。生育率与人均收入有着密切的关系，婴儿在某种程度上就是经济学家们所称的"低等物品"。低收入者比高收入者更喜欢这种物品。

与此同时，家庭构成率的下降使得能够替代那些从工作岗位退休下来的替代人口所面临的挑战更为严峻。

第二十八章
社会结构的裂隙

“人是最高贵的动物；一旦脱离了法律和正义，人就是最糟糕的动物。”(亚里士多德，古希腊哲学家、科学家和政治学家 公元前384—公元前322年)

第一经济世界国家在近两个世纪以来积累了前所未有的财富。未来的几十年后，我们这个星球上的大多数国家都将通过自由市场和竞争而达到同样的富裕程度。这种融合将导致一些必须被克服的挑战。

正如我们在前文所论述的那样，这种富裕是由于一系列看起来似乎很小但实际上却十分重要的创新而产生的。

首先，世界各国的宪法都是在模仿美国和法国的宪法，这两部宪法包括了“生命、自由和追求幸福”的权利。现在，甚至连《联合国宪章》也认为我们每一个人都有进一步发展的权利。这个经济援助与以往那种以满足上层精英的快感为基础的经济体制有很大区别。

其次，法治比单纯地追求秩序更为重要。由于缺乏法纪，很多地方不得不着眼于通过私人自助执法的方式来保护自己的私人财产。这种对某个人的生命、自由和幸福进行保护的方式如果由个人来实施的话则成本太过高昂。政府的一个至关重要的作用就在于它必须创制能够保护公民和促进贸易的法律。

第三,法治必须被用于保护某些被世界上的富裕人口认为是当然的事物。如果没有私有财产的观念就不可能有贸易。我们可以想象一下下面这种情况:在一个世界里,我们无法宣称某个物品的所有权真正属于我们自己。在这种情况下,没有人会热衷于保护某个不属于自己的东西,而且人们还会因为从事贸易(实质上就是所有权的转移)而受挫。

第四,我们需要能够对生产和消费进行激励的市场,这个市场使生产者能够了解到消费者的需求,并且能够使消费者有机会购买到最满意的商品。

上述四个方面的创新看起来很小,但它们综合起来的整体效应远远大于民主本身带来的好处。毕竟,每一个成功的政治体制都或多或少地采纳了这些假定,并且每一个失败的政治体制也都未能提供自由市场、法治、财产权和对幸福的追求。

从这些创新之中产生了丰富的贸易活动和机会。互联网使这种贸易机会的数量大大增加。曾经有一段时间里,我们购买的商品和服务都是在本地生产或者至少是在本地销售的。这种交易非常简单,因为我们对与自己进行交易的人非常熟悉。在这种情况下,交易双方的熟悉程度和名声如何是一项成功贸易的最重要因素。一个名声不好的人将无法找到愿意与之进行交易的人。

区域贸易、跨国贸易和现在的全球贸易使得市场的范围和竞争性大大增强。反过来,它也使得财富急剧增多,但同时也带来了某些微妙的不利之处。区域化和全球化给社会结构造成了裂隙。

当我们不熟悉自己的贸易对象并且他的名声和品格都更加难以辨别时,我们发现了贸易扩展的软肋所在。这种贸易的匿名性在一个日益复杂的社会里的其他地方也会存在。一个不讲道德的公司能够将自己的任务从提高公司的名声转向对法律进行规避。随着匿名性的加强,个体较少地考虑自己的行为将给其他人带来什么好处，并且更多地考虑自己的得失。而且，我们都看到了那些通过损害他人而获得成功的人，并且还合理化地认为，如果他们能够从事这些活动，那么我们也能。

这种社会结构的裂隙正是日益壮大和全球化的经济的致命缺陷。当人们对自己的贸易对象一无所知时，就会产生信用恶化的情况，这将给不法商贩以可乘之机，并且必将会有更多的成本和精力被投入到缔约过程之中。一个一言九鼎和重视名声的世界在贸易上也是更具效率的。

当贸易变得如此具有地域多样性以至于我们对于自己收到的商品的质量完全不了解或者甚至连我们是否会收到自己远距离购买的商品都无法确定时，贸易就会达到极限。高质量商品市场就将被低质量商品市场所代替。广大的中间商都将会踊跃满足匿名买家和匿名卖家的需求。但是，如果占主导地位的企业模式变成对无良卖家的一种保护(以不知情买家的利益为代价)，那么任何地方的任何一种贸易都将受到损害。这种贸易策略可以被一家处于孤立状态的公司运用。但是，这种策略的负面效应会对所有的贸易活动造成损害。

对因市场的复杂性、欺诈和信用的缺乏所造成的损失进行统计将是一件十分有趣的事情。我认为这种损失十分巨大。为了避免这种损失，消费者就会倾向于购买那些已经被一家最大企业进行商品化包装的商品。信用的缺乏最终将会减少消费者的选择。

我们怎样才能够填补社会和贸易结构上的这条裂隙呢？法治必将会促进公平竞争。当有人开始不守信用而造成损害时，执法机关就要采取行动。另一方面，我们的行业也要组织起来对消费者进行保护。最终，与一个新的消费者保护机构联合的成本十分高昂，就如同过去与无良卖家结盟一样。

已经带来了前所未有的财富的区域化和全球化也具有某些微妙和隐藏的损害，这些损害必须要被处理掉。但是，要创建一个能够伸张正义、保护买家和惩罚不良卖家(不管他们身在何处)的消费者保护组织也十分困难。

与此同时，我们希望那些使买家和卖家汇集在一起的中间商能够在保护买家和驱除无良卖家上表现得更为积极。不幸的是，如果中间商从那些支付佣金的卖家那里获得自己的利润，那么驱除无良卖家的行为是不符合它们的利益的。

当我们在前文论述全球经济在失败的信贷和金融市场重压之下崩溃时也曾经看到过相似的故事。那些评级机构在对任何抵押债务工具进行评级时，它给出的评级都非常高——因为拿人手软。我们已经知道这个故事的结局如何了。这些我们曾经深信不疑的评级机构给我们留下了一个烂摊子，这个烂摊子需要我们所有人花几十年的时间来收拾。

确实，一颗老鼠屎能够坏掉一锅粥。如果我们希望对我们社会机构的裂隙进行填补的话，我们就必须对这些贸易中的阴暗面进行管制。

强盛的果实成为衰亡的种子

随着全球经济总量的不断发展，全球贸易的范围、多样性和效率也随着增强。但是，这种全球贸易使得我们从一个对自己的贸易对象一无所知的体制转向一个缺乏人情味和远距离的贸易体制。在这样一种匿名贸易体制中，那些不诚实和无良的商人蓬勃发展起来。但是，尽管这种匿名贸易体制对这些无良商人有利，但是它对无良商人之外的其他人来说损害更大。如果我们在市场中失去了自己的信用，那么整个经济体制就不能充分发挥自己的潜力。

当贸易变得日益全球化时，这种情况进一步恶化。人们总是不太容易相信那些与“自己所属类别”不同的人，也不太容易相信那些遥远的司法管辖区内的正义。但是，由于缺乏那种能够促进本地贸易所能够提供的公平的资源，我们对规模经济和区域化／全球化的享受要受到限制。当然，某些企业仍然会坚持必须进行远距离贸易并提供远距离贸易所需要的担保。但是，这些企业这样做是以放弃那些谨慎的消费者群体为代价的。

第二十九章
稳定状态和可持续性

"我们现在面临的不是在挽救我们的环境或挽救我们的经济之间做出选择。我们面临的是在繁荣或者衰退之间做出选择。我们能够使自己维持全球最大原油进口国的位置,或者我们能够使自己成为全球最大的清洁能源出口国。我们能够使气候变化对全球造成严重破坏,或者我们能够创造旨在阻止这种最坏结果发生的工作机会。我们能够把21世纪的工作机会拱手让给我们的竞争对手,或者我们能够应对那些欧洲和亚洲的国家已经认识到的挑战和机遇:如果一个国家能够在创造新能源方面引领全世界,那么这个国家也将引领21世纪的全球经济。"(巴拉克·奥巴马,美国总统,2009年)

凯恩斯认为,经济能够保持某种程度的均衡,而其中的某些均衡使得一个国家比其他国家更差。一个有志于加入第一经济世界的国家将会以一种不可持续的前所未有的速度发展。与此同时,第三经济世界因为政府腐败和财产保护的缺失而一蹶不振。这种稳定均衡一直不会发生改变,直到财产权利和良好的政府出现。

那种使第一经济世界的经济保持稳定增长(而不是惊人增长)的稳定平衡的可持续性是一个有趣的议题。让我们花点时间来探讨一下可持续性意味着什么。

一些定义

对可持续性进行论述不可避免地要依赖于许多读者不熟悉的专门术语。让我们从均衡的概念开始。

均衡是指一种状态,在这种状态之中,那种推动一个体制往一个方向发展的力量与那种推动该体制往另外一个方向发展的力量之间处于平衡。当这个体制处于平衡状态时,均衡就产生了。这种平衡并不意味着停滞。而且,因为均衡状态中的力量处于平衡,所以一个经济体的产出是持久的。

例如,一个运转良好的第一经济世界国家会保持2%到3%的增长,并且能够保持其人口、公共/私人机构以及各种资本形式之间的平衡。这个体制处于均衡状态,因为其中的各种力量是平衡的。这种均衡处于稳定状态,因为用于描述这种均衡的各种可观测值(例如人口组合、增长速度和公私机构的组合)在很长一段时间内都保持不变。

一个经济体制必须处于稳定状态。可持续经济这一概念的创建者赫尔曼·戴利(Herman Daly)将一个稳定状态的经济体定义为:

“人和产品以较低的物质资本生产率(也即通过从最初的生产阶段到最后的消费阶段的最低的物质/能量流量)长久地维持在某种理想的充足水平。”

这样一种稳定均衡能够提供一种满足经济体需要的效率,这种效率能够产生仅仅足以维持理想的经济措施的较少的废物和资源/能量流量。

稳定经济均衡这个概念要追溯到亚当·斯密的《国富论》一书中。斯密认为,尽管自由市场的效率是现实的,但一个经济体能够以惊人的速度增长。但是一旦从命令型经济转型为有效率的市场导向型经济，就有可能会降低经济增长速度。斯密认为，效率的提升会导致经济增长，而经济增长反过来也会像托马斯·马尔萨斯所说的那样刺激人口增长。不断提高的富裕程度会支撑人口的不断增长，直到可利用资源达到极限。随着人口的增长，不断增加的劳动力供应将导致劳动者工资的稳步下降，直到工资太低以至于不能得到劳动者的支持。与此同时，支撑更多的人口所必需的自然资源将会变得日益稀缺，直到低工资与过多人口之间形成失衡。

大约一个世纪以后，约翰·斯图尔特·密尔指出：

"政治经济学家们已经或多或少地看到，财富的增长并不是无极限的，这种增长状态的终端就是稳定状态，所有的财富增长活动在这种状态时都会被延缓，发展中的每一个阶段都在向着这种状态前进。我们已经认识到，这个最终的目标在任何时候都接近于实现；我们总是接近于实现这一目标，如果说我们以前没有实现这一目标，那是因为当这个目标出现在我们面前时，我们却没有抓住它。如果那些最富裕和最繁荣的国家在生产领域没有进一步的增长，并且如果这些国家的资本停止流向世界上的那些未开发地区，它们很快就会达到停滞状态。"

斯密和密尔一致认为，世界上最富裕的国家都必然会达到一种稳定状态，其原因是由于缺乏技术进步，地球资源已经超出其承载能力了。

甚至连凯恩斯也对增长的极限进行了思考。凯恩斯在《寡妇的坛子》(widow's cruse)这篇文章中指出，在经济增长达到极限时，过量的储蓄将使得利率至零，因而导致中产阶级的储蓄率同样也会跌为零。此时，工人阶级会处于一种消费支出与收入等同的状态，实际上，他们将处于一种"痛苦的状态"。他认为：

"……人口稠密的自然程度已经超过了理想状态……马尔萨斯曾经假设当人口密度过高时，地球上的所有人都将生活在饥饿边缘。在这一情况发生之前，可以用某些措施来对其进行干涉。但马尔萨斯的这一假设并不会对下面两个悲观性的判断造成影响：维持一个适当的均衡通常会涉及痛苦；人类的物质条件在绝大多数情况下都不能满足人类的需要。”

斯密、密尔和凯恩斯都没有马尔萨斯那么乐观，尽管马尔萨斯悲观地预言人类将会由于过度发展而陷入饥荒的厄运之中。但是，由于缺乏熊彼特所设想的那种技术进步，富裕的国家们会陷入停滞状态。

但是它们是可持续的吗？

但是，问题在于这种稳定均衡状态是否能够始终维持。尼古拉斯·乔治斯库·洛根（Nicholas Georgescu－Roegen）于 1971 年在《熵定律与经济过程》（The Entropy Law and the Economic Process）一文中指出，经济发展会受到物质条件的限制。地球资源的消耗要求这些资源从一个有组织的和高度集中的状态转向一个分散状态。在这个分散过程之中，熵在不断增多，并且这种熵不可能在没有能量的情况下被复制。由于缺乏足够的能量，消费由于资源的日益稀缺而变得停滞。而且，消费和增长的不断提高将要求能量和自然资源的消耗量持续增多，这将驱使能量和自然资源的价格不断上涨，最终导致增长停滞。

最终，可持续性要求自然资源和能量在下面这样一种程度上被利用：现有的消费水平能够延续，并且能量能够保证资源被永远循环利用。

在这样一种稳定状态和可持续的经济体中，生产、消费和人口的情况只有在取得技术进步（这种技术进步允许在不增加自然资源消耗的情况下进行更多的消费）时才会发生改变。

很明显，这个可持续和稳定均衡的概念假定所有的自然资源都是被可持续性使用。如果结合约翰·罗尔斯的《正义论》（A Theory of Justice），可持续性要求所有的地球公民都具有享受类似富裕水平的机会。

随着第一和第二经济世界的融合，我们可以预见总有一天每个国家都将以类似的强度消耗自然资源，而且这种强度将会被维持很长一段时间。但是，在这种情况发生之前，我们可以做很多事情来阻止它发生。

首先，所有的自然资源必须在下面这样一个水平上得到定价：这种价格水平能够准确反映它们的最终稀缺性和回收成本。随着商品市场的全球化，我们可以让那些不同区域的自然资源定价予以融合。但是，这些价格不可能反映自然资源的真正的长期运行成本。毕竟，当这些价格是由寿命有限的人决定时，如何精确地界定自然资源的永久稀缺性就更加困难。

第二，可持续性要求融合。一个新兴的帝国会发出一种合法的抱怨，即它不会对一个更加富裕的经济帝国（这个帝国在过去通过漠视自然资源的稀缺性而积累了自己的财富）的价格需求表示尊重。一个经济帝国常常将自己的帝国之路建立在价格较低的自然资源、肥沃土地、新鲜而洁净的水和空气的基础之上。如果这些经济帝国的富裕是建立在低价格的地球资源基础之上，一个新兴的帝国可以要求富裕的帝国就这些不义之财向新兴帝国进行赔偿，以此作为对可持续性价值的肯定。

第三，一个稳定和可持续的均衡将要求提供代际公平（intergeneration equity），如果它想确保一个稳定而且持续的人口数量的话。换句话说，每一个国家的每一代人都有所有国家的其他几代人过上富裕和舒适生活的权利。即使国家之间可以达成一个能够精确衡量自然资源价格的契约，这也可能需要几代人的时间才能看到财富的均衡分配。可持续发展将难以实现，直到有不那么幸运的一代人不再觊觎其上一代人的财富。

最后，稳定状态的经济可持续发展将需要彻底的融合。如果第一和第二经济世界能够在本世纪内实现融合，那么就有可能在下一个世纪实现它们与第三经济世界的全面融合。如果有任何一个国家认为这将导致对其他国家财富的分享，那么可持续发展的政策将很难实施。

强盛的果实成为衰亡的种子

一个可持续和稳定状态的经济帝国的目标是值得赞赏的。但是，在一个全球化的世界里,如果一个价值观不能由富裕的帝国和新兴帝国分享,那么这个价值观是缺乏意义的。为了实现全球经济的可持续发展,我们需要全球各国的融合。尽管第二经济世界可能在本世纪内加入第一经济世界,但是第三经济世界的可持续发展可能会更加难以实现。

第三十章
恐龙与经济达尔文主义

"我遇见一位来自古国的旅人,
他说:'有两条巨大的石腿半掩于沙漠之间,
近旁的沙土中,有一张破碎的石脸,
抿着嘴,蹙着眉,面孔依旧威严,
想那雕刻者,必定深谙其人情感,
那神态还留在石头上,
而私人已逝,化作尘烟,
看那石座上刻着字句:
我是万王之王,奥兹曼斯迪亚斯功业盖物,强者折服。
此外,荡然无物,
废墟四周,唯余黄沙莽莽,
寂寞荒凉,伸展四方。'[①]"
(珀西・比希・雪莱,《奥兹曼斯迪亚斯》,1818 年)

① 2012—051—008

尽管有很多理论都试图揭示为什么恐龙会灭绝，但是突发性灾难事件理论已经获得了大多数人的肯定。这种理论认为，有一颗小行星在6500万年前撞击到地球(即今天的墨西哥湾地区)，由此引发了一场巨大的气候变化。但是这场巨大的气候变化并没有杀死地球上的所有生物。那些以往在正常环境下发展壮大的物种因为不能适应环境的快速变化而未能幸免。

与此同时，那些以往仅能在强大动物边缘勉强维持生存的动物发现自己能够最灵活地适应一个新环境。那些更灵活和更会投机取巧的生物比那些消耗过量资源的跛足巨人更具优势。经济帝国也具有同样的情况。所有的优势到最后都会变成劣势。

帝国兴衰中的十个主题

我们此前已经论述了这些优势是怎样变成劣势的。我将要花费一点时间来对前面章节所论述的帝国兴衰之路进行总结，这样我们可以转而制定一些可以化挑战为机遇的策略。我总结出了以下十个主题。

主题一：经济帝国的重复模式

早期的国家或多或少都经历过相似的发展阶段。起初，一场农业革命和早期的以货易货贸易使得人类可以生产的产品品种有了急剧的增加。货币的发明加剧了这种扩展。这种经济革命使得人们有时间追求超越食物和住房这样的基本需求的更高层次的活动。文化和文明因此就诞生了。

由此所产生的经济利益激励人们组成更大的群体和部落。一部分经济利益被转化于维持一个统治精英集团。这些盈余使得统治精英集团能够在满足农民、木匠、面包师和陶艺匠的同时，还可以维持一支军队。这支军队能够扩张帝国的疆域，这样它们的帝国就可以吸纳更多的耕地，控制更多的农民，并且能够积累更大的规模经济。

但是，随着帝国的成长，它不得不面临对手们日益强大的竞争。此外，尽管市场允许帝国可以同其他地区的经济体进行贸易，但市场同样允许农民和竞争对手们为了成为经济的掌控者而分享一部分产品。地下经济也开始挑战并最终挫败帝国的领导者。

尽管市场最初允许帝国们通过提高效率来利用更大的规模经济，但这些规模经济最终变成了不经济。一旦规模经济被耗尽并且违背了最佳规模，任何进一步的增长只会推高成本，并且迫使一个帝国处于不堪重负的境地。

尽管绝大多数企业家都认识到，为了增长而增长是愚蠢的，但经济帝国们却常常认识不到这一点。这些帝国的领导人们期望将增长作为持续成功的一个标志。在某些时候，超出了收益递减点的鼓励和推动发展只会导致帝国变得更笨拙和更脆弱。

这种笨拙和脆弱最终将导致那些即使是最强大的帝国走向毁灭。武装力量常常被用于维持帝国的统一。这种建立在市场和武装力量基础上的帝国在几千年的时间里不断更迭。

与此同时，一系列前所未有的创新改变了已经维持了几个世纪的社会平衡。在第一次工业革命中，蒸汽机和水车所引发的惊人的规模经济对劳动者造成了全方位的深刻影响。各种创新联合起来创造了人类历史上前所未有的增长速度和巨大财富。并且，产业领域的变革还对社会契约形成了挑战。

主题二：社会契约

绝大多数采纳了自由市场经济和受益于第一次工业革命的经济帝国也沉迷于殖民主义和重商主义。这些经济殖民主义的新模式与它们所取代的武力主导模式之间存在着很大的差别。

首先，一个帝国所培育的殖民地可以提供各种生产要素。反过来，这个帝国还为宗主国的工业制成品攫取了一个稳定的需求。同样，殖民地的居民们为帝国的持续增长作出了贡献，而帝国则以提供安全保障和可持续的贸易作为回报。

这种共生经济模式使得帝国的中心地带能够维持快速的增长，但其成本较大。宗主国和殖民地通过贸易获得的收益经常是不对等的。为宗主国提供服务的殖民地从这种关系中获得的收益很少，而宗主国则获得了大部分收益。

当宗主国出现规模不经济的情况时，为了维持宗主国的增长，殖民地被施加了空前不利的贸易条件。就像早先的帝王们为了在帝国衰弱时维持自己的生活质量而不断加重税赋一样，殖民帝国为了维持自身的增长而日益扭曲自己的贸易条件，并且不断地剥削殖民地。当殖民地难以承受这种压榨与剥削时，某些殖民地就会寻求自己的经济独立。

卢梭认为，政府可以被视为一个互利的社会契约的一方。同样，帝国及其殖民地也可以分别被视为这个社会契约中的一方。帝国应当为其殖民地提供财产保护和法治，并且开拓工业制成品市场。反过来，殖民地为帝国的产品提供市场和维持帝国的持续增长。当帝国及其殖民地从这种契约中得到的回报高出其支出时，它们的居民就会支持这种经济体制。当不平等的贸易条件使双方之间的利益天平过于偏向帝国一方时，经济革命的发生就不可避免了。

尽管我们现在对自己在社会中的成员资格想当然地持一种互利观点，但这样一个关于我们做了一个明智的选择来接纳领导人的权威而国家则提供赏金作为回报的概念，还是一个相对较新的概念。

一个经济体制的健康发展最终需要其国民自愿支持这个体制，如果所有国民都享受到同样的收益，这一定是一个惊人的巧合。帝国中不可避免地存在某些人获益较多而另外一些人的获益仅足以维持他们对帝国的支持的情况。

在殖民模式中，那些紧挨着帝国中心的居民似乎是大赢家。与此同时，那些外围地带的居民则更倾向于对这个经济体制进行挑战。这些因为这个经济体制而受到不利影响的被边缘化的人，或者那些感觉因这个经济体制而受到伤害的人，是帝国最严厉的批判者。

即使是在一个地域紧凑的帝国中也会有某些人对那种支持帝国的广泛的民族主义热情感到疏远。在一个疆域广阔的帝国中（这个帝国不可避免地更加偏向那些位于中心地带的居民），很多帝国外围地带的居民感到自己在经济上被边缘化和在民族主义情绪上被疏远了。这种疏远感是一个发展中的殖民帝国的一个不可避免的结果。

某些殖民体制向外围地带的居民提供足够的恩惠以延缓其对体制的反抗。但是，大多数帝国将其最边缘地区居民的疏远感视为一种不忠诚和缺乏骨气的不被赏识的行为。于是，这一议题就演变成了一种政治斗争和傲慢，而不是对不同经济利益和观点间的紧张局势进行清醒的思考。

于是，这种与日俱增的疏远感就不可避免地成为一个帝国（这个帝国已经变得过于多样化而无法支持一个共同的经济前景）的致命缺陷。当帝国武力召集足够的强制力来维持自己的权威时，革命就变得无法避免了。

帝国外围地带对殖民主义的仇恨最终呼吁一个新的社会契约。美国革命就是这样一个重新谈判过程。美国是第一个在决定性的经济基础上而不是在力量和政治的原则基础上锻造新政治体制的国家。

主题三：一个国家形成了一个新的经济前提

其他国家（最著名的是英国）使用普通法原则来保护那些在美国由宪法进行规定和保护的公民权利。美国是第一个把为一个新国家制定的一套全面的新规则供奉为一套基本原则的国家。美国还是第一个通过独立的司法裁决来提供经济保护的国家。

宣告了一个新国家的经济独立的《独立宣言》对一个新国家的新经济前提进行了坦率的声明：

“我们认为下列真理是不言而喻的：人人生而平等，造物主赋予他们若干不可剥夺的权利，其中包括生命权、自由权和追求幸福的权利。为了保障这些权利，人类才在他们之间建立政府，而政府的正当权利是经过被治理者的同意而产生的。当任何形式的政府对这些目标具有破坏性时，国民便有权利改变或废除它，以建立一个新政府。其赖以奠基的原则和其组织权力的方式必须要使国民认为唯有这样才最可能获得他们的安全和幸福。”

即使粗略地阅读一下《独立宣言》、《美国宪法》和《权利法案》，我们也可以很明显地发现这个新经济秩序为政府对私人行为和私人市场的影响力划清了界限。

尽管国父们绞尽脑汁地思考如何对政府进行限制，但是某些不甘被压抑的最强硬的个人主权宣言在新的特殊利益的不懈推动下还是会被重新修订。即使是国父们也不可能被期望预见到每一个可能的旨在将男人和女人与其盈余分隔开来的方案。法律需要被用来阻止或者至少改善一个不断发展的国家的新恶习。

主题四：惊人的增长让位于特殊利益

这种弥漫在新宪法中的经济个人主义最终将成为市场失灵和垄断（正是这种垄断引发了当初的革命热情）的牺牲品。18 世纪英国东印度公司对要素和商品市场的价格操纵被 19 世纪铁路巨头对金融市场的操控和其他许多市场的垄断所取代。

第二次工业革命推动之下的镀金时代很快就使得一个世纪前改变了英国的第一次工业革命黯然失色。一个建立在政治和贸易民主基础之上的帝国和一个不会将某人终生局限在一个位置上的精英领导制度创建了一套新的机遇和挑战。

不幸的是，社会上总是存在着一种希望通过以往的那种掠夺他人财产的方式而不是通过自己生产的方式来积累巨大财富的倾向。毕竟，掠夺他人财产有时会比自己生产更为轻松。

尽管巨浪会把所有的船只打翻，但很多人认为，某些船只总是能够比其他的船只先冒出头来。当社会上的其他群体看到自己的位置和经济现状与其他群体比较起来更糟糕时，它们就会对经济现状进行挑战，并且要求对盈余进行重新分配。

但是，由于缺乏一种能够使得那些拥有金融和实物资本的人与拥有自己人力资本的劳动者成为伙伴的产业模式，政府经常发现自己夹在这两个相互争斗的群体之中。这些经济体所创造的规模经济和盈余越大，似乎政府规模（为了应对这种不受约束的资本主义所产生的不平衡）也越大。

不幸的是，政府并不能生产有助于增大经济蛋糕的商品和服务。相反，政府要扮演对私人领域进行调控和对经济盈余及财富进行再分配的角色。政府的调控和再分配行为起初对中产阶级有利，最终对生产效率产生了限制，并且导致了经济帝国竞争力的衰减。反过来，一个经济帝国会诉诸新殖民主义或者重商主义来试图维持经济增长及其拥护者的支持。

对财产的保护和自由市场的创建释放了前所未见的活力并促进了经济增长。但是，这种经济活力和爆炸性增长可能仅限于此。无限制的增长需要新的更广阔的市场。如果增长超出了市场吸收新发现的收益的能力，或者人们不可能为了追求其他产品而工作更长的时间，增长就会不可避免地开始停滞。此时，一个起初以经济蛋糕的增长为重心的国家开始将注意力转向如何对这个经济蛋糕进行分配。

机会的民主化也使得很多人开始相信自己也有可能成为下一个百万富翁。尽管出现了许多新百万富翁，但对绝大多数人来说，美国梦仍然是虚幻多于现实。

对一个民治和民享的政府来说，涉及再分配的经济停滞和增长引发了一系列政治困境。一个习惯于两位数经济增长的国家在其增长率有较大程度的下降时会有经济恐慌之虞，而更具可持续性的增长应当维持2%或者3%的增长率。一个了解自己在社会契约中的责任的政府知道，经济增长乏力会产生怎样的政治影响。但是，两位数的经济增长速度不可避免地会递减。当这种情况发生时，一个经济帝国的衰弱就会变得更加明显。

为了维持经济增长和繁荣,帝国们经常诉诸将注意力集中在纸面财富而不是实物财富之上。确实,美国和欧洲的经济帝国们经常会进行各种投机活动,这种投机活动创造的纸面利润取代了实物商品和服务生产所产生的利润。在更近一点的2006年,美国所有利润中的三分之一都"生产"于金融业。两年之后,美国金融业的崩溃导致了历史上最大的全球金融危机。

我们发现,从第二次工业革命开始之初,对生产的忽视和对投机性泡沫的偏好在每一次经济危机中都扮演着一个主要角色。部分原因在于贪婪和特殊利益的相互作用日益集中于如何从一个经济蛋糕中获取更大的份额。而政府却不能对这一倾向做出前瞻性的回应。

但是,我们本来不应该对这种经济趋势感到惊讶的。重商主义建立在贸易不平衡的基础之上。投机性投资者们因为帝国的策略及其以邻为壑的政策而获得了巨额利润。正如帝国随着时间的推移将对贸易条件进行重新定义一样,金融和产业资本家也试图通过掠夺其他人在经济蛋糕中所占份额来扩大自己在经济蛋糕中所占的份额。与此同时,企业能够通过垄断市场和制定更高的价格或者压低劳动者工资等方法来增加自己的盈余。反过来,劳动者可以组成工会,并且通过对企业主获得劳动者的机会进行限制和推高工资的方法来要求在经济蛋糕中占据更多的份额。每一个人都在力图使自己的利益最大化。

夹在这些利益群体中间的是一个倒霉的政府。这个政府支持自由放任经济,并且试图在一个快速演化的经济形势中占据先机。

每一个投机周期都有其终结之日。当泡沫破灭和纸面利润被清除之时,人们在这个最具挑战性的年代都大声嚷嚷地要寻找替罪羊。当每一个群体都认为其他群体的人应当受到指责时,一些新的特殊利益群体就形成了。这些特殊利益群体试图运用所有自己能够利用的政治渠道来寻求扩大自己在经济蛋糕中所占的份额。

确实,这种退化为特殊利益政治群体的情况能够被彻底摧毁。社会的重心进一步远离生产，并且重新要求重视财富的分配。社会上形成了一系列政治联盟，这些联盟擅长于剥离那些在选举中占据举足轻重位置的持相反意见者，并且改变因选民的青睐而形成的政治平衡。

这些经验教训来自于镀金时代。正如镀金时代的社会动荡所证明的那样，政府要想对自由企业所有有害于经济健康的不良企图进行预料和控制是非常困难的。当企业的一个不良经济企图被发现并被扑灭时，另外一个新机会马上就会被孕育出来。即使是一个敏锐而开明的政府也经常陷入不能应对层出不穷的不良经济行为的困境之中。

使一个帝国达到新高度的自由市场思想在某些时候需要被加以控制。随着数以百万计的个人以匿名形式追求自身利益和使社区日益瓦解的城市化进程，我们那个曾经被证明是强大和富裕的经济体制变得岌岌可危。但是，我们的经济体制几乎都没有发现自己正处于崩溃的边缘。因此，我们对政府在应对那些周期性爆发的问题时笨拙的表现一点也不奇怪。

政府也不太容易对一个重心从观念的生产和创新转向保护自身利益和促进过分消费的分散型经济进行直接掌控。

主题五：炫耀性消费的致命缺陷

一个处于繁荣发展中的帝国通常在人口和多样性方面也在增长。为了创建共同体，参与者日益因为特殊利益而联系在一起。尽管经济繁荣使得广大民众能够满足自己更多的基本需求，但社会裂隙的日益增多和扩大使得同等重要的社会尊重和自尊的人类需求更加难以实现。

社会中总是有某些人可以克服这些困难并且获得自我实现。但是，很多人更加诉诸对能够与其希望加入的某个更大的共同体发生联系的市场图标进行追逐。在这场为了获得自尊而进行的竞赛中，衡量标尺变成了财富、房屋面积、汽车质量、小孩所上的学校和其他一些奢侈品。最终，炫耀性消费或者财富的积累而不是对幸福的追求变成了耗干一个国家经济资源的非生产性活动。

这种重心由生产转向消费的趋势挫败了经济增长。从短期来看，以这样的方式促进消费能够维持一个经济体发展。但是，为了消费而消费并不会创造与日益增长的经济实力联系紧密的效率和创新。

但是，消费主义是一个变化无常的事物。一个消费导向的国家变得依赖于消费者的心理而不是企业家的乐观主义。一旦这种企业家的乐观主义被丢失，轻微的经济衰退就会引发严重的悲观情绪，并且导致资本流向其他更安全和更有效率的国家。

一个重视炫耀性消费而不是有效率的生产的富裕社会需要牢记它以往的经验教训。这个世界正在一次又一次地重复我们熟悉的发展循环周期。这种循环是机构形成和规模收益递增的一个自然结果，并且随之产生了规模收益递减、生产和机构的民主化、更大的衰退和消费主义增长等情况。那种认为新兴帝国的惊人增长能够无限期延续的想法是愚蠢的。

这种由经济正反馈循环所引发的惊人增长速度最终会放缓，并且通常会被一系列限制增长的过程所取代。

当人们满足于那些足够维持可持续增长信心的盈余时，这种惊人的增长就会发生。人们会将自己的盈余进行再投资，以此来确保未来的增长。尤其是当这些盈余被集中到某些很容易满足自己的所有消费需求的人手中时，这些人更愿意将自己的盈余重新投入到未来更大的生产能力中去。而且，一个不断发展和充满乐观的经济帝国会把这种投资资本留在本国。政府能够制定一系列旨在促进和鼓励国内投资的高效政策。

但是，一旦盈余被分散到许多人手中，这些人会日益将这些盈余投入到提高自己的消费水平之中。这种由再投资转向消费的行为逆转了正反馈循环。更多的财富和更大的消费导致了了储蓄和投资的减少，并且导致增长停滞。政府也时常因为拥有投票权的选民的压力而片面重视公平(却忽视了效率)，其短期目标的达成是以长期债务的增加为代价的。

储蓄的减少和可贷资金的枯竭导致金融资本流向了其他地方。对新兴国家而言，幸运的是，金融资本具有可流动性。它能够轻易地跨越国境，并且流向那些保护财产和鼓励投资的新兴国家。对一个经济帝国而言，不幸的是，导致惊人增长和造就经济实力巅峰的正反馈循环由于炫耀性消费和资本外逃而被逆转了。这种逆转行为是另一种巨大的经济调平器。

主题六：全球化和公司驱动的殖民主义

经济学理论很早就认识到，金融投资会流向那些能够获得最大回报的地方。全球化现在使得金融资本几乎能够在瞬息之间流向世界上的任何一个地方。正如一个中产阶级家庭现在能够选择世界上的任何一个地方进行投资一样，那些定位良好和技术先进的公司能够把自己的资源转移到全球经济体的任何一个地方。

尽管一个国家的政策有时会试图阻挠公司的经济自主权，但它在禁止公司从事跨国界商业行为方面总是徒劳无功。一家来自于经济帝国的公司拥有太多的工具来使自己的跨国利润最大化。避免本国的高工资或者领导者的工会化、利用其他国家较低的工资或者开拓新市场等因素都驱使这些公司开始在其他国家设立分公司。

一个国家也有可能在某种程度上与这些公司共谋如何在全球贸易中促进这些公司利益。一个国家不可能运用军事力量来达到这一目的，但是它能够通过其他更为微妙的方式来为自己的公司施加经济影响。它能够影响贸易条件，向外国施加政治压力以使其支持自己的公司，或者能够签署有利于自己的跨国公司的国际条约或者贸易协定。

在大量代表公司利益的团体的游说之下，只有一个最坚定和最明智的国家才能够辨别和拥抱那些最有利于自身经济发展的机会，并且创造可持续的经济活动（这种活动允许更大的多样化和增强了其公民的独立性）。

但是，尽管一个国家能够并且将要鼓吹自由贸易和全球贸易，它最终还是会陷于两种力量的纠缠之中而不能自拔。经济帝国自己的公司通过运用它们跨国的策略来培育和维持垄断或者买方垄断力量而发展起来。但是，一个帝国不可能在与世隔绝的环境中发展。经济帝国的殖民地渴望追求国际合作伙伴关系而不是国际家长主义。良好的国际公民身份与形成经济帝国的力量相冲突。经济帝国们发现自己所主张的全球原则可能会阻碍其他地方的经济发展。这种紧张状态最明显地表现在对知识产权和技术的保护方面。

主题七：信息和技术的不可避免的扩散

经济帝国们为了维持自己的相对优势而日益依赖技术和知识资本。但是,跨国公司们必须将自己的技术和知识资本转移到其外国分公司中(如果这些分公司能够为其股东提供最好的回报)。此外,随着一个经济帝国的成长,其人口也在增长之中,其发展过程必然要卷入更多的人,那些曾经导致了垄断利润的创意变得越来越难以保护。

互联网进一步加快了知识转移和信息扩散的速度。从 1989 年到 2009 年的 20 年间,互联网从一个起初仅被大学研究者们使用的(拥有 10 万个主机地址)的工具发展为用于贸易和社会网络的(拥有 17.3 亿用户的)工具。互联网在 20 年的时间里以平均每年 49%的速度增长。这个互联网用户的指数性增长发生在一个同时也见证了中国从世界排名前十开外发展为世界第二大经济体的时代。

依据中国在 1999 年到 2009 年这 10 年间的增长速度,我推断中国的经济规模将在 2021 年底超越美国。这种惊人的增长速度离不开技术转移和信息的民主化。

此外,资本流动、技术转移、信息交换和全球贸易的速度前所未见。如果说大英帝国主导全球经济达两个世纪,美国主导全球贸易超过一个世纪,那么中国预期优势的延续时间可能会较短。经济帝国发现自己在这个即时通讯和全球竞争的年代里越来越难以通过自己传统的垄断和保密方法来维持自己的优势了。

主题八：复杂系统和协调失败

在过去的一个世纪里,许多政治和经济体制来了又去。现代历史已经证明，没有哪一个经济体制能够像自由企业制度那样被高效率地和机智地执行。经济帝国们和新兴帝国们已经普遍采纳了自由市场体制，这个体制在许多帝国的黄金岁月里已经被证明是非常有效的。这些帝国随后面临的挑战就是对自由企业能够提供的庞大生产引擎进行管理，尽管它们仍然要对那些能够使自由市场跌倒的潜在弱点进行管理。

所有的经济帝国最终都认识到规模与麻烦相伴。例如，一个最小的企业就很容易进行协调。这个企业里的老板能够很容易地考虑到消费者所需要的商品和服务种类。如果老板能够提前知道消费者需要的商品和服务，它们就很愿意雇佣人员来从事相应的劳动。这个小系统几乎是在进行自我协调。

即使是一个庞大的计划经济体也可以通过相似的路径得到协调。中央计划者能够确保有充足的人力资本、实物资本和自然资源被投入到政府认为必要的商品和服务生产中去。这样一个中央计划经济体能够将对商品和服务生产的分配作为满足其国民消费标准的必要条件。

简单的自我协调经济体和中央计划经济体都很稳定。这些命令与控制型经济体在没有什么太大的变化时能够最好地运行。但它们在构建应对变幻莫测的商业周期的可预见性和抗毁性时缺乏创新和活力。

另一方面，自由市场体制具有创新性，因为它处于无数足智多谋的企业家的推动之下，每一个企业家都希望发现每一个消费者需要的新产品。自由市场体制为消费者提供了最广泛的商品和服务进行选择。无论是一个简单的经济体还是一个中央计划的经济体都不能提供如此具有多样性和效率性的选择。

如果说创新和效率是确保企业能够生产出消费者所喜欢的商品和服务的适当措施，那么自由市场体制在这些方面远胜于其他体制。产品的多元化和规模经济的效率是自由市场体制的标志。

但是，一个将自己的持续发展建立在自由市场体制基础之上的经济帝国也更容易招致经济恐慌、衰退和萧条。一个自由市场经济体需要更稳健和先进的管理监督体制和货币财政政策，这在某种程度上超出了政府管制机构的能力范围。

此外，一个与其他国家经济发生紧密联系的经济帝国对其贸易伙伴的经济成就产生重大影响，也受到其贸易伙伴经济成就的影响。2008年的全球金融崩溃就深刻地证明了这一点。

自由市场体制可能是人类所创造的最复杂体制之一。这种复杂体制增加了多样性和不确定性。它们也会因为自己的非常复杂性而导致令人惊讶的和（有时是）灾难性的混乱。另一方面，微妙而详细的协调政策能够为经济体创造巨大的正面效益。其中的诀窍就在于对复杂而分散的体制进行掌控。

正如庞大的自由市场国家因为自身的复杂性和分散性而容易受到经济危机的冲击一样，那些大型的复杂组织也十分敏感。每一个大型企业都必须使自身规模保持一个既能够提供足够的规模经济又能够防止企业僵化的微妙平衡。

而且，就像一个经济帝国一样，当一个组织变得大而不倒时，它会让步于群体思维。它的洞察力和道德标准会受到它对增长的盲目追求的挑战，并且它会失去那种当初让它取得发展的创造力。

当一个经济实体能够维持一条良好的不会被淹没在一片嘈杂的噪声中的信息流时，它也能够运行得最好。这些网络效应创造了协同作用。但是，如果这些网络协同作用随后导致一个经济实体发展得过于庞大，混沌理论预言这个经济实体又会变得越来越容易受到随着其规模的扩大而呈指数性增长的不确定性的影响。规模的扩大使得不确定性日益增加，对一个复杂的经济体进行协调的难度也日益加大。

主题九：文化差异和经济优势

对经济帝国和新兴国家来说，发展的路径都具有微妙之处。在某个给定的时间里适用于一个国家的原则可能会完全不适应另外一个处于不同发展阶段的国家。在劳动者队伍的规模和技能、国家的收入和资本甚至决定各国演化的文化等方面的差异使得将诸多国际协定如世界贸易组织或全球气候变化谈判所鼓吹的解决方案强加给所有国家变得很困难。

在一个快速演化的全球经济环境中，帝国们试图保护自己的特权并且施加自己的经济影响力。那些经济超级大国在构建全球贸易规则中发挥了一个不成比例的巨大作用。但是，这些经济超级大国制定的全球贸易标准虽然能够最好地满足自己的需求但对其他国家来说却不一定有效率。在这个过程之中，经济帝国会排斥新兴国家。

但是，新兴国家有一个优势。一个国土面积广大且人口众多的国家或者一个能够调动一支勤劳而且积极进取的劳动者队伍的国家拥有巨大的发展机会。这样一个国家能够生产相对比较便宜的劳动密集型产品和服务。这种生产活动使得收入被直接分配到作为人力资本的所有者的劳动者手中，从而创造了一支强大而且稳定的中产阶级队伍，并且有助于推动经济快速增长。而且，全球金融资本的自由流动确保那些能提供法治和财产权保护的新兴国家们将拥有充足的实物资本，这些新兴国家可以运用这些资本来增强自己的其他要素禀赋。

正如我们在过去 50 年里所看到的中国和日本的情况那样，经济成功能够迅速地缩小一个国家的现实收入和期望收入之间的差距。

这些快速发展的国家应当明智地吸取某些经济经验和教训。随着一个新兴的帝国接近自己的巅峰时，这种进一步增长的能力会逐渐减弱。生产的基础会由人力资本转变为实物资本和金融资本。

但是，实物资本和金融资本能够轻易地跨越国界，并且总是会流向那些拥有基础经济设施、较低成本和积极进取的劳动者队伍以及快速增长能力的国家。反之，当一个新兴帝国达到自己的巅峰时，它也将会发现消费者喜欢投资于其他新兴国家（这个新兴国家能够提供一个经济帝国在其巅峰时无法维持的惊人增长）。

正是劳动者的积极进取、经济增长的巨大潜能和自然的发展循环周期综合起来为新兴国家的发展造就巨大的机会。这些因素也是经济帝国发展的一个调平器。这种调平效应是不可避免的，并且是与边际收益递减这一经济法则联系紧密的经济成功的一个必然结果。

尽管不可避免的扩散和模仿将导致经济体制的融合，但每一个国家的经济体制都存在着细微的差异。每一个社会对于公平、道德和信仰等文化规范的认识都不同。这些文化规范随着时间的推移必然会影响到经济价值观，正如经济价值观也会影响到文化规范一样。但是，尽管经济创新已经繁荣了大约3个世纪，强大的文化规范已经主导了某些社会达几千年之久。这些涉及财产、企业和政府作用等经济价值观的文化规定将对所有国家的演化产生影响。

由于全球贸易的繁荣，文化规范也受到了挑战。本地交易在当地居民之间进行，并且以诚实和信誉为基础。日益加剧的区域化和全球化使得无良商人在近乎匿名的情况下从事交易。不诚实的贸易对所有在与自己不认识的人从事交易时保持诚信的消费者和生产者来说都有一种毒害作用。随着诚信逐渐被腐蚀，整个经济体制都不可能再发挥自己的潜力。

相反，那些大型的信誉良好的企业能够利用自己的良好信誉使那些难以被辨别的产品质量商品化。这种产品和服务质量的商品化减少了多样性，并且还从那些容易信任他人的消费者中获取了利益。无论怎样，全球经济体制会因为自己的庞大规模和日益严重的匿名性而受到伤害。

主题十：历史在不断地自我重复

尽管主导性的经济体制能够决定广泛的经济原则，但经济帝国都是易变的实体。在从1860年到2021年这超过一个半世纪的时间里，中国、大英帝国、美国和新中国已经或者将要成为全球最大经济体。平均而言，每隔40年就会有一个新的经济帝国成为主导性的国家。这些国家都会在一段时间里运用自己的经济影响力和控制力来达成对自己有利的贸易条件。

过去几个世纪里的每一个帝国都为了处理人口与发展之间的关系而煞费苦心。一个新兴的帝国会将自己的人力资源规模作为一种战略性经济资产，并且寻求该资产回报的最优化。由于经济成功随之带来收入的增长，一个国家开始将劳动力的重点转向更高的质量而不是更多的数量。

随着收入和生活质量的进一步提高以及重心由创造经济蛋糕转向分配经济蛋糕，一个经济帝国开始构建社会福利体系（该体系能够为家庭提供替代性财务安全）。该国的劳动力队伍不再快速增长。而且，大多数发达国家都不能提供替代人口。就此而言，经济帝国再一次为自己的最终衰亡播下了种子。通过吸收外来移民来补充劳动力对经济发展来说非常必要，但这是以稀释人口和文化的同质性为代价的（而这种同质性正是民族主义和经济发展的动力）。

中国无疑也将面临其他新兴国家的挑战。印度就是中国的对手之一，这个国家拥有丰富的人力资本，并且重视教育，它很有可能成为下一个经济帝国。

尽管我们能够用各种图表来直观地显示各国之间的相对经济实力，但同样明显的是一个国家经济实力最终会摇摇欲坠。尽管这种经验观察不能代替精确的分析，这些图表是霸权如流沙的有力证据。

本章对硬币的两面（一面是哪些力量推动了帝国的兴起，另一面是哪些力量阻碍了帝国的增长并最终导致其衰亡）进行了总结。帝国构建的艺术就在于欢迎前一类力量并且阻止后一类力量。一个富裕帝国生活质量的可持续发展路径将是我们最后一章的主题。

第三十一章
十五条相关的政策建议

“未来的潮流不是运用一个单一的教条信仰来征服世界，而是解放自由国家和自由人民的不同能量。”

“变化是生命的法则。那些只看到过去或者当下的人会失去未来。”（约翰·F.肯尼迪，美国总统，1961—1964年）

我们能够通过这个对帝国经济史的研究总结出某些有助于一个国家取得支配性优势的经验教训，并且对随后发生的帝国衰亡进行预测。通往帝国之路和随后发生的衰亡听起来像是一个令人沮丧的预言。但是，我把对以往模式的了解视为一个能够避免重复历史的机会。知识使得一个人能够思考某种能够减缓衰亡步伐的办法，并且甚至有可能阻止这种衰亡。

在下面的内容中，我将提出一些与创新和经济相关的建议。

承认比赛结束

人们很难承认经济实力具有稍纵即逝的性质。但是，如果一个国家要发展一种积极和具有前瞻性(而不是被动)的策略,那么我们接受融合具有必然性就是必不可少的了。这样一种策略必须切实认识到经济帝国的长处和短处以及那些将要与该帝国进行竞争或者合作的新兴国家的长处与短处。

那些习惯于挥舞自己霸权的经济超级大国都不愿意放弃这种权力或者承认这种权力的终结。例如,有人就认为,超级大国主宰外交政策,而那些实力稍逊的国家则负责落实这些外交政策。这种特权很难被放弃。

但是,如果一个帝国不能在一个平等伙伴的基础上打造国际关系,那些潜在的贸易伙伴就不会自愿与该帝国保持一种长期关系,并且会对这种关系持有偏见。关系的构建最好是在一种互利的氛围中进行。不平衡和霸权的关系会导致国家之间的联姻不可能长久。随着新兴国家的兴起和经济帝国的衰弱,这种不平衡的关系将会被推翻。

更好的经济管理

经济领导人们面临着一个窘境。当然,如果一个领导人得不到选民的支持,其后果要比他面临严重的失业或者通货膨胀更严重。一个经济帝国的目标就是期望对经济进行良好的管理。增长的停滞也会使选民感到沮丧。在全球各国,经济地位的下滑将点燃民族主义的导火索,而这一点将被反对党所利用。

经济领导人们深知这一道理。但是,执政者的每一项决定(无论好或坏)都是经过了仔细审查和被牢记的。那些有过多反对者的决定不会面临同样的责任。

爆发于 2008 年的全球金融危机就有力地说明了全球经济领导者带来的瘫痪效应。此时,一个起源于美国的金融问题导致了一场全球信用危机。这场危机抓住了因为新兴国家例如中国和印度对生产要素的需求而不断膨胀的全球商品泡沫的尾巴。

美国则被摆在这样一个位置上进行抉择:要么使一个商品驱动的全

球经济繁荣放缓以平息通货膨胀，要么通过刺激来纠正信用危机。世界各国的中央银行正在注视着美国的一举一动。作为举世公认的经济领导人，美国联邦储备委员会主席本·伯南克肩上的压力无比巨大。他最终决定什么也不做，因为他觉得无论自己解决了其中哪一个问题，另一个问题就会随之变得更为糟糕。

如果美国想要寻求一个全球共识的全球战略，它的政策就会变得更为主动和直接，它的工具也会变得更为广泛和协调，并且它也能够在这场信用危机给全球经济带来巨大灾难之前就成功解决它。

事实上，美国最后还是行动了，但有点姗姗来迟。在一个缺乏有效政策的真空期里，越来越感到害怕的欧盟开始发挥经济领导作用。时任英国首相戈登·布朗(Gordon Brown)采取了前所未有的措施来支持其信贷市场。欧盟其他国家随后也采取了类似行动。很快，美国被迫运用自己的巨大经济影响力和能力来这样做。

这种全球经济政策的协调十分有效，世界经济被从大萧条的边缘拉了回来。尽管各国运用的政策工具相对容易理解，但是美国因为国家经济自主权和自豪感而没有及时运用这些被全球各国协调一致运用的工具，这可能会对美国这个全球最大经济体的全球领导地位造成长期的不良影响。

了解其他国家的动机和雄心

我们有时能够通过观察自己的小孩来了解自我。我们能够分享他们的成功，感受他们的精力和经验，并通过他们的眼睛来了解世界。

一个经济帝国也同样能够通过那些渴望富裕和金融安全的发展中国家的眼睛来了解世界。这种对现实情景的检验是很有价值的。法律专业的学生就被教授不仅要制定一个能够推进自己代理的诉讼的策略，而且还要制定一个自己的诉讼对手可能采取的策略。这种通过对手的眼睛来观察自己的经济优势所面临的竞争的方法是最有意义的。

这种通过他人来进行自我反思的能力对经济帝国来说是最难的。例如，美国和加拿大在历史上曾经是世界上最大的双边贸易伙伴。加拿大这个经济规模为美国十分之一的国家在美国眼里很明显是一个较小的贸易伙伴。而美国在加拿大眼里则是一个庞然大物。

这种不对称导致了一个我们一点儿也不应感到惊奇的结果。加拿大人对美国文化、经济、政策和政治的各个方面无所不通。另一方面，美国人对加拿大却知之甚少。美国和加拿大之间的这种模式在全球贸易中不对称的贸易伙伴中非常普遍。最终，对任何一个帝国来说，它在经济或者文化方面的自负都是非常危险的。

但是，彼此之间的充分了解十分困难。具有高度多样性、过于自信和受到其他国家嫉妒的帝国处于一种可以理解的自私状态。但是，一个帝国如果具有一套更加重视全球议题的教育体制、一套更加鼓励国际贸易和旅行的机制和一套使其他国家对该帝国的宗旨感到喜欢的外交政策，那么它就能够扭转这种自我毁灭的趋势。

认识最主要的资产

每一个帝国都是从某种未被充分利用的生产要素发展起来的。这种要素通常是(但并不总是)劳动力。英格兰依靠其殖民地的劳动力和资源，美国依靠其源源不断的移民，并且美国、日本和中国都拥有能够使惊人的效率提升得以实现的广阔的农业部门。

通过增强农业生产和创造能够使大量剩余劳动力转移到制造领域的经济基础设施，上述这些国家在随后的几十年里都保持了两位数的经济增长速度。如果一个国家长期以两位数的速度增长，则它的经济总量每过 7 年就可以翻一番。如果这种增长速度保持 30 年，则该国的经济总量可以增长 16 倍。

对于某一个国家来说，它有可能在不提高农业效率的情况下牺牲农业生产来发展制造业。但是，绝大多数国家都因为国内安全原因而将农业视为一个重要的行业。因此，如何实现农业效率的提升是经济帝国的一个重要策略。

为最不幸的人提供安全网

马斯洛需求层次理论的一个不可避免的结论就是，随着人们富裕程度的提高，那些不幸的人们将得到更多的施舍。马斯洛需求层次理论还认为那些更富裕的家庭将重视财务安全、自我实现和一个更广泛的文化教育。这些价值观通常被转化成一个经济帝国如何对本国那些不幸的人提供照顾和帮助的能力和措施。

但是，这种同情可能会导致意想不到的结果。例如，随着收入的增加，绝大多数国家都日益采纳了社会福利体系。最终，这些基于同情和财务安全的机制被视为一种应得权益计划。[①]

这种从一种同情向一种权利的范式转化自然促使某些社会援助的接受者将这些计划视为一种权利而不是特权。此时，社会契约被加入了某些新条款，这些条款与其原来假设的辛勤劳动能够换来经济发展的前提严重背离。这样一种应得权益文化对那种所有帝国在最初时期创造原始财富的信条提出了挑战。

这种范式转化从根本上对社会机构进行了重塑。但是，这并不仅仅是因为在那种强调为他人生产的价值观和另外一种强调依靠别人进行消费的价值观之间存在着明显的矛盾。更是因为，这种范式的转化使一个国家的关注点由如何努力创造更大的经济蛋糕转向如何对一个固定的经济蛋糕进行分配。这一关注点的转移使得正和博弈转变为常和博弈，并最终会导致负和博弈问题。

一个以再分配而不是生产为中心设计的政治体制最终使得大量原本属于生产领域的活动被投入到再分配领域中。尽管对某些财富的再分配

---

① 2012－051－008

来说存在着一些崇高的理由，一旦这些再分配的行为本身变成了一种产业，那么我们的注意力将会从真正的经济奖励上转移到别处。

此外，这种对应得权益的关注已经有点过度。某些人开始眼红于别人的不劳而获。这对人们的劳动信念造成了部分或者全面的打击，并且使整个社会分裂为两个对立的群体：一个群体鼓吹辛勤劳动和自力更生，另一个群体则为获得应得权益进行辩护。这种分裂最终发展成为政治矛盾，并且使一个国家关注的中心点被扰乱。

投资于基础设施的更新

一个有抱负的国家必然会自我投资。例如，某些专家认为，中国对基础设施的投资水平比美国大约要高二到五倍。但是，美国在自身进行跳跃性增长和处于发展的黄金时期时，它的自我投资保持在一个大致相同的水平上。

如果没有一个对经济基础设施的稳定投资和一个对生产而不是消费的强调，一个经济帝国将会受到那些认为自己是上帝的日益善变的消费者的责难。但是，一个处于巅峰的经济帝国能够将基础设施投资作为明智的经济政策。当帝国经济处于萎缩状态时，通过基础设施投资而进行的金融政策能够使经济振兴。当帝国经济处于过热状态时，它能够削减在基础设施方面的支出，并且对接下来的艰难时刻未雨绸缪。其中的艺术在于知道何时进行投资，其中的智慧在于何时将这些投资撤回来。

减小规模和减少偷懒

经济大国最终都是建立在成功企业的肩膀之上。但是，尽管企业因为自己的规模和经济实力能够有机地增长，但它们也受害于它们的规模。一支对企业的忠诚度日益降低而规模日益庞大的劳动力队伍，以及那些能够隐藏在企业阴影之下并且不具备自我协调、自我管制甚至自我约束能力的人的偷懒行为所带来的成本，对一个新兴的企业帝国来说都是一个挑战。

公司的大而不倒也带来了很多问题。这些公司能够背离健全和合乎道德的企业管理仅仅是因为它们的管理变得笨拙和支离破碎。正是由于这些企业的规模过大，一个国家不得不承担这些企业失败所导致的后果。

因此，当那些大公司衰退之时，政府和纳税人更倾向于将它们从泥潭中解救出来并且支持它们发展。通过这样做，那种曾经推动这些企业取得成功的经济达尔文主义力量减弱了。这种支持对企业或者对整个经济来说都是不健康的。

如果我们认识到企业能够发展得大而不倒的必然性，我们的经济领导人就必须限制这些企业的规模，并且将这些公司的行为予以揭露。关于企业兼并的政策应当被进一步审查，那些发展得过于庞大以至于容易对整个国家经济造成侵害的公司必须被拆分成独立的不会对国家经济安全形成威胁的单位。

如果一个国家能够彻底地执行这种战略性的企业拆分，那么类似于员工偷懒、员工的不忠诚和企业混乱这样的问题都将被解决。

创新和企业家精神的持续增长

紧随财富而来的是一条缺乏凝聚力和协调的经济路径。一个高度多样化的国家在阐明企业家精神和创新（它们是任何一个快速增长的国家的标志）的信息方面陷入了困境。确实，企业家作为希望快速致富的机会主义者而获得了一个不太好的声誉。具有讽刺意味的是，快速致富的机会通常被一个雄心勃勃的国家视为实现其经济梦想的无价之宝。

为了成功，每一个国家都需要创新者和企业家。这些珍贵而且无价的个人处于不断变化的商业潮流之中。在一个致力于发展的国家里，变化并不困难。毕竟，变化要求我们为了追求一个未知的未来而甘愿放弃过去。当过去不堪回首时，用它来交换未来就是一件非常容易的事了。

但是，当我们的过去和当下都相对舒适时，变化就变得更难以打造和管理。一个能够成功地激励和引导变化的经济帝国是一个能够提高生活质量和保持自己国际地位的国家。

选择某些优胜者

我们可以满怀信心地预言某些领域将会在我们生活质量的可持续增长中发挥重要作用。每一个新兴的帝国都认识到科学和技术以及研究与发展在创造高质量的工作岗位、经济进步和更高的生活质量方面发挥的重要作用。

历史上存在着许多伟大的经济和社会进步时期，这些时期都充满着乐观主义潮流。这种乐观主义和兴奋的感觉通常被有远见的领导人(他知道确定一些关键领域就可以推动整个国家前进)利用和推动。英国18世纪的殖民主义运动、美国19世纪的横贯大陆的铁路建设以及20世纪的太空竞赛与中国21世纪的现代化进程都是通过创新来刺激整个国家发展的鲜明事例。我们应当鼓励有远见的领导人挑选某些优胜者。而且，我们还应当鼓励那些有远见的领导人对某些处于孕育之中的创新进行培育。

愿意选择优胜者

当只有少数机会有望成就一个国家的梦想时，在其中挑选出优胜者并不是一件很困难的事。但是，一个庞大和复杂的国家(这个国家包括很多有政治背景的产业利益)的领导人发现进行这种选择更为困难。如果领导人选择了某个领域作为优胜者，那么那些没有被选中的领域就会被认为是失败者(如果仅仅在相对意义上来说)。领导人不愿意在一个高度政治化的体制里明确挑选出优胜者和失败者，这使得我们很难发掘出未来发展机会背后的经济资源。

一个筹集资金的国家

在那些有抱负的国家中，总会存在着某些过剩的生产要素。一个国家未被察觉的潜力的发展能够带来惊人的经济增长。

这种增长有一种乘数效应，尤其是当一个有抱负的国家将其过剩的劳动力投入到劳动密集型的制造部门时。经济学家赫克歇尔和俄林指出，这种投入能够产生一种乘数效应，即它能够使一个国家通过将自己的劳动力运用到劳动密集型产品和服务的生产之中而实现跳跃性增长。

一个富裕的国家会同样地运用自己丰富的储蓄和资本禀赋。如果有某个政府愿意运用金融和税收政策，那么这个国家的金融能力就会被利用起来。研究和发展支出、制造工艺的创新以及科学和工程技术培训的扩展都允许一个国家能够利用自己的资本资产。

但是，这种资产常常被转移到其他一些生产性较低的方面去。如果一个国家储蓄和投资的能力被转向了进一步消费而不是投资，这有可能会在短时间内创造国内工作机会，但由于越来越多地从国外进口产品，最终将会把工作机会拱手让给国外企业。今天的消费是以牺牲创造明天的国内就业机会的投资为代价的。

这种将支出的重心放在消费而不是投资上的政策不是一个可持续的经济政策。一个成功的经济体必须运用各种方法让支出的重心从消费转向对研究与发展、私人资本和公共基础设施的新投资。

今天被延迟的消费将会导致明天更多的消费。但是，如果人们只是生活在今天的话，他们不愿意做这种交易。那种由全体消费者中的一小部分人支付的消费税能够为实现这一目的服务。这种税收将抑制某些消费，并且促使人们把收入储蓄起来支持实物资本投资。

它也会迫使人们将自己的储蓄导向金融投资而不是实物投资。个人储蓄被投向金融市场只会导致纸面利润和脆弱经济。正如我们在早先提到的那样，美国2006年所有利润中的三分之一都“产生”于金融业。而在两年之后的2008年，美国金融业的崩溃导致了历史上最大的全球金融危机。

债务的束缚

对一个国家来说，它可以用很多很好的理由为自己所承担的债务进行辩护。战略性地建设基础设施（这些设施将随即推动经济增长）就是一个很好的理由。

一个平衡的财政预算对政府战略性运用资源来培育和促进经济增长进行了束缚。当商业周期处于繁荣阶段时，一个审慎的国家将会保持一个预算盈余，并且能够在出现周期性经济危机时使用这些资金来支持新的基础设施建设。

那些在景气和不景气时期被用于推动经济发展的政府赤字能够迎合一个经济帝国对长期和可持续经济增长这一目标的需求。

但是，那些导致政府债台高筑的常年赤字则会变成一种经济束缚。债务会对政府将战略性投资的资金保持在一个足够吸引人的比率上进行限制。它还会将那些本来可以进入私人投资领域的私人储蓄转投到公共领域。如果这种以牺牲私人基础设施投资为代价的转变导致了更严重的公共补贴消费，在利率不断提高的情况下，国家经济的损失将加倍严重。

愿意调整对有利于促进增长的行为的激励

一个国家除了挑选出优胜者外还要做很多事情。它必须运用一系列激励措施来促进那些仅仅依靠私人资金是不足以发展的领域进行发展。尽管自由市场体制的标志被认为是一只看不见的手（这只手能够引导资源流向那些能够提供最大回报的领域），但自由市场有时会失灵。例如，发展一个没有任何既定规模经济的幼稚产业是一件很冒险的事情。企业需要必要的规模进行全球竞争，但很少有产业拥有那种迅速和轻易地创造全球性竞争者的能力。

国家能够帮助一个幼稚产业克服这些最初的障碍。一个大型的社会投资基金能够帮助筹集风险投资。当然，随着时间的推移，它将不可避免地挑拣出某些失败者。如果它能够挑选出更多优胜者，那么这种挑选失败者的行为是可以被接受的。但是，很少有个人或者企业投资者能够在不对现存大公司形成威胁的情况下来冒挑选一个失败者的风险。投资基金更愿意处理那种成功与失败皆有可能的情况，并且赋予一个大型经济体一项优势，即它愿意进行自我投资。

公司们也不愿意利用那种它们只能够获得一小部分回报的机会。这些同时还创造了广泛的经济副产品的公司需要政府的参与。例如，政府正确地对高等教育和研发活动进行补贴，因为它认识到只有一小部分从主要的研究中心流出的利益会流向一个特定的行业。

即使这些公司能够捕捉到所有那些由广泛的科研活动中流出的各种副产品组成的回报，它的商业模式将迫使它与创新活动保持紧密的联系。那些私人领域的专利可以被授权转让，但是受让方必须和一个持有专利和创新成果的垄断者进行谈判。当经济创新被转化成一种市场失灵时，一个有抱负的国家可承担不起这种效率上的无谓损失。

迈向效率

经济演化就像生物界的演化一样残酷和无情。但残酷的生物达尔文主义由于很多原因而无法在现代社会被模仿。一个有先天性疾病的人可以求医问药，这种医疗活动可以让他享有一个健康和高效的生命。先进的遗传学知识使得那些原本在原始社会不可能被生育下来的生命得以维持和延续。如果医疗技术的进步能够对自然演化的结果进行改良，那么物种的可持续性和生存能力就不会受到损害。

但是，如果经济演化因力挺那些过时的行业或者企业(因为害怕这些行业或企业的工人或股东们暂时性地流离失所)而人为地受挫，那我们就加倍失败了。首先，我们维持了一个已经被证明没有竞争力的企业。更严重的是，当那些最有价值的劳动者和资本应当被转移到一个具有更大成功可能性的行业时，我们却把它们保留在一个没有效率的行业里。

我们之所以这样做是因为我们很难做出那种让选民离我们而去的选择。但是，如果我们能够帮助进行这种转移并且对那些流离失所的劳动者进行再培训，我们就能够对那些劳动者进行补偿，这有助于劳动者转移到一个新企业中，并且能够提高这个新企业的效率。这种解决方案要求我们满足那些流离失所的劳动者的食宿要求和各种变化。考虑到其中的利害关系，作为我们社会投资的回报，让政府承担这种责任是有道理的。

不要落入“增长是可测量”的谬论之中

那种认为国内生产总值的增长是我们的中心目标的观点是错误的。经济增长不应当仅仅是提升了那些创造出可测量产品的行业。我们必须考虑为了增长而增长这一谬论所带来的风险。

例如，如果一个国家的目标仅仅是扩张那些以美元、欧元、日元和人民币计算的经济活动，那么我们就忽视了那些发生于市场之外的有价值的活动。如果某个国家要求全体劳动者每周额外工作一天，那么这个国家的产出就能够很简单地迅速增加20%。很明显，如果一个社会想要工作做得更多，它完全可以推行这项措施。但是，社会还需要有休闲的时间来享受经济成功的果实。确实，世界上某些最富裕的国家最近已经选择了工作更少而不是更多，尽管它们的国内生产总值有可能会因此下降。

一个国家必须拥有那种促进本国公民生活质量的智慧。一个富裕的帝国能够通过更聪明而不是更辛苦地工作来保持自己的优势地位。它能够运用自己的智慧来促成一个高质量的生活，这才是衡量其经济实力的最真实的方法。

第三十二章
结论

“英国最有益的作用就在介于蜜蜂和恐龙之间的某个地方。”

（哈罗德·麦克米兰，英国首相，1957—1963年）

仅仅建立在经济基础之上的力量是一个相对较新的概念。但是，从来源于军事实力的力量中吸取的经验教训则有所不同。这两种力量的衰减都具有一定的必然性。并且，它们之间也可以相互吸取教训，取长补短。

以往的研究者们已经解释了为什么军事和殖民帝国们会来去匆匆。但是，在今天的国际环境下，再运用军国主义和殖民主义就显得过时了。相反，经济帝国们现在能够获得那种昔日只能依靠军事实力才能得到的霸权。

就像以往那些建立在军事或者殖民力量基础之上的帝国们已经经历了壮观的崛起和随后的衰亡一样，现代经济帝国们随着时间的推移也会变得脆弱。那些导致军事或者殖民帝国衰亡的力量和傲慢在经济帝国中也同样存在。

我们已经对产生了经济帝国的众多因素以及这些帝国是如何最终衰亡的原因进行了论述。通过展示这些因素的成功和帝国们为什么会衰亡的原因,我们能够洞察到维持经济优势的方法。我们还让新兴国家们吸取了相关的经验教训,这样它们就可以最好地利用和管理本国的发展,并且能够避免那些因为不精心管理而困扰经济增长的问题。

通过这样做,我们可以对当前的全球动态进行窥探:美国这个世界上第一个真正意义上的经济帝国正在竭力保持自己的全球经济霸权,而处于快速发展中的中国很快就会对美国全球最大经济体的地位进行挑战。

我们发现,美国通往经济成功的经验正在被全世界的新兴国家们所复制。像印度和中国这样的国家们能够使自己的农村劳动力变得更高效,并且能够更多地将这些劳动力转移到它们的工业领域中去。由于具备丰富的劳动力禀赋,这些新兴国家能够利用自己的禀赋来创造在全球经济中占据竞争优势的劳动密集型工业产品和智力服务。

另外一些不具备这种巨大的劳动力禀赋的国家则具备一些同等重要的其他生产要素禀赋。例如,那些富裕的社会能够很容易地将资金从炫耀性消费转向储蓄,这些储蓄资金能够被用于提升那些资本密集型行业的生产能力。它们也可以被用于对越来越宝贵和先进的人力资本进行投资。如果一个国家能够避免那种将储蓄资金转向当前消费的不良倾向,它就能够为一个可持续的经济未来播下种子。

一个经济大国面临的最大挑战同时也是它面临的最大机会。当一个国家提供各种有利于生产的激励时,它就会逐渐变得富裕。发展中国家通常能够取得进步,因为对富裕和财务安全的渴望驱使这些国家产生了一种坚定不移的工作信念。不幸的是,一旦某个国家实现了富裕,它的关注点就会从做大经济蛋糕转向分配经济蛋糕。换句话说,一个国家从一个正和博弈状态转向一个常和博弈状态。

有些花招可以让情况变得复杂。这些花招通常在一个特殊利益群体认为自己可以在牺牲他人利益的情况下更容易地发展时出现。这种情况迫使经济大国将精力从经济领域转向政治领域。工作信念被权利意识所取代。由于公共话语从一个共享的国家梦想转向一系列特殊利益，国家就会走向贫困。公共对话逐渐变得集中在如何通过常和博弈的政治行动来分配蛋糕而不是当初的创造经济蛋糕上。从生产性努力转向对特殊利益的追求是一种经济浪费。在这个过程之中，由于特殊利益的竞争浪费了资源，那种常和博弈状态会变成一种负和博弈状态。

我希望，对促使经济帝国兴起和衰亡的各种因素和力量的认识能够使一个国家不会再重蹈覆辙。具有高瞻远瞩的经济眼光和成为全球经济领导者的意愿是可持续经济发展的基本要素。

但是，少数第一经济世界国家似乎能够把持住那种将它们推向可持续经济发展的领导者地位。当企业家精神被鼓励，研发与教育被支持时，经济结构的功能就会发挥得最好，那些享受一个慷慨社会的馈赠之物的人将被追究责任，并且企业将会被禁止出现大而不倒的情况。这些价值观能够将每一个经济帝国带向其巅峰，并且能够将这些帝国带向一个可持续的未来。

当然，这些重要的任务是很难单个完成的。为了在整个国家中推行可持续发展议程，我们需要每个公民都做好自己的本分。反过来，我们能够向我们的子孙呈现一个充满活力的经济。尽管这种交易的实现比它听起来更困难，但是其中的好处是值得我们为之努力的。